EPÍSTOLAS PAULINAS

DOUTRINAS FUNDAMENTAIS PARA A FÉ CRISTÃ

Título Original: Epístolas Paulinas: Combati o bom combate, completei a carreira, guardei fé

5ª Reimpressão - 2024

IBAD
Rua São João Bosco, 1114 – Santana
12403-010 – Pindamonhangaba, SP
Telefax – (12) 3642-5188
www.ibad.com.br

Impresso no Brasil

Coordenação
Pr. Mark Jonathan Lemos

Todas as citações bíblicas foram extraídas da versão revista e corrigida, salvo indicação ao contrário.

Dados Internacionais de catalogação na publicação (cip)
(Câmara Brasileira do Livro, SP, Brasil)

Epístolas Paulinas
PIRES, Thiago
Pindamonhangaba: IBAD, 2022.

ISBN - 978-65-89859-07-9

Índice para Catálogo Sistemático

Novo Testamento; Cristianismo Primitivo; Epístolas Paulinas; Teologia do Novo Testamento

EPÍSTOLAS PAULINAS

DOUTRINAS FUNDAMENTAIS PARA A FÉ CRISTÃ

Curso Médio de Teologia

EAD - ENSINO MÉDIO TEOLÓGICO A DISTÂNCIA

Sobre o livro

Categoria – Religião

Fim da Execução – abril de 2022
5ª Reimpressão Fevereiro de 2024

Formato – 16 x 23 cm
Mancha – 12,3 x 19,2 cm

Tipo e corpo: Garamond
Papel: Offset 75g/m2
Tiragem: 3000 exemplares

Impresso no Brasil – Printed in Brazil

Equipe de Realização

Supervisão: Pr. Mark Jonathan Lemos

Produção Editorial

Coordenação
Pr. Mark Jonathan Lemos

Revisão de Teológica
Denilson Matos

Revisão de Português
Denilson Matos

Capa & Diagramação
Heitor Galvão Souza

Sumário

Apresentação

O calendário marcava 15 de outubro de 1958, quando dava-se início a um chamado Divino que nasceu do coração de um homem simples, nascido na cidade de Pelotas - RS. Naquele momento, tendo apenas 8 alunos nasceu o que conhecemos hoje como IBAD, na pacata cidade de Pindamonhangaba, pelas mãos do casal de missionários Pr. João Kolenda Lemos e Ruth Dóris Lemos.

Durante 55 anos (1958-2013), o IBAD se manteve fiel a proposta inicial e teológica, trabalhando no sistema de internato de forma ininterrupta. Formaram-se milhares de pastores, teólogos, professores, missionários, pregadores e uma infinidade de líderes que propagam as mensagens aprendidas sobre a Palavra do Senhor pelo Brasil e os quatros cantos do mundo.

Em 2006, o IBAD entendeu que precisava transcender os limites de Pindamonhangaba e lançou os cursos teológicos médio e avançado livres à distância. Essa nova metodologia foi criada pensando nos pastores e líderes que sempre sonharam em fazer parte da instituição, mas devido ao tempo e situação financeira, não tiveram a oportunidade de estudar nosso conteúdo de alto nível e reconhecimento dentro do ensino teológico.

Em pouco mais de 10 anos, o curso livre de teologia alcançou a significativa marca de mais de 35 mil alunos pelo mundo, se tornando um sucesso na mídia especializada. Somos hoje o curso teológico que mais cresce no meio eclesiástico e estamos presentes em quase todas as cidades do Brasil e em mais de 15 países. Já formamos mais de 60 mil obreiros e hoje nos tornamos referência de qualidade e excelência entre os cursos livres à distância, dentro da área de teologia.

Guiados por uma nova gestão, demos início em 2011 aos primeiros passos em direção do nosso maior sonho: a criação da Faculdade FABAD. Foram milhares de horas trabalhadas, incontáveis ligações, idas e vindas à Brasília, além de inúmeras visitas do MEC em nossa sede em Pindamonhangaba. Toda essa espera e esforço trouxeram o resultado tão almejado em 2016, com a Portaria MEC nº 358 de 05 de maio de 2016, que credenciou a Faculdade FABAD para os cursos presenciais de Bacharel em Teologia e Tecnólogo em Processos Gerenciais.

Mas a chama que sempre nos guiou e nos levou a quebrar diversas barreiras nesses mais de 60 anos de história, ficou ainda mais forte e uma nova jornada teve início. Nosso objetivo agora se tornara levar um ensino superior de qualidade para todo o Brasil. Por isso, ouvindo os pedidos de nossos alunos, em 2017 protocolamos perante ao MEC o credenciamento da FABAD para cursos EaD.

Foram momentos de ansiedade e de muita preparação de toda a equipe, trabalhando para ter os melhores recursos e plataformas para nossos alunos online. E com muita felicidade pudemos anunciar o lançamento do Bacharel em Teologia EaD da FABAD, com a Portaria nº 34, de 11 de fevereiro de 2020.

Agora levamos um curso de Graduação em Teologia totalmente à distância e online, com uma plataforma moderna de estudo e a melhor biblioteca digital do país. E esse é apenas o primeiro passo dado pela Faculdade FABAD EaD, que além do Bacharel em Teologia também oferece cursos de Pós-graduação totalmente à distância e nos próximos anos oferecerá cursos de graduação nas mais diversas áreas de conhecimento.

Aproveite seus estudos e seja bem-vindo a família IBAD/FABAD. Muito obrigado por escolher fazer parte dessa caminhada de aprofundamento teológico conosco.

Como estudar à distância

Caro estudante,

Nosso curso a distância foi estruturado com o objetivo de atender a todos que desejam ter maior entendimento sobre a Bíblia. Para atingir esse objetivo, tivemos o cuidado de planejar e produzir um material adequado para proporcionar a você a melhor experiência educacional possível. Nesse planejamento, chegamos à conclusão de que os livros deveriam não só ter um bom conteúdo, mas também ser acessível a todas as pessoas que desejam ter maior conhecimento das Escrituras Sagradas. Também observamos a necessidade de atender pessoas de qualquer região do país, com diferentes níveis de conhecimento. A partir de tais critérios, desenvolvemos uma coleção de vinte quatro livros, a qual se constitui em um curso Médio de Teologia a distância.

Esses vinte quatro livros, escritos de forma clara e objetiva, apresentam, de modo geral, vinte capítulos divididos em quatro unidades. Em cada unidade e em cada capítulo, há sempre uma introdução para que o leitor tenha ciência do que estudará naquela unidade e naquele capítulo. Tudo isso foi realizado com o intuito de facilitar a leitura. Com esse mesmo intuito, solicitamos que você observe as orientações para o estudo.

1- Recomendações para melhor aproveitamento de seu curso

Esse estudo requer atitudes próprias de qualquer estudante, porém ele tem como objetivo essencial abençoar sua vida cristã e dar-lhe instrumentos para que você desenvolva o ministério cristão com maior eficácia. Isso implica que serão necessárias, de sua parte, atitudes espirituais corretas, tais como:

1) Ore sempre antes de começar a lição. Isso preparará o seu coração para receber não apenas as informações, mas principalmente os princípios que serão úteis na sua vida com Deus.

2) Tenha o cuidado de sempre consultar a Bíblia. A leitura bíblica é primordial e insubstituível. Quanto mais você conhecer a Bíblia pela leitura diária, mais facilidade terá na compreensão de estudos que lhe auxiliarão no conhecimento dela.

3) Tenha sempre uma atitude de humildade. Deus revela verdades importantes àqueles que mantém essa atitude em seus corações.

Além desses cuidados, atente também para a dedicação, a disciplina e a perseverança, atitudes essenciais para a obtenção de êxito em todas atividades. Ao iniciar este curso de Teologia, conscientize-se da importância da manutenção desses princípios para o sucesso de sua aprendizagem. Concentre-se sempre no que estiver fazendo, pois a vida está no presente. O passado é a fonte das experiências, e o futuro, um tempo que deve ser planejado para que, quando transformado em presente, possibilite a colheita do que foi plantado, isto é, a obtenção dos resultados desejados. Se mantivermos tudo isso em mente, teremos sempre grandes chances de alcançarmos nossos objetivos.

2- Regras Básicas para a Compreensão do Texto

A leitura bem sucedida – compreensão de texto - requer do leitor a observância de alguns procedimentos básicos. São eles:

· Leitura do texto – Ao iniciar seu estudo, preste atenção à apresentação do livro e à introdução de cada unidade e de cada capítulo. Isto é importante porque essas introduções facilitarão sua compreensão do texto.

· Leitura de unidades de ideia – A leitura de palavras, ao contrário da de unidades de pensamento, faz com que o leitor interprete um texto erroneamente. Isto significa que não devemos ler palavra por palavra e sim atentar para a ideia geral do texto.

· Conhecimento do vocabulário – O conhecimento do significado das palavras auxilia todo o processo de leitura. Por isso, tenha sempre à mão um dicionário da língua portuguesa e também um dicionário ou enciclopédia bíblica. É importante que essa consulta ao dicionário seja feita somente após uma primeira leitura do texto para que você não corra o risco de fazer uma leitura com interpretação inadequada.

· Leitura de diversos tipos de texto – A diversidade de textos permite que o leitor não só amplie seus conhecimentos, como também adquira maior habilidade para leitura. Procure ler outros livros que falem sobre o mesmo assunto.

3- Aplicação Pessoal

· Questões para reflexão – Em todos os capítulos, há questões com o objetivo de levar o estudante a refletir sobre os temas abordados, bem como fazer uma aplicação dos mesmos à realidade atual.

· Exercícios – No final de cada livro, o estudante encontrará exercícios relacionados a cada capítulo estudado para a verificação do conhecimento e fixação do conteúdo.

Introdução

A importância do Novo Testamento para a fé cristã é fundamental, nele encontramos o berço do cristianismo, bem como o surgimento do Salvador, sua vida, obras e ministério terreno. Ninguém que observasse o cristianismo em seu nascedouro poderia imaginar que se tornaria tão grande, espalhando-se por todo o mundo. Doze homens, conhecidos como discípulos que, posteriormente, tornar-se-iam apóstolos, revolucionaram o conceito de devoção.

Neste cenário, aparece Saulo de Tarso que, após um encontro sobrenatural com Jesus, passa a usar o seu nome romano, Paulo, tornando-se o apóstolo dos gentios. Sua trajetória de fé é emocionante e empolgante, marcada por altos e baixos, mas, sempre nos ensinando a manter a fé.

Nesta obra intitulada *"Epístolas Paulinas"* abordaremos, na primeira unidade, a vida de Paulo, seu ministério, viagens missionárias, sua cristologia e a ética Paulina; seguiremos falando sobre Romanos, tratando de temas, tais como, a degradação da semelhança divina no homem provocada pelo pecado, apresentando, em seguida, a justificação, que é na verdade a solução divina para as consequências do pecado. Buscaremos a gênese da justificação, detectando a origem dessa ideia, bem como as correlações entre ela e a salvação. Em Gálatas, apresentar-se-á a lei versus graça, onde trabalharemos as obras da carne e o fruto do Espírito.

Na segunda unidade, abordaremos as cartas de Efésios, Filipenses, Colossenses e Filemom, que ficaram conhecidas como cartas da prisão. Iniciaremos, tratando sobre a carta de Filipenses e os aspectos da alegria cristã,

bem como sobre a importância da unidade dentro dessa carta à igreja de Filipos. Em seguida, trabalharemos em Efésios a espiritualidade do cristão. Em Colossenses, apresentaremos o Cristo exaltado e, por fim, analisaremos a carta de Filemom que ficou conhecida como a carta da reconciliação.

Na terceira unidade, abordaremos as cartas de 1 Coríntios cujo tema será as bases da igreja; Paulo trabalha resoluções extremamente práticas e ao mesmo tempo profundamente teológicas, temas tais como: o combate às facções religiosas, uma mensagem em total harmonia com os evangelhos, disciplina, matrimônio e seus aspectos, seguiremos falando sobre os dons espirituais e a ceia. Em 2 Coríntios, o tema é a igreja de Deus sendo ajustada e, iniciaremos falando sobre a defesa que o apóstolo Paulo faz do seu apostolado em seguida falaremos sobre oferta, caminharemos falando sobre o combate as heresias e aos falsos mestres. Em I Tessalonicenses falaremos de uma igreja vibrante, assim como os elogios que Paulo fez para a comunidade de Tessalônica pelo excelente trabalho realizado, veremos também as exortações de Paulo para que essa igreja vivesse em santidade, por fim, destacaremos os esclarecimentos do Apóstolo Paulo sobre o arrebatamento.

Em II Tessalonicenses o Apóstolo Paulo trabalha temas que anteriormente já havia trabalhado em sua primeira carta, mostrando a sua preocupação em manter a chama da santidade acessa nessa igreja, aborda, também, os eventos escatológicos que causavam grandes dúvidas no meio dessa comunidade, por fim, há um forte combate aos falsos mestres destacado na epístola.

Na quarta unidade focaremos no tema a vida da igreja. Em I Timóteo falaremos sobre a vida da igreja local, seguiremos falando sobre os conselhos do Apóstolo Paulo para Timóteo, abordaremos os princípios norteadores do culto, trabalharemos a importância da oração na vida do cristão e seguiremos falaremos sobre a conduta das mulheres no culto. Concluiremos com as qualificações exigidas para os pastores e diáconos.

Em II Timóteo Paulo não está preocupado em instruir sobre a organização da igreja, mas em instruir com preciosos conselhos um jovem pastor, e esses são os últimos conselhos do grande desbravador e plantador de igrejas. Veremos com clareza o cuidado e o carinho que Paulo tem com Timóteo. Em Tito observaremos a sã doutrina como resposta para uma vida estruturada em Cristo, assim como as responsabilidades da liderança com a doutrina, a doutrina no seio familiar. Em seguida, no capítulo cinco, abordaremos a eclesiologia de Paulo e, por fim, uma palavra para a liderança atual.

O nosso objetivo é que, ao findar desta obra, você possa ter tido a oportunidade de conhecer a vida, obra e ministério de um grande homem de Deus chamado Paulo, assim como também de examinar os principais temas das Epístolas Paulinas, que vão desde salvação à escatologia, graça e lei, pecado e santificação. Ao findar a leitura deste livro o querido leitor, por certo, terá uma visão panorâmica sobre quem foi Paulo, o que ele fez e principalmente qual foi o seu legado para o Cristianismo.

A VIDA DE PAULO E AS BASES DA IGREJA

Paulo é uma das figuras mais importantes do cristianismo. Se destacando entre os apóstolos, sendo superado tão somente pelo filho de Deus. É bem verdade que não foi um dos doze, em suas próprias palavras, *"E por derradeiro de todos me apareceu também a mim, como a um abortivo" (1 Co. 15.8)*. Abortivo é o vocábulo grego *ektromati,* a ideia é de uma criança nascida fora do tempo, por certo Paulo usa esse termo para dizer que ele foi o último dos apóstolos a ser chamado, e não com o sentido pejorativo do termo como eliminação e morte.

Sua contribuição para a evangelização foi exponencial. Sua vida e suas obras estão intrinsecamente ligadas, sendo quase impossível fazer uma dicotomia, entre ambas, de tal modo que podemos dizer: sua obra é sua vida e, sua vida é a sua obra. Paulo não foi apenas o maior plantador de igrejas e evangelizador de toda a história do cristianismo, mas também o responsável por estabelecer e sistematizar as principais doutrinas do cristianismo, lançando as bases para a igreja. É impossível falarmos das Epístolas Paulinas sem iniciarmos falando sobre esse gigante da fé.

Por esse e outros motivos, abordaremos nesta unidade um panorama da vida de Paulo e o desenvolvimento do seu ministério. No capítulo primeiro abordaremos sua vida, chamado, conversão, ministério e ensinos. Em seguida, no segundo capítulo, estudaremos sobre como

Paulo trabalha as questões éticas. No terceiro capítulo, serão trabalhados os aspectos da justificação pela fé em Romanos. No quarto capítulo, falaremos sobre graça versus a lei.

Paulo - Vida, Chamado, Conversão, E Viagens Missionárias

O que podemos aprender com a trajetória e o ministério tão bem-sucedido do apóstolo Paulo? Esse homem que foi, por certo, o maior pastor, teólogo, evangelizador, doutrinador e plantador de igrejas que já existiu. Alguém que passou de perseguidor a perseguido *(At 9 19-29)* teve uma vida que pode ser, tranquilamente, dividida entre antes e depois de sua conversão. Pouquíssimos escritores tiveram as suas obras tão amplamente comentadas e divulgadas quanto ele. Plantou igrejas nas províncias da Macedônia, Galácia, Acaia e Ásia Menor. Sua influência sobre a nossa civilização é notável. Pregou com devoção aos gentios, passando pelas prisões, praças, sinagogas, palácios e cortes. Não restam dúvidas que estamos falando de uma obra extraordinária que somente Deus poderia realizar. Caminharemos neste capítulo para o entendimento de suas origens e sua importância para a obra de Deus.

1.1 A Vida De Paulo

Seu pai, sem dúvida, era judeu, mas comprou ou recebeu cidadania romana. Por essa razão, Paulo, mais tarde se utilizou desse direito por nascimento. Todos sabemos que Paulo era judeu, nascido em Tarso, Capital da Cilícia, Província Romana situada na Ásia Menor.

Figura 1 – Portão Histórico de Cleópatra em Tarso, atual Turquia[1]

Por isso, apelou para ser julgado em Roma pelo próprio imperador César: *"E, quando o estavam atando com correias, disse Paulo ao centurião que ali estava: É-vos lícito açoitar um romano, sem ser condenado?" (At 22.25).* A dupla cidadania de Paulo explica também a alteração do seu nome, de Saulo para Paulo. Saulo: significa grande, nome dado em homenagem ao Rei Saul. Saul: significa, desejado, Saulo é o seu nome Hebraico. Paulo é o seu nome Greco-Romano; o nome Paulo significa pequeno, sendo assim é necessário entendermos que Deus não mudou o nome de Saulo para Paulo e sim que, por uma questão de estratégia evangelística, ele passou a usar o seu nome Romano, pois facilitaria a sua locomoção e a sua entrada em várias cidades, como veremos em suas viagens missionárias.

A despeito de sua dupla cidadania, ele foi criado numa família judaica devota, da tribo de Benjamim. *"Circuncidado ao oitavo dia, da linhagem de Israel, da tribo de Benjamim, hebreu de hebreus; segundo a lei, fui fariseu; Segundo o zelo, perseguidor da igreja, segundo a justiça que há na lei, irrepreensível" (Fp 3.5,6).* Nasceu em Tarso na Cilícia. Saulo era tão zeloso da Lei e de sua fé que, em certa época de sua vida, provavelmente no início da sua adolescência, viajou para Jerusalém, onde foi aluno do mais famoso rabino de sua época chamado Gamaliel, neto do grande rabino Hilel, para se tornar também um Rabino. *"Quanto a mim, sou judeu, nascido em Tarso da Cilícia, e nesta cidade criado aos pés de Gamaliel, instruído conforme a verdade da lei de nossos pais, zelador de Deus, como todos vós hoje sois" (At 22.3).* Dentre os da sua idade ele se destacava, demonstrando grande zelo pelas tradições de seus Pais. *"E na minha nação excedia em judaísmo a muitos da minha idade, sendo extremamente zeloso*

1 Extraído de: http://www.Shutterstock.com Acesso em: 15 de Jan 2022.

das tradições de meus pais" (Gl 1.14).

Sua cidade natal Tarso, atualmente sul da Turquia, exerceu grande influência na vida de Paulo. Era uma das cidades mais desenvolvidas do mundo antigo, principalmente na área acadêmica. Grandes filósofos e mestres marcaram essa cidade, como também a vida de Paulo. De acordo com a cultura judaica, dos cinco aos seis anos de idade ele passa a ter contato com a história de Israel. Paulo era conduzido por um *pedagogo*, que era uma espécie de condutor de ensino, que as famílias que tinham condições financeiras contratavam para acompanhar as crianças no caminho de ida e volta da escola e na condução do saber. Durante o caminho o pedagogo ia ensinando a criança.

A figura do ensinador não saiu da cabeça de Paulo, prova disso é que ao escrever aos gálatas ele fala de tutores e curadores. *"Mas está debaixo de tutores e curadores até ao tempo determinado pelo pai" (Gl 4.2).* Aos dez anos de idade ele começa a se aprofundar nos estudos e aos 15 anos aproximadamente ele se muda para Jerusalém para estudar aos pés do rabino Gamaliel. O fato de ser aluno do mestre Gamaliel e falar fluentemente o Grego, Hebraico, Aramaico e latim indica a boa condição financeira de sua família.

Figura 2 – Rabino Gamaliel [2]

2 Extraído de: http://reflexoesecotidiano.blogspot.com/2013/11/escribas-do-reino-dos-ceus.html. Acesso em: 08 de Jan de 2022.

Acredita-se que seus pais eram prósperos comerciantes Judeus. Pouco se fala de sua família. Quando Paulo se apresenta, ou se defende frente aos judaizantes, ele insiste em falar que é um *hebreu*. Sobre seu pai sabemos que era judeu, não temos informações sobre sua mãe, encontramos, contudo, uma alusão a uma possível família de Paulo. Lucas fala de uma possível irmã de Paulo e também de um sobrinho. *"E o filho da irmã de Paulo, tendo ouvido acerca desta cilada, foi, e entrou na fortaleza, e o anunciou a Paulo" (At 23.16).* Ele, o sobrinho, avisa de uma conspiração contra o tio. Em Romanos 16.7 temos o termo parentes de Paulo, esse termo parente, que pode significar que Andrônico e Júnias tinham alguma relação de sangue com o apóstolo Paulo. Segundo (Champlin, 2014), esse termo era muito usando nos tempos antigos para falar de um compatriota. É bem possível que este último sentido é que o apóstolo tivesse em mente aqui. *"Saudai a Andrônico e a Júnias, meus parentes e meus companheiros na prisão, os quais se distinguiram entre os apóstolos e que foram antes de mim em Cristo" (Rm 16.7).* Já no versículo 16 do mesmo capítulo temos uma citação de Paulo cumprimentando Rufo, eleito no Senhor, e sua mãe que Paulo chama de sua. Esse texto é usado por alguns para dizer que essa é a mãe de Paulo, porém o texto não indica qualquer parentesco de sangue, e sim, mostra o afeto maternal que a progenitora de Rufo demonstrou para com o apóstolo dos gentios, que é o motivo pelo qual Paulo se lembra dela.

Provavelmente Saulo nasceu cerca de dez anos depois de Cristo, pois é mencionado como um jovem na ocasião do apedrejamento de Estevão. *"E, expulsando-o da cidade, o apedrejavam. E as testemunhas depuseram as suas capas aos pés de um jovem chamado Saulo" (At 7.58).* Aprendeu com o seu pai uma profissão, Paulo era fabricante de tendas: *"E, como era do mesmo ofício, ficou com eles, e trabalhava; pois tinham por ofício fazer tendas" (At 18.3).* Ocasionalmente a Bíblia menciona como exerceu essa função para se sustentar (1Co 4.12; 2 Ts 3.8). Existem amplas evidências nessas e em outras passagens de que ele trabalhava, para não ser pesado aos irmãos por onde passava pregando o Evangelho de Cristo.

> Porque, se anuncio o evangelho, não tenho de que me gloriar, pois me é imposta essa obrigação; e ai de mim, se não anunciar o evangelho! E por isso, se o faço de boa mente, terei prêmio; mas, se de má vontade, apenas uma dispensação me é confiada. Logo, que prêmio tenho? Que, evangelizando, proponha de graça o evangelho de Cristo para não abusar do meu

> poder no evangelho. Porque, sendo livre para com todos, fiz-me servo de todos para ganhar ainda mais (1Co 9.16-19).

Enquanto Saulo crescia em Jerusalém aos pés de Gamaliel, outro jovem rabino crescia em Israel, na desprezada Nazaré da Galileia. Esse rabino da Galileia não teve a mesma oportunidade que Saulo teve de estudar nas melhores universidades, aos trinta anos de idade o rabino da Galileia vai às margens Jordão e dá início ao seu ministério. Diz a Bíblia que ele não pregava como os Escribas e Fariseus mas pregava com autoridade, os cegos veem os coxos andam, os mortos ressuscitam e as multidões o seguiam, provocando inveja no sinédrio. O rabino é preso, acusado, sentenciado, condenado, pregado em uma cruz e sepultado para alívio do sinédrio judaico. Três dias depois, entretanto, uma notícia explode em Jerusalém, o túmulo do rabino da Galileia está aberto, de dentro para fora, Ele ressuscitou. É nesse momento que se levanta Saulo de Tarso, líder do judaísmo e se torna o maior opositor da fé cristã e o maior perseguidor do cristianismo.

1.2 Conversão E Chamado

A conversão de Saulo de Tarso, um dos principais perseguidores dos Cristãos, foi um dos maiores acontecimentos da igreja depois da vinda do Espírito em Pentecostes. Mais da metade do livro de Atos trata, principalmente, de suas atividades. Ele escreveu 13 dos 27 livros do Novo Testamento. A contribuição de Paulo para o cristianismo do século I foi de uma importância inenarrável. Você já tentou imaginar como teria sido o primeiro século da igreja se Paulo não tivesse se convertido? Ele tornou-se a testemunha mais importante da igreja primitiva.

Saulo era um homem importante, mas foi preciso apenas alguns segundos para mudar esse homem. Deus não demorou a colocá-lo em seu devido lugar. A importância desse acontecimento pode ser percebida pelo fato de o livro de Atos tratar do assunto três vezes (At 9.22-26; 22.1-21; 26.1-23).

No livro de Atos 9.3 diz que ele estava no caminho, perto de Damasco e, caindo por terra, ouviu uma voz que lhe dizia: "*Saulo, Saulo, por que me persegues?*" Naquele momento, não há dúvidas de que Saulo reconheceu o caráter sobrenatural do acontecimento, pois ele respondeu: *"Quem és Senhor?"*.

O termo "Senhor" que Saulo usa é *"Kyrios"*. Essa palavra para os gregos referia-se a um homem de alta posição e poder ou, a um ser sobrenatural (ou seja, um deus).

> A palavra é usada na Septuaginta, a tradução grega do Antigo Testamento hebraico, no lugar do nome hebraico Javé ou Jeová e, no Novo Testamento, para comunicar a ideia hebraica de Deus como Senhor. A palavra é utilizada 640 vezes no Novo Testamento como uma referência a Deus (WASHER, 2009, p. 176).

É significativo que a palavra "*kyrios*" seja usada sem reservas referindo-se à Jesus. Jesus se revela a Saulo e diz: "*Porque me persegues, duro é para ti recalcitrar contra os aguilhões*". O aguilhão era usado para domar, por exemplo, o boi para o trabalho doméstico. "A atitude de Saulo era semelhante à de um animal furioso, do qual até o fôlego representava um perigo" (WIERSBE, 2006, p. 568). "*E Saulo assolava a igreja, entrando pelas casas; e, arrastando homens e mulheres, os encerrava na prisão*" *(At 8.3)*.

Após o encontro com Cristo, Saulo se levantou, abriu os olhos, mas não conseguia ver. Lucas interpreta a conversão de Paulo de Tarso como um ato milagroso, um momento em que um inimigo declarado de Cristo transformou-se em seu apóstolo. Esse momento é, sem dúvida, o marco da conversão de Paulo.

Os homens que estavam com Paulo ouviram a voz, mas não compreenderam as palavras. Eles ficaram espantados, mas não puderam ver a Pessoa de Cristo. Por outro lado, Paulo viu o Cristo ressurreto e ouviu suas palavras. Esse encontro foi tão importante para Paulo que a base de sua afirmação sobre a legalidade de seu apostolado está fundamentada nessa experiência (1 Coríntios 9.1; 15.8-15; Gálatas 1.15-17). Essa experiência transformou Paulo de Tarso profundamente, como é possível notar em suas atitudes logo após o acontecimento.

1.2.1 Respondeu ao chamado de Cristo

O primeiro aspecto da mudança na vida do apóstolo Paulo pode ser percebido quando, imediatamente, ele responde à voz de Cristo: "*Senhor, que queres que eu faça?*" (Atos 9.6). Essa pergunta não apenas marcou o começo de seu relacionamento com Cristo como também norteou toda a sua vida ministerial. Quando escreve a epístola aos Gálatas, essa entrega ao serviço, que também pode ser chamada de mordomia cristã, é gritante. "*Já estou crucificado com Cristo; e vivo, não mais eu, mas Cristo vive em mim; e a vida que agora vivo na carne, vivo-a pela fé do Filho de Deus, o qual me amou, e se entregou a si mesmo por mim" (Gl 2.20).*

1.2.2 De perseguidor a pregador do Evangelho

A mudança radical que atingiu a vida do apóstolo Paulo fica evidenciada na mensagem que ele começou a pregar na própria cidade de Damasco. Isso é realmente impressionante. Ele começou a pregar o Evangelho no mesmo lugar em que pretendia prender os seguidores de Cristo.

> E Saulo, respirando ainda ameaças e mortes contra os discípulos do Senhor, dirigiu-se ao sumo sacerdote. E pediu-lhe cartas para Damasco, para as sinagogas, a fim de que, se encontrasse alguns deste Caminho, quer homens quer mulheres, os conduzisse presos a Jerusalém. (Atos 9.1.2)
> E, tendo comido, ficou confortado. E esteve Saulo alguns dias com os discípulos que estavam em Damasco. E logo nas sinagogas pregava a Cristo, que este é o Filho de Deus. E todos os que o ouviam estavam atônitos, e diziam: Não é este o que em Jerusalém perseguia os que invocavam este nome, e para isso veio aqui, para os levar presos aos principais dos sacerdotes? (At 9.19-21).

1.2.3 Mudança de vida total

Antes da conversão, Paulo de Tarso não aceitava a divindade de Jesus. Ele até acreditava que, ao perseguir seus seguidores como um animal selvagem, tentando forçá-los a blasfemar contra Jesus, estaria fazendo a vontade de Deus (Atos 26.9-11; 1 Coríntios 12.3). É certo dizer que ele via Jesus como um impostor. Após sua conversão, sua pregação não era outra senão anunciar que Jesus é o Filho de Deus (Atos 9.20). O Paulo malvado, implacável, feroz e cruel de outrora, depois de convertido passou a demonstrar mansidão, piedade e amor. Essas características ficam evidentes em suas obras.

Após o encontro com Cristo, foi conduzido até Damasco. A passagem bíblica relata que em seu processo de conversão, Saulo passou três dias sem ver, não comeu, nem bebeu. Havia um discípulo que morava naquela cidade chamado Ananias, e foi dada a ele uma visão do Senhor, para que ele se levantasse e fosse a uma rua chamada Direita, e perguntasse, na casa de Judas, por um homem de Tarso chamado Saulo, pois ele estava orando. Saulo, por sua vez, tem uma visão e nela ele vê um homem chamado Ananias colocando as mão e orando por ele. A visão termina com Saulo voltando a ver. Ananias diz ao Senhor que ouviu a respeito deste homem chamado Saulo de Tarso e do mal que ele fazia aos santos de Jerusalém, e ouvira também que ele tinha poder por parte dos principais sacerdotes para prender a todos os que invocam o nome do Senhor. Ananias obedeceu a ordem do Senhor pois recebeu a seguinte resposta: *"Vai, porque este é para mim um vaso escolhido, para levar o meu nome diante dos gentios, e dos reis e dos filhos de Israel. E eu lhe mostrarei quanto deve padecer pelo meu nome" (At 9.15-16).* E assim foi feito. Ananias foi, entrou na casa onde estava Saulo, e impôs as mãos sobre ele, dizendo *"Irmão Saulo, o Senhor Jesus, que te apareceu no caminho por onde vinhas, me enviou, para que tornes a ver e sejas cheio do Espírito Santo" (At 9.17).* Imediatamente caíram escamas dos seus olhos e recuperou a vista, se levantou e foi batizado. Comeu, foi confortado, passou alguns dias com os discípulos que estavam em Damasco e, a partir daí, passava nas sinagogas e pregava a Cristo, afirmando que este é o Filho de Deus.

Muitos ficaram atônitos com a conversão dele, por esse motivo muitas vezes Paulo tinha que fugir para não ser morto pelos sacerdotes e, no início, quando procurava estar junto dos discípulos, muitos o temiam, não crendo que fosse também discípulo. É importante lembrar que a vida de Saulo foi transformada em um conjunto de quatro encontros.

1.2.3.1 O encontro com Jesus

> E Saulo, respirando ainda ameaças e mortes contra os discípulos do Senhor, dirigiu-se ao sumo sacerdote. E pediu-lhe cartas para Damasco, para as sinagogas, a fim de que, se encontrasse alguns deste Caminho, quer homens quer mulheres, os conduzisse presos a Jerusalém. E, indo no caminho, aconteceu que, chegando perto de Damasco, subitamente o cercou um resplendor de luz do céu. E, caindo em terra, ouviu uma voz que lhe dizia: Saulo, Saulo, por que me persegues? E ele disse: Quem és, Senhor? E disse o Senhor: Eu sou Jesus, a quem tu persegues. Duro é para ti recalcitrar contra os aguilhões. E ele, tremendo e atônito, disse: Senhor, que queres que eu faça? E disse-lhe o Senhor: Levanta-te, e entra na

cidade, e lá te será dito o que te convém fazer. E os homens,queiamcomele,pararamespantados,ouvindo a voz, mas não vendo ninguém. E Saulo levantou-se da terra, e, abrindo os olhos, não via a ninguém. E, guiando-opelamão,oconduziramaDamasco.Eesteve três dias sem ver, e não comeu nem bebeu (At 9.1-9).

1.2.3.2 O encontro com Ananias

E havia em Damasco um certo discípulo chamado =Ananias; e disse-lhe o Senhor em visão: Ananias! E ele respondeu: Eis-me aqui, Senhor. E disse-lhe o Senhor: Levanta-te, e vai à rua chamada Direita, e pergunta em casa de Judas por um homem de Tarso chamado Saulo; pois eis que ele está orando; E numa visão ele viu que entrava um homem chamado Ananias, e punha sobre ele a mão, para que tornasse a ver. E respondeu Ananias: Senhor, a muitos ouvi acerca deste homem, quantos males tem feito aos teus santos em Jerusalém; E aqui tem poder dos principais dos sacerdotes para prender a todos os que invocam o teu nome. Disse-lhe, porém, o Senhor: Vai, porque este é para mim um vaso escolhido, para levar o meu nome diante dos gentios, e dos reis e dos filhos de Israel. E eu lhe mostrarei quanto deve padecer pelo meu nome. E Ananias foi, e entrou na casa e, impondo-lhe as mãos, disse: Irmão Saulo, o Senhor Jesus, que te apareceu no caminho por onde vinhas, me enviou, para que tornes a ver e sejas cheio do Espírito Santo. E logo lhe caíram dos olhos como que umas escamas, e recuperou a vista; e, levantando-se, foi batizado. E, tendo comido, ficou confortado. E esteve Saulo alguns dias com os discípulos que estavam em Damasco (Atos 9.10-19).

1.2.3.3 Seu encontro com a oposição

E logo nas sinagogas pregava a Cristo, que este

é o Filho de Deus. E todos os que o ouviam estavam atônitos, e diziam: Não é este o que em Jerusalém perseguia os que invocavam este nome, e para isso veio aqui, para os levar presos aos principais dos sacerdotes? Saulo, porém, se esforçava muito mais, e confundia os judeus que habitavam em Damasco, provando que aquele era o Cristo. E, tendo passado muitos dias, os judeus tomaram conselho entre si para o matar. Mas as suas ciladas vieram ao conhecimento de Saulo; e como eles guardavam as portas, tanto de dia como de noite, para poderem tirar-lhe a vida, Tomando-o de noite os discípulos o desceram, dentro de um cesto, pelo muro (Atos 9.20-25).

1.2.3.4 O encontro com os cristãos de Jerusalém

E, quando Saulo chegou a Jerusalém, procurava ajuntar- se aos discípulos, mas todos o temiam, não crendo que fosse discípulo. Então Barnabé, tomando-o consigo, o trouxe aos apóstolos, e lhes contou como no caminho ele vira ao Senhor e lhe falara, e como em Damasco falara ousadamente no nome de Jesus. E andava com eles em Jerusalém, entrando e saindo, E falava ousadamente no nome do Senhor Jesus. Falava e disputava também contra os gregos, mas eles procuravam matá-lo. Sabendo-o, porém, os irmãos, o acompanharam até Cesaréia, e o enviaram a Tarso. Assim, pois, as igrejas em toda a Judéia, e Galileia e Samaria tinham paz, e eram edificadas; e se multiplicavam, andando no temor do Senhor e consolação do Espírito Santo (Atos 9.26-31).

1.3 As Viagens Missionárias De Paulo

A igreja cristã primitiva evangelizou o mundo greco-romano em aproximadamente trintas anos. O imperativo missionário de Atos 1.8, como também em Mt 28.19,20; Mc 16.15-18, era uma ordem que não aceitava contestação e ociosidade. Portanto, os discípulos, movidos pelo Espírito Santo, preocuparam-se com o imediato cumprimento da evangelização do mundo. Embora as viagens evangelísticas tenham tido início com Filipe (At 8.5-40) e Pedro (At 9.32 – 11.1), somente com as incursões missionárias de Paulo entre os gentios é que elas se estabeleceram como um método para se chegar à Ásia Menor, Europa, Roma e aos confins da terra.

1.3.1 A Primeira Viagem Missionária

A primeira viagem missionária de Paulo foi resultado direto do comissionamento pelo Espírito Santo. Atos 13.2-4 diz:

> E, servindo eles ao Senhor, e jejuando, disse o Espírito Santo: Apartai-me a Barnabé e a Saulo para a obra a que os tenho chamado. Então, jejuando e orando, e pondo sobre eles as mãos, os despediram. E assim estes, enviados pelo Espírito Santo, desceram a Selêucia e dali navegaram para Chipre.

Ela ocorreu, muito provavelmente, entre os anos de 47e 48 d.C. O princípio dessa primeira viagem foi na terra natal de Barnabé, chamada Chipre, *"Então José, cognominado pelos apóstolos Barnabé (que, traduzido, é Filho da consolação), levita, natural de Chipre," (At4.36).* Ao chegar a Chipre, desembarcam em Salamina, uma cidade marítima com uma imensa população judaica, e pregaram a Palavra do Senhor aos judeus na sinagoga da região. Na verdade, vê-se a atuação e direção do Espírito Santo do começo ao fim dessa viagem, com isto, Lucas quer demonstrar que o verdadeiro protagonista da missão evangelística é o Espírito Santo: *Todavia Saulo, que também se chama Paulo, cheio do Espírito Santo, e fixando os olhos nele, (At 13.9).*

Na ilha de Pafos, anunciam o evangelho nos povoados ao redor. Ao chegar em Pafos, enfrentam o grande desafio de pregar em uma cidade idólatra e extremamente supersticiosa. Aqui, a força do evangelho enfrenta as forças malignas e desmascara o falso profeta Elimas, o encantador, resultando na conversão de Sérgio Paulo, governador da província. A força do mal não impedirá a graça triunfante da cruz. De agora em diante, Saulo, chamar-se-á Paulo. *Todavia Saulo, que também se chama Paulo, cheio do Espírito Santo, e fixando os olhos nele, (At 13.9).*

De Pafos, Paulo chega à Perge, região da Panfília, suspeita-se que João Marcos abandonará a comitiva por medo desses bárbaros. *E, partindo de Pafos, Paulo e os que estavam com ele chegaram a Perge, da Panfília. Mas João, apartando-se deles, voltou para Jerusalém (At 13.13)*. Depois de viajar 160km, Paulo chega à Antioquia da Pisídia. Na sinagoga local, prega aos judeus da dispersão, convencendo a muitos, tanto judeus como prosélitos.

No sábado seguinte, uma grande multidão ajuntou-se para ouvir a Palavra de Deus, mas os judeus, blasfemando, incitaram algumas pessoas contra Paulo e o expulsaram da cidade. Mas, os discípulos, cheios de alegria e do Espírito Santo, partiram para Icônio. Mais uma vez o Espírito Santo estava dirigindo essa comitiva, conforme nos relata o livro de Atos em seu capítulo 13:

> E no sábado seguinte ajuntou-se quase toda a cidade para ouvir a palavra de Deus. Então os judeus, vendo a multidão, encheram-se de inveja e, blasfemando, contradiziam o que Paulo falava. Mas Paulo e Barnabé, usando de ousadia, disseram: Era mister que a vós se vos pregasse primeiro a palavra de Deus; mas, visto que a rejeitais, e não vos julgais dignos da vida eterna, eis que nos voltamos para os gentios; Porque o Senhor assim no-lo mandou: eu te pus para luz dos gentios, a fim de que sejas para salvação até os confins da terra. E os gentios, ouvindo isto, alegraram-se, e glorificavam a palavra do Senhor; e creram todos quantos estavam ordenados para a vida eterna. E a palavra do Senhor se divulgava por toda aquela província. Mas os judeus incitaram algumas mulheres religiosas e honestas, e os principais da cidade, e levantaram perseguição contra Paulo e Barnabé, e os lançaram fora dos seus termos. Sacudindo, porém, contra eles o pó dos seus pés, partiram para Icônio. E os discípulos estavam cheios de alegria e do Espírito Santo (At 13.44-52).

Figura 3 – Ruinas do aqueduto romano da antiga cidade de Antioquia da Pisídia, visitada por Paulo[3]

3 Extraído de: https://jovens2ipr.blogspot.com, acesso em: 5 de Jan 2022.

Paulo, mais uma vez, evangeliza os judeus da dispersão na sinagoga local e, como anteriormente, muitos creem, enquanto uns se dividem a favor dos apóstolos e, outros, dos judeus. Temendo por suas vidas, Paulo e Barnabé fogem para Listra e Derbe, cidades da Licaônia. Aqui Paulo cura um homem com necessidades especiais de nascença. No dia seguinte, Paulo e Barnabé, dirigem-se a Derbe onde muitos se convertem. Em vez de retornarem a Antioquia pelas "Portas de Cílicia", preferem passar pelas cidades anteriores, confirmando a fé dos discípulos.

Figura 4 - Mapa da primeira viagem missionária de Paulo[4]

Antioquia da Pisídia
Icônio
CAPADÓCIA
Listra
ANTIOQUIA
Derbe
Perge
Tarso
CRETA
Primeira Viagem de Paulo
CHIPRE
Antioquia
Salamina
Pafos
Mar Mediterráneo
Jerusalém

4 Extraído de: http://ebdnovavidavi.blogspot.com Acesso em 10 de Jan de 2022.

1.3.2 A Segunda Viagem Missionária.

Preocupado com os novos convertidos das igrejas que havia fundado na primeira viagem missionária, Paulo sugere a Barnabé que revisitassem essas igrejas. Barnabé prontamente aceita, mas aconselha que tomassem a João Marcos. *"E Barnabé aconselhava que tomassem consigo a João, chamado Marcos" (At 15.37).* O texto grego utiliza *"queria"*, no entanto, Paulo parece não achar adequado pois acreditava que João Marcos não era merecedor de acompanhá-los, pelo fato de tê-los abandonado em Panfília. Por esse motivo, a comitiva segue caminhos diferentes, Barnabé e João Marcos dirigem-se para Chipre, ao passo que Paulo escolhe Silas e parte para o Norte, passando pela Síria e Cilícia, visitando as igrejas da Gálacia.

Em Listra, um novo membro chamado Timóteo é adicionado à comitiva missionária. Paulo e sua equipe fortaleciam as igrejas, informando-as a respeito da resolução do Concílio de Jerusalém, *"Ao passar pelas cidades, entregavam aos irmãos, para que as observassem, as decisões tomadas pelos apóstolos e presbíteros de Jerusalém. Assim, as igrejas eram fortalecidas na fé e, dia a dia, aumentavam em número" (At 16.4,5).* Queriam ir a Bitínia, no entanto o Espírito Santo os impediu mais uma vez. Seguem, portanto, para Trôade, na costa do mar Egeu, aproximando-se da Europa. Ao chegarem em Filipos, a obra missionária finca as estacas na Europa, por meio de uma mulher chamada Lídia, que se torna a primeira mulher a se converter em solo Europeu.

Sem dúvidas, esse momento da viagem é marcado também pela libertação de uma jovem endemoniada. Por essa razão, Paulo e Silas são presos. Na prisão esses dois gigantes da fé oravam e louvavam a Deus quando, de maneira sobrenatural, sobreveio um terremoto que abalou os alicerces do cárcere. Por ocasião desse episódio, o carcereiro responsável pela prisão e toda a sua casa tiveram um encontro de libertação com Jesus. *"Responderam-lhe: Crê no Senhor Jesus e serás salvo, tu e tua casa. E lhe pregaram a palavra de Deus e a todos os de sua casa. Naquela mesma hora da noite, cuidando deles, lavou-lhes os vergões dos açoites. A seguir, foi ele batizado, e todos os seus" (At 16.31-33).*

Quando as autoridades locais descobriram que Paulo e Silas eram romanos, os colocaram em liberdade. Após isso, eles se deslocam para Tessalônica e ali evangelizaram os judeus na sinagoga local, no entanto, um grupo de homens, mulheres, gregos e judeus começam uma forte perseguição que os força a sair, indo para Bereia. Um novo tumulto leva Paulo a deslocar-se para Atenas, entretanto, Silas e Timóteo permaneceram na cidade.

Em Atenas, Paulo prega no Areópago, um dos mais belos e cultos sermões do cristianismo, onde ele apresenta o Deus desconhecido, aproveitando o altar na colina de marte com essa descrição. Ao concluir o seu sermão, faz um apelo para que se voltem para o Senhor. De Atenas, Paulo vai para Corinto, metrópole grega. Em Corinto, começa a fazer tenda para se manter, até que Silas e Timóteo chegam com as ofertas da Macedônia. Somando forças com Paulo, estão Priscila e Áquila. Todos os sábados anunciava o evangelho aos judeus e gentios da cidade, resultando na conversão de Crispo, o principal da sinagoga. A estadia de Paulo na cidade foi de 18 meses. Indo em direção a Éfeso, passando por Cesareia e Jerusalém até chegar a Antioquia. Lucas conclui esse panorama da segunda viagem missionária de Paulo com a expressão, *"Assim, a palavra do Senhor crescia e prevalecia poderosamente" (At 19.20).*

Figura 5 - Mapa da segunda viagem missionária de Paulo[5]

1.3.3 Terceira Viagem De Paulo

O ápice da terceira viagem missionária de Paulo é a chegada em Roma. Inquestionavelmente, os eventos narrados no livro de Atos culminaram para o evangelho avançar em direção a Roma. A eficiência da mensagem de Paulo pregada em Éfeso foi tamanha que causou tumulto inimaginável nesta cidade. Os fabricantes de ídolos protagonizaram esse tumulto, pois viram as suas vendas despencarem, sem dúvidas, pelo profundo impacto causado pela mensagem de salvação pregada por Paulo.

Paulo passou pregando nas igrejas da Macedônia e da Grécia. *"E, depois que cessou o alvoroço, Paulo chamou a si os discípulos e, abraçando-os, saiu para a macedônia. E, havendo andado por aquelas terras, exortando-os com muitas palavras, veio à Grécia" (At 20.1,2).* Voltando, novamente, para Trôade, o episódio mais

5 Extraído de: https://bibliotecabiblica.blogspot.com Acesso em: 10 de Jan 2022.

marcante foi a ressurreição do jovem Êutico, que caiu da janela enquanto ouvia o discurso de Paulo. Seguindo viagem, o apóstolo passa por Tiro e Cesareia, chegando, finalmente, em Jerusalém, onde é advertido dos perigos que encontraria.

Em Jerusalém, Paulo fala para a igreja local da alegria de suas missões entre os gentios. Em uma de suas idas ao templo é reconhecido por alguns judeus e acusado de profanar o lugar santo. *"E quando os sete dias estavam quase a terminar, os judeus da Ásia, vendo-o no templo, alvoroçaram todo o povo e lançaram mão dele" (At 21.27).* O exército romano retira Paulo do tumulto, temendo por sua vida. Em Roma, Paulo tem permissão para falar às multidões, de maneira livre.

Paulo é entregue pelas autoridades a Félix, o governador, em Cesareia. O apóstolo se levanta para fazer a sua defesa por três vezes: diante do governador Félix, uma vez diante do governador Festo e o rei Agripa. Tanto Félix como o rei Agripa declararam não encontrar nenhum motivo que justificasse a prisão de Paulo, muito menos a sua morte. Aqui, Paulo poderia ter sido livre se não apelasse para César. Por ocasião do seu apelo, Festo é obrigado a enviá-lo a Roma, para ser julgado.

Enfrentando uma grande tempestade no caminho para Roma, param em Malta, e Paulo é atacado por uma víbora, porém, assustadoramente sai ileso. Esse não foi o único milagre em Malta. Deus usou poderosamente a vida de Paulo, curando e realizando muitos milagres. Chegando em Roma, fica em prisão domiciliar, onde prega o reino de Deus e a Jesus ressuscitado.

Havendo-lhe eles marcado um dia, vieram em grande número ao encontro de Paulo na sua própria residência. Então, desde a manhã até à tarde, lhes fez uma exposição em testemunho do reino de Deus, procurando persuadi-los a respeito de Jesus, tanto pela lei de Moisés como pelos profetas. Houve alguns que ficaram persuadidos pelo que ele dizia; outros, porém, continuaram incrédulos. E, havendo discordância entre eles, despediram-se, dizendo Paulo estas palavras: Bem falou o Espírito Santo a vossos pais, por intermédio do profeta Isaías, quando disse: [..] (At 28.23-25).

A história das viagens missionárias de Paulo é, na verdade, a história dos Atos do Espírito Santo na vida desse intrépido servo de Deus. O Espírito Santo ainda opera as mesmas maravilhas narradas em Atos, basta apenas alguém solícito clamar: *"Eis-me aqui, envia-me a mim" (Is 6.8).*

Figura 6 - Mapa da terceira viagem missionária de Paulo [6]

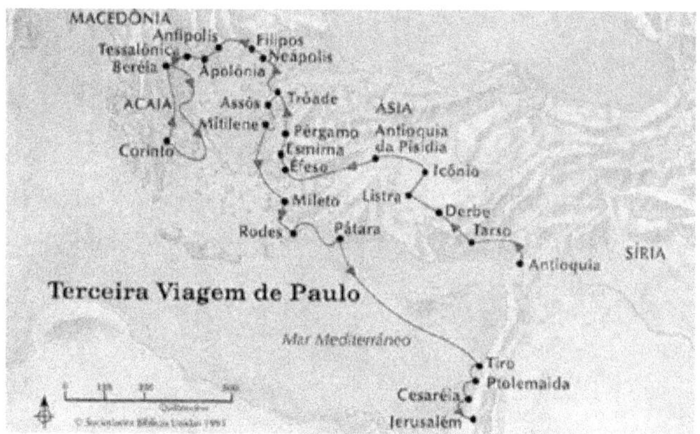

Questão Para Reflexão:

A história da vida, conversão e contribuição de Paulo para a igreja do primeiro século mostra que "o poder divino precisa da cooperação humana". Podemos ficar convencidos que a vontade de Deus é transformar e usar a vida do homem. Cite e justifique três exemplos de como o ser humano contribui para esse processo de transformação.

6 Extraído de: http://ebdnovavidavi.blogspot.com Acesso em 10 de Jan 2022.

CAPÍTULO 2

Cristologia Paulina

É inquestionável que a cristologia de Paulo é resultado direto de experiências pessoais, porém na esteira de seus pensamentos sobre a pessoa de Cristo temos uma junção de intelectualidade, espiritualidade e experiências resultantes de sua conversão. Vejamos as diferentes perspectivas, comprovando sua inquestionável e complexa riqueza de pensamento e articulação da sua compreensão de Cristo Jesus.

2.1 Três perspectivas são fundamentais para a compreensão da Cristologia Paulina:

1º O Judaísmo - Vale lembrar que isso afetava profundamente sua crença a respeito da vinda do Messias.

2º O Helenismo - Uma influência que não pode ser descartada.

3º Sua Conversão ou seu chamamento.

Nesses três âmbitos se concentram raízes importantes, com ricos desdobramentos e informações de sua bem elaborada visão cristológica.

2.1.1 Judaísmo

Quando no Judaísmo , é inquestionável a força de sua influência na concepção que ele tem a respeito da vinda do Messias. Ele não fala tão explicitamente da sua concepção a partir do modelo farisaico. Obviamente que, na base de sua concepção messiânica está a convicção a respeito da vinda de um Messias, humano e de origem Davídica. É claro que Paulo recebe muitas destas concepções do messianismo judaico, particularmente do farisaísmo. A detecção dessas classes supõe um percurso próprio e abordagens muito específicas. Aqui, basta a referência incontestável da influência dessas concepções messiânicas existentes e presentes, de maneira forte, sobretudo na vinda de Cristo.

2.1.2 Helenismo

Em se tratando do mundo do helenismo, destacamos o elemento que influenciou o pensamento paulino chamado de conceitos do cristianismo nascente. Essas averiguações são feitas especialmente por intermédio da história das religiões, quando se constata a presença de formas próprias advindas do mundo Greco-romano.

> A reação contra o rito helenista foi a guerra armada da família macabeia. A conhecida Revolta dos Macabeus venceu os exércitos helênicos e estabeleceu um reino judaico independente (142-63 a.C.). Depois desse período, veio a organização dos fiéis de Javé, declarando guerra do bem contra o mal (BRUNELLI, 2016, p. 26).

2.1.3 Sua conversão

Nas cartas paulinas e no seu pensamento, é significativa a centralidade da referência à sua conversão e chamado, o foco é na sua confissão de fé no Cristo ressuscitado. A formulação de sua cristologia, então, recebe dessa referência uma considerável e determinante influência. Há de se considerar, pois, a relevância de sua experiência e a ligação desta com a confissão cristã primitiva.

Procurando a mais antiga menção de Paulo a respeito das consequências desua conversão nos deparamos com (Gl 1,11-23). *"E é evidente que pela lei ninguém será justificado diante de Deus, porque o justo viverá pela fé. Ora, a lei não é da fé; mas o homem, que fizer estas coisas, por elas viverá. Cristo nos resgatou da maldição da lei, fazendo-se maldição por nós; porque está escrito: Maldito todo aquele que for pendurado no madeiro;" (Gl 3.11-13).* Ele destaca que não recebeu o evangelho por meio de seres humanos. Sua experiência não é fruto de intervenções ou instruções humanas. Seu testemunho afirma que recebeu a revelação diretamente de Deus. É claro que o mais importante, ele enfatiza, é o Evangelho que recebeu, mais do que o fato de sua conversão. Portanto, para o Apóstolo Paulo a sua conversão é resultado direto das consequências do evangelho de Cristo. Nesse sentido, verifica-se uma diferença entre a narrativa de Gálatas e as narrativas dos Atos dos Apóstolos (At 9 e 22), que acentuam a perspectiva de sua conversão. Em Atos 9, Ananias cumpre uma missão de ir ao encontro de Saulo para lhe dar o sinal, enquanto em Atos 22, Ananias expõe algo acerca do encargo do apóstolo. De tal modo, como em relação à narrativa de Atos 26.

De qualquer forma, é importante sublinhar que Paulo entende que sua missão, o encargo recebido e o conteúdo essencial de sua missão não vieram de seres humanos e esse, sem dúvidas, é o auge de sua cristologia. Não podemos negar a importância de Ananias em todo esse contexto, porém, ele não foi a palavra final de instrução para Paulo, *"Porque não o recebi, nem aprendi de homem algum, mas pela revelação de Jesus Cristo" (Gl 1.12).*

Disse-lhe, porém, o Senhor: Vai, porque este é para mim um vaso escolhido, para levar o meu nome diante dos gentios, e dos reis e dos filhos de Israel. (At 9.15).

E ele disse: O Deus de nossos pais de antemão te designou para que conheças a sua vontade, e vejas aquele Justo e ouças a voz da sua boca (At 22.14).

E disse eu: Quem és, Senhor? E ele respondeu: Eu sou Jesus, a quem tu persegues; Mas levanta-te e põe-te sobre teus pés, porque te apareci por isto, para te pôr por ministro e testemunha tanto das coisas que tens visto como daquelas pelas quais te aparecerei ainda; (At 26.15,16).

2.2 Elementos representativos importantes

Nesse contexto estão os elementos representativos fundamentais a sere considerados: o Evangelho de Cristo, Cristo Ressuscitado e Exaltado, a corporalidade de Cristo e o Cristo Salvador.

Paulo persiste no conteúdo do Evangelho e zela por ele. Não é sua preocupação mostrar provas da autenticidade de sua condição de cristão. Ora, ele identifica o seu Evangelho com o Evangelho de Cristo, *"O qual não é outro, mas há alguns que vos inquietam e querem transtornar o evangelho de Cristo" (Gl 1.7),* isto é, o Evangelho que vem de Cristo, sendo Cristo o seu principal e insubstituível conteúdo. Por isso, ele acentua o querer de Deus na revelação do seu filho a ele, *(Gl 1.15-16).* O Filho de Deus é, pois, o conteúdo insubstituível desta revelação. Isso comprova o seu testemunho de que não foi Ananias quem lhe ensinou algo sobre Cristo. Ananias lhe faz uma revelação profética, sem nenhuma instrução ou conselho oferecidos. Contudo, é importante sublinhar que Paulo testemunha ter recebido tradições e ensinamentos sobre Jesus advindos de outros cristãos, como é o caso de Pedro, quando ele visitou Jerusalém, *"Depois, passados três anos, fui a Jerusalém para ver a Pedro, e fiquei com ele quinze dias" (Gl 1.18)*, bem como testemunha em *(Gl 2.1-10)*.

2.3 Cristo Ressuscitado e Exaltado.

O apóstolo aprendeu que Cristo estava vivo. Ele era um fariseu e acreditava na ressurreição. Sem dificuldade, compreendeu que os cristãos professavam essa verdade da ressurreição de Cristo. Na 1ª Carta aos Coríntios, ele sublinha essa perspectiva: *"Eu não vi o Senhor ressuscitado?" (1 Co. 9.1) e (1 Co. 15.8) "...por último, apareceu também a mim, que sou como um aborto."*

Paulo compreende que Jesus Ressuscitado, vivo no céu, é o ungido de Deus. Sua morte vitoriosa o entroniza como o ungido de Deus. Ele se fez maldição por todos a fim de redimir todos do jugo da lei. Assim, a ressurreição ilumina toda a compreensão de Paulo a respeito de Jesus e sua crucifixão (1 Co. 12.3) Foi a sua experiência no caminho de Damasco que iluminou essa sua compreensão de Jesus. Anteriormente, ele via Jesus do ponto de vista meramente humano (2 Co. 5.16), jamais como o messias judeu. Sua experiência o leva a ver Cristo Jesus como o Filho de Deus, naturalmente sustentado pelas tradições apostólicas compartilhadas.

Sua experiência no caminho de Damasco o leva a compreender que Jesus é plena e estreitamente identificado com os cristãos. O Senhor ressuscitado pergunta a Paulo: "Por que me persegues? ... Eu sou Jesus a quem estás perseguindo (At 9.4-5; At 22.7-8; At 26.14-15). Há, pois, uma consequente compreensão e conclusão de que os cristãos formam o povo de Deus. Deus estava muito próximo daquele povo perseguido por Saulo. Com esse povo, o Senhor se identificava. Assim, perseguir os cristãos, povo de Deus, era fazer oposição a Deus. As aflições dos cristãos eram as aflições de Deus.

2.4 Jesus, Salvador, sua corporalidade

Paulo compreende que, independentemente de suas ações, Cristo o interpela e lhe oferece, por graça, a chance da conversão. A experiência dessa graça indica que Paulo deveria assumir uma nova postura em relação à lei. Até então, a lei tinha sido a referência principal de sua vida religiosa. Cristo e sua experiência se tornaram, então, o centro de sua nova vida. Por isso, o apóstolo compreende que Cristo é o apogeu da lei. A graça operante o capacita para a obediência da fé. Não funciona mais aquela compreensão em que a vida diante de Deus era vivida segundo o princípio, 'faz isto e viverás'.

Obviamente que Paulo não desconsidera ou esvazia o sentido da lei mosaica. A lei mosaica é justa, santa e boa, e tantas de suas instruções têm um precioso valor moral. Mas, na verdade, a lei não alcança mais do que a indicação do que é bem e mal. Ela, em si, não capacita para a superação do mal. Só Cristo pode garantir a força e a condição para a superação do mal. Compreendemos porque Paulo se concentra na pregação de Cristo crucificado e ressuscitado, pois é Ele o evento que mudou a situação humana diante de Deus. Somente pela graça, mediante a fé que se alcança a salvação. Paulo está consciente da força decisiva da escolha e da graça que recebe por Cristo, quando afirma: *"Quando, porém, àquele que me separou desde o ventre materno e me chamou por sua graça, agradou revelar-me o seu Filho, para que eu anunciasse aos pagãos, não consultei carne e sangue..."* (Gl 1.15-16).

A certeza latente do apóstolo Paulo de que a sua conversão tem tudo a ver com o seu chamado como missionário para anunciar o Evangelho de Jesus Cristo norteia a sua criptologia. Esse chamado, portanto, é resultado direto da sua experiência da graça de Deus. Por isso mesmo, entendendo que diante de Deus vale a força da graça, entende também que não justifica e não tem sentido que qualquer um fique fora da graça de Deus. Assim, é de se pressupor que Paulo entende o coração do seu Evangelho a partir da sua experiência de conversão. O Evangelho, é, sem dúvidas, uma experiência de conversão. A revelação de Cristo para ele é a experiência desta mudança, aquela luz que brilha e o cega. É a luz do Cristo Ressuscitado, a glória de Deus (Gl 1.12.16; 2Co 4.6). Paulo entende, portanto, a revelação como a chegada da era escatológica, do tempo das coisas novas de Deus. Cristo se torna, então, consequentemente, o centro da lei e da ética. Por isso, ele relê a história de Israel à luz da história de Cristo.

2.5 A natureza humana de Jesus

Ao falarmos de cristologia é fundamental pensar e analisar a natureza humana e a natureza divina de Jesus. Jesus viveu entre nós com as qualificações e características humanas, exceto o pecado. Como Deus, Ele manifestou todo o seu poder e glória. Ele é o Eterno e verdadeiro Deus, e ao mesmo tempo, verdadeiro e perfeito homem, algo desconhecido na raça humana devido à queda no Éden. "Nasceu da descendência de Davi segundo a carne" *"Acerca de seu Filho, que nasceu da descendência de Davi segundo a carne,"* (Rm 1.3). Essa expressão, usada amiúde por Paulo, revela a identificação de Jesus com a humanidade. O apóstolo usou o termo "carne" com esse mesmo sentido em sua carta à igreja de Roma: "*Dos quais são os pais, e dos quais é Cristo segundo a carne, o qual é sobre todos, Deus bendito eternamente. Amém" (Rm 9.5).*

Vajamos qual a abordagem de Brunelli (2016, p. 45,46), sobre a natureza humana de Jesus:

> Porque há um só mediador entre Deus e os homens, Jesus Cristo homem" (1 Tm 2.5). Na cristologia paulina, encontram-se as respostas necessárias que resolveriam a questão daqueles que opinaram sobre a divindade e a humanidade de Jesus em versões diferentes, gerando polêmicas, controvérsias. Vários concílios foram reunidos ao longo da história para debater questões relativas à pessoa de Cristo, envolvendo Sua humanidade, Sua divindade, Sua distinção em relação ao Pai etc. Na genealogia apresentada por Mateus, Jesus descende de Davi (Mt 1.1-17); porém, na genealogia de Lucas, Jesus descende de Adão, assim como todos os homens (Lc 3.23-38). O próprio Jesus referiu-se a si mesmo como homem: "Mas, agora, procurais matar-me a mim, homem que vos tenho dito a verdade (...)" (Jo 8.40). Para confirmar a consciência da Sua humanidade, Jesus referiu-se constantemente a si mesmo como o Filho do Homem (Mt 8.20; 20.28; Lc 7.34 etc.). O apóstolo Paulo destaca a humanidade de Jesus: "Mas não é assim o dom gratuito como a ofensa; porque, se, pela ofensa de um, morreram muitos, muito mais a graça de Deus e o dom pela graça, que é de um só homem, Jesus Cristo, abundou sobre muitos" (Rm 5.15). "Porque, assim como a morte veio por um homem, também a ressurreição dos mortos veio por um homem (1 Co. 15.21).

Era pertinente, que Jesus viesse ao mundo como homem; se assim não fora, não poderia sofrer e, por conseguinte, ser o Salvador da humanidade. *"Por isso convinha que em tudo fosse semelhante aos irmãos, para ser misericordioso e fiel sumo sacerdote naquilo que é de Deus, para expiar os pecados do povo. Porque naquilo que ele mesmo, sendo tentado, padeceu, pode socorrer aos que são tentados" (Hb 2.17,18).*

2.6 A Natureza Divina de Jesus.

A cristologia paulina é plena pois não contempla apenas a humanidade de Jesus pois, se assim fosse, certamente ficaria incompleta. Paulo deixa evidente, também, que Jesus é plenamente Divino. A ideia da divindade de Jesus descrita por Paulo está em harmonia com a descrição Neotestamentária. Dentre tantas categorias que compõem a ampla narrativa bíblica Neotestamentária sobre a divindade de Jesus a sua encarnação é o ponto de partida. Vejamos o que nos diz Grudem (2016, p. 445): "A encarnação foi o ato pelo qual Deus Filho assumiu a natureza humana".

Uma prerrogativa importante acerca da divindade de Jesus são as profecias acerca do Messias que se cumpriram nele. Jesus tinha várias qualificações e habilidades que apoiavam suas declarações de que era o Messias. Ele próprio disse por várias vezes ser o Messias, evidenciando o que Paulo escreveu: *"Mas, vindo a plenitude dos tempos, Deus enviou seu Filho, nascido de mulher, nascido sob a lei," (Gl 4.4).* O próprio Jesus sublinhou o cumprimento dessas profecias:

> E, começando por Moisés, e por todos os profetas, explicava-lhes o que dele se achava em todas as Escrituras (*Lc 24.27*);
> [...] E disse-lhes: São estas as palavras que vos disse estando ainda convosco: Que convinha que se cumprisse tudo o que de mim estava escrito na lei de Moisés, e nos profetas e nos Salmos (*Lc 24.44*);
> [...]Porque, se vós crêsseis em Moisés, creríeis em mim; porque de mim escreveu ele (*Jo 5.46*)
> [...] Abraão, vosso pai, exultou por ver o meu dia, e viu-o, e alegrou-se (*Jo 8.56*).

Vejamos o que diz Mcdowell (2008, p. 88,89), sobre o cumprimento das profecias messiânicas em Jesus:

> No Antigo Testamento existem cerca de sessenta profecias messiânicas de vulto, e aproximadamente 270 ramificações, as quais se cumpriram todas em uma pessoa - Jesus Cristo. É muito interessante observar todas estas predições cumpridas em Cristo, como sendo sua "identificação". O leitor provavelmente

> nunca percebeu como são importantes detalhes tais como seu nome e endereço - e, no entanto, são esses detalhes que nos distinguem dos outros quatro bilhões de pessoas que habitam este planeta.

O apóstolo Pedro concorda com essa ideia e diz: *"Mas Deus assim cumpriu o que já dantes pela boca de todos os seus profetas havia anunciado; que o Cristo havia de padecer" (At 3.18).* Consideremos o que diz Grudem (1999, p. 448), sobre a terminologia *kyrios* e sua importância para entender a divindade de Jesus:

> Às vezes a palavra Senhor (gr. kyrios) é empregada simplesmente como tratamento respeitoso dispensado a um superior (veja Mt 13.27; 21.30; 27.63; Jo 4.11). Às vezes pode simplesmente significar "patrão" de um servo ou escravo (Mt 6.24; 21.40). Ainda assim, a mesma palavra é também empregada na Septuaginta (a tradução grega do Antigo Testamento, de uso comum na época de Cristo) como uma tradução do hebraico yhwh, "Javé", ou (conforme traduzido com frequência) "o SENHOR" ou "Jeová". A palavra kyrios é empregada para traduzir o nome do Senhor 6814 vezes no Antigo Testamento grego. Assim, qualquer leitor grego da época do Novo Testamento que conhecesse um pouco o Antigo Testamento grego reconheceria que, nos contextos apropriados, a palavra "Senhor" era o nome do Criador e Mantenedor do céu e da terra, o Deus onipotente.

Fica evidente na abordagem de Grudem (1999) que o termo *kyrios* atribuíd a Jesus não foi simplesmente para se referir a ele como patrão, senhor ou de cunho respeitoso, ou ainda de um patrão de escravos, mas sim como Senhor ou Jeová o criador dos céus e da terra. Paulo com frequência usava esse termo em suas epístolas, como por exemplo: *"Todavia para nós há um só Deus, o Pai, de quem é tudo e para quem nós vivemos; e um só Senhor, Jesus Cristo, pelo qual são todas as coisas, e nós por ele" (1 Co. 8.6).*

Questão Para Reflexão:

Qual a importância da cristologia de Paulo para a compreensão de Jesus como o filho de Deus?

CAPÍTULO 3

Paulo e a Ética

Segundo Mario Sergio Cortella (2011 p. 125), ética é "quero? Posso? devo?" Nem tudo que eu quero eu posso, nem tudo que eu posso eu devo. Em termos práticos, seria mais ou menos assim, eu quero comprar um carro novo. A primeira pergunta é eu posso comprar esse carro? Ou seja, eu tenho dinheiro para comprar esse carro? Vamos imaginar que sim!

Diante disso, surge a segunda pergunta: eu devo comprar esse carro agora ou tenho outras prioridades que eu poderia usar esse valor para resolver? Em linhas gerais a ética nos leva a seguinte reflexão, nem tudo que eu quero eu posso, nem tudo que eu posso eu devo. Outra verdade é que não existem pessoas sem ética, o que temos são indivíduos com uma ética boa e outros com ética má. Em resumo, temos pessoas éticas e pessoas antiéticas. Paulo usa a ética em seus ensinamentos, quando diz que todas as coisas lhe são licitas, mas nem tudo lhe convém: *"Todas as coisas me são lícitas, mas nem todas as coisas convêm. Todas as coisas me são lícitas, mas eu não me deixarei dominar por nenhuma" (1 Co. 6.12).*

A ética cristã está inteiramente ligada à liberdade que temos em Cristo. Porém, não podemos usar da liberdade para, como diz Paulo aos Gálatas, dar ocasião à carne ou à carnalidade: *"Porque vós, irmãos, fostes chamados à liberdade. Não useis então da liberdade para dar ocasião à carne, mas servi-vos uns aos outros pelo amor" (Gl 5.13).* Veremos, na ética paulina, como podemos usar a gama de conhecimentos e informações bíblicas para o nosso desenvolvimento espiritual, moral e social.

3.1 A Estrutura Inovadora da Ética Paulina

Consideraremos quão revolucionária era a visão ética de Paulo. Paulo, o ex-fariseu, rejeitava a lei como base na prática ética! Esse fato não foi visto claramente por muitos dos antigos pais da Igreja, ficou inteiramente esquecido na doutrina da Igreja Católica medieval, e nem chegou a ser restaurado à Igreja pelos reformadores protestantes. A doutrina paulina, por sua vez, pregava que o Espírito é, agora, o padrão e o guia da Ética. Em outras palavras, um código escrito foi substituído por experiências espirituais, a saber, a capacitadora presença de Deus. Quando Paulo afirmou que o crente não está debaixo da lei (Rm 3.19; 6.14,15; Gl 3.10,23-25; 4.2ss; 5.18), quis dizer que não está debaixo da lei nem como medida justificadora, nem como medida santificadora, mas sob a influência e a orientação do Espírito de Deus.

O galacianismo é aquela falsa doutrina que diz que o crente, uma vez justificado pela fé, agora está debaixo da lei como sua norma de vida. Segundo Buttrick, (1951, p. 429-443):

> Na Introdução ao Livro de Gálatas, "salienta que Paulo queria livrar os crentes do conceito errado de que eles poderiam ser salvos observando a lei mosaica; esclarecendo-os também de que não deveriam guardar a lei dos Dez Mandamentos visando conquistar méritos diante de Deus para sua salvação."

No entanto, é a lei do Espírito que nos torna livres, vivos e espiritualmente crescentes. *"Porque a lei do Espírito de vida, em Cristo Jesus, me livrou da lei do pecado e da morte. Porquanto o que era impossível à lei, visto como estava enferma pela carne, Deus, enviando o seu Filho em semelhança da carne do pecado, pelo pecado condenou o pecado na carne" (Rm 8. 2-3).*

O contexto dessa passagem inclui a santificação, uma operação do Espírito que a lei jamais poderia realizar. Aqueles que cogitam das coisas do Espírito são precisamente àqueles em quem reside o poder do Espírito (Rm 8.5). A Presença do Senhor, ou seja, o seu Espírito, é que faz toda a diferença, e não os nossos esforços por nos ajustarmos a algum código; e assim, sem aquela Presença, seremos derrotados em nossa batalha contra o pecado. Os vários aspectos do fruto do Espírito são produtos do Espírito.

3.2 Fundamentos De Toda Ação Ética

O amor é o solo onde são cultivadas todas as virtudes cristãs. É significativo que a lista paulina dos vários aspectos do fruto do Espírito seja encabeçada pelo amor, a maior de todas as virtudes. Além disso, em outros lugares, o apóstolo Paulo refere-se à fé, à esperança e ao amor como as três principais expressões cristãs, dentre as quais, a maior delas, é o amor. "*Agora, pois, permanecem a fé, a esperança e o amor, estes três, mas o maior destes é o amor" (1 Co. 13.13).*

O amor é divino; o amor é cultivado em nós pelo Espírito de Deus. O amor transforma; o amor é o cumprimento da lei, seu espírito e condicionamento. "*O amor não faz mal ao próximo. De sorte que o cumprimento da lei é o amor" (Rm 13.10).*

3.3 O Propósito Da Ética

O alvo da ética é a conduta ideal. Mas, nisso, encontramos o processo da santificação. À medida que um homem vai sendo santificado, também vai sendo transformado de maneira sobrenatural. Esta não pode ocorrer sem àquela. Ambas as coisas, por sua vez, dependem de um gradual e significativo desenvolvimento espiritual. O homem bom não se tornou bom porque seguiu algum código, e, sim, mediante a sua comunhão com o Espírito.

Não basta alguém ler a Bíblia e orar. Também, é necessário que ele medite, ponha em prática as boas obras, siga a santificação e faça uso dos dons espirituais; mas, acima de tudo, é mister que receba o toque do Espírito Santo que, realmente, lhe desenvolve a espiritualidade. O homem que, coerentemente, emprega esses métodos e busca ao Senhor tornar-se-á um gigante espiritual, e agirá naturalmente, agradando ao Senhor. Mas, a sua conduta será parte do quadro maior do desenvolvimento espiritual, que o estará conduzindo à participação na imagem moral de Cristo, o filho de Deus.

3.4 Ética Paulina x A Lei

Como já fora dito, Paulo era fariseu, portanto, a lei de Moises foi para ele a norma de toda crença e ação. Não obstante, demonstrou que sua doutrina não anulava a lei (Rm 3.21). Antes, em sua mente, ele confirmava a lei. Porém, quando lemos a sua explicação, vemos que esse estabelecimento da lei não é exatamente aquilo que a mente judaica teria antecipado por meio dessa expressão, pois Paulo não confirmava a lei, nem como poder justificador e nem como poder santificador, mas tão somente como uma apta ilustração e demonstração da pecaminosidade do ser humano.

A lei empresta ao pecado o seu poder, porque, sem lei, o pecado jamais poderia ser imputado aos homens. Mediante a lei, vem o pleno conhecimento do pecado (Rm 3.20). A lei reaviva o pecado (Rm 7.9). O sétimo capítulo de Romanos demonstra, abundantemente, que a lei não nos ajuda a pôr em obras aquilo que pensamos ser melhor, e nem nos capacita a agir em conformidade com a Ética cristã.

A conclusão do apóstolo Paulo, no capítulo 7 de Romanos, é que precisamos de Jesus Cristo para cumprir essas funções. Os dois grandes mandamentos consistem em amarmos a Deus de todo nosso coração, forças e mente, bem como ao próximo como a nós mesmos. Essa ideia já aparecia no Antigo Testamento, e fora confirmada por Jesus (Mt 22. 37-38). Cristo adicionou que a lei depende inteiramente desses dois princípios fundamentais (Mt 22.40). Paulo repetiu a essência dessa verdade ao afirmar que o amor é cumprimento de toda a lei, porque aquele que ama não fará qualquer coisa prejudicial (Rm 13.10).

A letra mata; o Espírito transmite vida. Temos aqui outra maneira pela qual Paulo falava da relação entre a lei e o Espírito de Deus (2 Co. 3.6). É evidente que aquilo que mata, sob hipótese alguma, pode ser uma medida justificadora ou santificadora. Paulo chamou a lei de "ministério da morte" (2 Co. 3.7), como também um "véu" que entenebrece o entendimento (2 Co. 3.15).

A conclusão de seu argumento é uma das mais nítidas declarações acerca da transformação que nos é conferida em Cristo. Cristo é um espelho espiritual e, quando nos contemplamos nesse espelho, vamos sendo transformados em sua própria imagem: *"Mas todos nós, com rosto descoberto, refletindo como um espelho a glória do Senhor, somos transformados de glória em glória na mesma imagem, como pelo Espírito do Senhor" (2 Co 3.18).* Isso posto, a verdadeira ética requer a presença de Deus, e é essa presença que nos transforma.

3.5 Objetivos da Ética Paulina

Destaca-se dentro dos objetivos da ética paulina a atuação do Espírito Santo, o Apóstolo Paulo ensina tanto em Gálatas, quando enumera as obras da carne e o fruto do Espírito (Gl 5.19-25), como em Romanos (Rm 5.1-8,17) ao falar sobre o sofrimento do ser humano e também a capacidade que esse ser humano tem de suportar as adversidades. Claramente para o Apóstolo essa é a verdadeira ética, ou seja, a verdadeira ética só é possível através da ação do Espírito Santo.

Outro ponto forte na ética paulina é a liberdade para o Apóstolo

Paulo. Essa liberdade só é possível em Cristo. Segundo Schweitzer (2006 p. 375): "É desta consciência de liberdade que Paulo assegura, que a Lei Judaica é apenas uma incorporação temporária da ética, sua validade foi anulada pela morte e ressurreição de Cristo". A Escritura diz: "*Ora, o Senhor é o Espírito; e onde está o Espírito do Senhor, aí há liberdade" (2 Co. 3.17).*

Vejamos os 8 pontos de destaque dentro da ética paulina:

1 – A lei é inadequada tanto para a justificação quanto para a santificação.

2 – O homem justificado e regenerado é aquele que porá em prática a conduta ideal, em um grau que agrade a Deus.

3 – Há um ministério do Espírito Santo, que é eficaz.

4 – O desenvolvimento espiritual, em geral, tornará esse ministério uma realidade.

5 – A conduta ideal não é algo isolado do resto dos propósitos referentes à espiritualidade. Antes, faz parte do processo geral, mediante o qual o crente vai sendo transformado, segundo a imagem de Cristo.

6 – As virtudes cristãs cardeais são outras que fazem parte dos tantos aspectos do fruto do Espírito, que Ele cultiva no homem.

7 – Aqueles que estão "em Cristo" (uma expressão usada por mais de cento e cinquenta vezes nos escritos paulinos) são aqueles que desfrutam de comunhão com o Espírito Santo. Todos os crentes precisam do toque místico. Precisamos da Presença de Deus. A conduta ideal é resultante disso, e não de algo que podemos produzir, mostrando-nos obedientes a algum código. Um homem em Cristo é uma nova criação (2 Co. 5.17).

8 – O Homem que está "em Cristo" tem a lei de Cristo em seu coração (1 Co 9.21; Gl 6.2). Também é possuidor da mente de Cristo (1 Co 2.16)

Questão para reflexão:

Falar sobre a ética Paulina é muito importante para o aperfeiçoamento dos nossos relacionamentos e conduta na sociedade. Assim, como vivemos em uma época onde os conceitos pós-modernos relativizam as doutrinas cristãs, é relevante identificarmos os principais fundamentos da Ética Cristã, a fim de aperfeiçoar nossa vida de comunhão com Deus e nosso testemunho cristão perante a sociedade. Portanto, em tempos de ataques ideológicos contra a cultura cristã, a Igreja não deve furtar-se de ser o "sal da terra" e a "luz do mundo". Como defender a nossa fé dos ataques ideológicos e antiéticos contra os princípios cristãos com base na ética Paulina?

CAPÍTULO 4

Romanos – A Base Da Justificação Pela Fé

Em Romanos, somos colocados face a face com todas as verdades fundamentais das escrituras. Lutero, Bsrl, (2012 p. 1884) considerava a Carta aos Romanos "o escrito mais importante do Novo Testamento" chegou a dizer que "na ausência dos quatro Evangelhos Romanos supriria a necessidade básica de informações para a salvação" dando-nos a ideia da amplitude e importância de Romanos para a fé cristã.

Nesse capítulo, faremos uma consideração inicial sobre a estrutura da carta, falaremos sobre data e local da escrita, abordaremos, também, aspectos da igreja em Roma. Estudaremos sobre a degradação da semelhança divina provocada pelo pecado, aprenderemos também sobre a justificação pela fé, nessa mesma estrada veremos sobre a justificação no Antigo Testamento e a origem da ideia paulina sobre a justificação. Por fim, veremos a justificação dentro do plano da salvação.

4.1 Romanos e sua influência dentro da Historicidade

É natural que Romanos seja a primeira carta entre as demais, mesmo sabendo que, cronologicamente, não foi a primeira a ser escrita. Romanos ocupa, de modo natural, a primeira posição. Vejamos: Atos traz o relato de como a igreja foi formada, estabelecida, bem como sobre como se deu a sua expansão. O que seria mais natural do que, em seguida, essa igreja ser lembrada acerca do alicerce básico sobre o qual ela sempre deve estar firmada? Eis a verdade fundamental do cristianismo afirmada pelo mesmo apóstolo, quando escreve aos Coríntios: *"Porque ninguém pode pôr outro fundamento além do que já está posto, o qual é Jesus Cristo" (1 Co. 3.11).* Segundo Martyn Lloyd-Jones (1998, p. 13): "a epístola aos Romanos teve um papel mais importante e mais crucial na história da igreja do que qualquer dos outros livros da Bíblia".

Permita-me lembrá-los sobre algumas das coisas que foram feitas na história da igreja por meio desse livro especial. A conversão de Agostinho que, ao ouvir uma criança dizendo para ele, *"Tolle, lege"*, "Tome e leia, tome e leia". Levantando-se, foi até o seu alojamento e abriu o livro. Então, leu o capítulo treze de Romanos que diz: *"Andemos honestamente, como de dia; não em glutonarias, nem em bebedeiras, nem em desonestidades, nem em dissoluções, nem em contendas e inveja. Mas revesti-vos do Senhor Jesus Cristo, e não tenhais cuidado da carne em suas concupiscências" (Rm. 13.13-14).* Ali, a verdade de Deus brilhou sobre ele, e ele foi convertido e tornando-se uma luz orientadora para a Igreja Cristã. Agostinho foi o responsável por demolir as heresias de Pelágio, simplesmente expondo a Epístola aos Romanos.

Não é segredo, e muitas pessoas compreendem que a Epístola aos Romanos foi crucial na conversão de Martinho Lutero, o protagonista da Reforma Protestante. Martinho Lutero, na época, professor de teologia, resolveu dar aulas aos seus alunos sobre Romanos. E, foi quando estava estudando o capítulo 1, versículo 17, que a verdade da justificação pela fé, e, pela fé somente, raiou em sua mente desencadeando o movimento da Reforma. Poderíamos falar de muitos outros ícones do Cristianismo, como John Bunyan que, lendo Romanos, junto com os comentários de Martinho Lutero, converteu-se ao cristianismo. E, talvez, a conversão mais conhecida foi a de John Wesley, em 24 de março de 1738, na Rua Aldersgate em Londres, ao escutar um pregador lendo o prefácio e introdução do comentário da Epístola aos Romanos de Martinho Lutero. Wesley teve o seu coração aquecido pela certeza da salvação, tornando-se em um grande evangelista.

4.2 Estrutura da Carta

Observemos a estrutura e formatação da carta aos Romanos apresentada por Greathouse: (2014, p. 27):

I A INTRODUÇÃO DE PAULO, 1.1-17

A. A Saudação do Apóstolo, 1.1-7

B. O Interesse de Paulo pela Igreja Romana, 1.8-15

C. O Tema da Epístola, 1.16-17

II O EVANGELHO DA JUSTIÇA DE DEUS, 1.18-11.36

A. A Justiça de Deus é Necessária, 1.18-3.20

B. A Justiça de Deus é Concedida, 3.21-8.39

C. A Justiça de Deus na História, 9.1-11.36

III. OS FRUTOS DA JUSTIÇA DE DEUS, 12.1-15.13

A. A Base da Ética Cristã, 12.1.2

B. O Amor Cristão dentro da Igreja, 12.3-13

C. O Amor Cristão fora da Igreja, 12.14-13.14

D. O Amor Cristão e as Diferenças de Opinião, 14.1-15.13

V. CONCLUSÃO PESSOAL, 15.14-16.27

A. Justificativa de Paulo para as suas Admoestações, 15.14-21

B. Os Planos de Paulo, 15.22-33

C. Apresentação de Febe, Saudações e Advertências, 16.1-24

D. Doxologia Final, 16.25-27.

4.3 Data e Local da Escrita

A carta aos Romanos foi escrita no inverno de 57-58, conforme aponta Halley (1970, p. 515):

> Inverno de 57-58 d.C. Paulo estava em Corinto, encerrada sua terceira viagem missionária, às vésperas de partir para Jerusalém, levando a oferta para os crentes pobres, 15.22-27. Uma senhora chamada Febe, de Cencréia, subúrbio de Corinto, estava de saída para Roma, 16.1-2. Paulo aproveitou a oportunidade para enviar por ela esta carta. Não havia serviço postal no Império Romano, exceto para a correspondência oficial. O serviço de correios, como conhecemos hoje,

é de origem recente. Naquela época a correspondência particular tinha de ser conduzida por amigos ou outros viajantes que por acaso houvesse.

Paulo escreveu a Epístola aos Romanos em Corinto. Esta opinião encontra apoio no fato de a Epístola ter sido entregue pela diaconisa Febe, que era de Cencreia, o porto leste de Corinto, *"Recomendo-vos, pois, Febe, nossa irmã, a qual serve na igreja que está em Cencreia" (Rm. 16.1).*

A carta foi ditada por Paulo a um certo Tércio: *"Eu, Tércio, que esta carta escrevi, vos saúdo no Senhor" (Rm 16.22).* Não se questiona a autoria paulina de Romanos por esse motivo, pois era comum se ter os escribas ou amanuenses.

4.4 A Igreja Em Roma

Não há muitas informações sobre o início do cristianismo em Roma. Acredita-se que a igreja em Roma começou com alguns romanos que participaram do "Pentecostes", descrito no livro de Atos no capítulo dois. Essa sustentação se faz com base no texto de (At. 2.10), que mostra *"forasteiros romanos"* presentes em Jerusalém no dia de pentecostes, ou seja, o mais provável é que ela foi fundada logo depois de pentecostes, pelos crentes que voltaram de Jerusalém e começaram a pregar o evangelho: *"E Frígia e Panfília, Egito e partes da Líbia, junto a Cirene, e forasteiros romanos, tanto judeus como prosélitos, Cretenses e árabes, todos nós temos ouvido em nossas próprias línguas falar das grandezas de Deus" (At. 2.10-11).*

Paulo sabia da importância e da influência de uma igreja forte em Roma. Ele pretendia fortalecer o trabalho existente naquele lugar, inicialmente, por sua Epístola e, depois, visitando os crentes pessoalmente em Roma (Rm. 1.8-15; 15.14-33). Com esse propósito, Paulo esboçou de modo metódico e sistemático, o significado fundamental da salvação em Jesus Cristo, e os alicerces do cristianismo. Ele descreveu a condição humana, o sentido do evangelho, o plano de Deus para Israel e as responsabilidades da vida e do ministério cristão.

Figura 7 - Coliseu Romano[7]

4.5 Degradação da Semelhança Divina provocada pelo Pecado

O estado de queda do homem é descrito nas seguintes palavras do apóstolo Paulo: *"Como está escrito: Não há um justo, nem um sequer" (Rm. 3.10)* O pecado é tanto um ato como um estado. Como rebelião contra a lei de Deus, é um **ato** da vontade do homem; como separação de Deus, é um estado pecaminoso. Portanto temos uma dupla consequência: o pecado traz o mal sobre o ser humano por causa das más ações, e incorre em culpa aos olhos de Deus. Duas coisas, portanto, devem distinguir-se; as más consequências que seguem aos atos do pecado e, o castigo que virá no juízo. As Escrituras retratam dois efeitos do pecado sobre o culpado: 1º - É seguido por consequências desastrosas para sua alma e; 2º - Trará da parte de Deus o decreto de condenação.

O homem, mesmo com a degradação da semelhança perfeita de Deus provocada pelo pecado, ainda é considerado uma criatura à imagem e semelhança dele (Gn 9.6; Tg 3.9). Apesar de não estar inteiramente perdida, a semelhança divina no homem encontra-se degradada. Para resolver esse problema, Paulo apresenta aos crentes de Roma, tanto judeus como gentios, Jesus Cristo como sendo o único capaz de tornar possível a recuperação completa da semelhança divina no homem.

Convém salientar o que disse Pearlman (2005, p.93), quando trabalha as consequências do pecado:

> O efeito da queda está tão profundamente enraizado na natureza humana que Adão, como pai da raça humana, transmitiu aos seus descendentes a tendência ou a inclinação para pecar. (Sal. 51.5) [...] Os atos

7 Extraído de: Shutterstock.com Acesso em: 15 de Jan 2022.

> pecaminosos que se seguem durante a idade de plena responsabilidade do homem são conhecidos como "pecado atual".

Para esse duplo problema, Paulo revela Cristo, o segundo Adão, declarando que Jesus veio ao mundo para resgatar, tanto judeus quanto gentios de todos os efeitos da queda:

Portanto, como por um homem entrou o pecado no mundo, e pelo pecado a morte, assim também a morte passou a todos os homens por isso que todos pecaram. Porque até à lei estava o pecado no mundo, mas o pecado não é imputado, não havendo lei. No entanto, a morte reinou desde Adão até Moisés, até sobre aqueles que não tinham pecado à semelhança da transgressão de Adão, o qual é a figura daquele que havia de vir. Mas não é assim o dom gratuito como a ofensa. Porque, se pela ofensa de um morreram muitos, muito mais a graça de Deus, e o dom pela graça, que é de um só homem, Jesus Cristo, abundou sobre muitos. E não foi assim o dom como a ofensa, por um só que pecou. Porque o juízo veio de uma só ofensa, na verdade, para condenação, mas o dom gratuito veio de muitas ofensas para justificação. Porque, se pela ofensa de um só, a morte reinou por esse, muito mais os que recebem a abundância da graça, e do dom da justiça, reinarão em vida por um só, Jesus Cristo. Pois assim como por uma só ofensa veio o juízo sobre todos os homens para condenação, assim também por um só ato de justiça veio a graça sobre todos os homens para justificação de vida. Porque, como pela desobediência de um só homem, muitos foram feitos pecadores, assim pela obediência de um, muitos serão feitos justos. Veio, porém, a lei para que a ofensa abundasse; mas, onde o pecado abundou, superabundou a graça; Para que, assim como o pecado reinou na morte, também a graça reinasse pela justiça para a vida eterna, por Jesus Cristo nosso Senhor (Rm 5.12-21).

4.6 A Justificação pela Fé

A justificação é realizada no homem por meio da fé. O apóstolo Paulo trabalha, em Romanos, a justificação pela fé levando a humanidade para o banco dos réus. Primeiro, o apóstolo prova que todos pecaram. Nos capítulos 2 e 3, ele diz que somos culpados ou pecadores: *"Porque todos pecaram e destituídos estão da glória de Deus" (Rm. 3.23).*

A humanidade pecadora é levada ao tribunal, onde é condenada. Estando no banco dos réus, Paulo prova que estamos condenados.

"Porque o salário do pecado é a morte, mas o dom gratuito de Deus é a vida eterna, por Cristo Jesus nosso Senhor" (Rm 6.23). Para esse homem que está condenado, Paulo trabalha a justificação.

Nos capítulos 4 e 5 há a afirmação de que fomos justificados pela fé: *"Tendo sido, pois, justificados pela fé, temos paz com Deus, por nosso Senhor Jesus Cristo" (Rm. 5.1).* Justificar o que, para quem já foi condenado? Que justificação existe para alguém cujo martelo foi batido e a sentença foi decretada? Não tem justificação!

Diante dessa impossibilidade de justificação, Paulo apresenta Jesus, oferecendo-se para morrer no lugar do homem. A ideia de Paulo é a de um cordeiro. A ovelha não tem opção, ela é levada muda ao matadouro. Observa-se que a fala do apóstolo João corrobora com a ideia de Paulo: *"No dia seguinte João viu a Jesus, que vinha para ele, e disse: Eis o Cordeiro de Deus, que tira o pecado do mundo" (Jo, 1.29).*

Jesus morreu em nosso lugar, entregou-se em nosso lugar! Com isso, o apóstolo Paulo conclui que Ele nos justificou, ou seja, Cristo pagou a nossa dívida, tornando o homem inocente, pois justificar é inocentar.

> O apóstolo ligava esse efeito a dois elementos fundamentais: o "conteúdo" da mensagem que revela a justiça de Deus e a "resposta" humana após ouvi-la (v. 17). Estes dois elementos aparecem novamente em Romanos 3. De um lado, a justiça provém de Deus independentemente (do cumprimento) da lei por parte daquele que crê (v. 21). De outro, Paulo à fé acrescenta que ela vem "mediante em Jesus [...] para os que crêem" (v. 22). Ele insiste nesse ato bipolar: a soberania divina e a resposta humana ao declarar a justificação pela redenção realizada por Jesus mediante a fé (v. 24-26). Assim, embora a justificação seja um ato soberano de Deus, também se exige que o homem "receba" ou "rejeite" a salvação oferecida em Jesus Cristo. Constitui erro tentar reduzir a verdade a qualquer um de seus termos. (BERKOUWER, 1954, p.18)

Embora Berkouwer, (1954, p.18) declare a importância do aspecto subjetivo, também insiste em que: "a justificação não provém de duas fontes: a declaração divina e a fé humana". Assim, há dois lados, um objetivo e o outro subjetivo, mas não duas fontes. A salvação origina-se exclusivamente na graça de Deus baseada no sacrifício de Jesus Cristo na cruz do Calvário. E isso passa impreterivelmente pela justificação em Cristo.

4.7 A Justificação no Antigo Testamento e a Origem da Ideia de Paulo sobre a Justificação.

No Antigo Testamento, a justificação era feita através do sangue do animal, além disto, se o pecado cometido contra o próximo ou contra Deus podia ser estimada em uma quantia de dinheiro, era acrescentada então a obrigação de pagar tal dívida na íntegra, acrescida de uma quinta parte.

> Quando alguma pessoa cometer uma transgressão, e pecar por ignorância nas coisas sagradas do Senhor, então trará ao Senhor pela expiação, um carneiro sem defeito do rebanho, conforme à tua estimação em siclos de prata, segundo o siclo do santuário, para expiação da culpa. Assim restituirá o que pecar nas coisas sagradas, e ainda lhe acrescentará a quinta parte, e a dará ao sacerdote; assim o sacerdote, com o carneiro da expiação, fará expiação por ele, e ser-lhe-á perdoado o pecado. E, se alguma pessoa pecar, e fizer, contra algum dos mandamentos do Senhor, aquilo que não se deve fazer, ainda que o não soubesse, contudo será ela culpada, e levará a sua iniquidade; E trará ao sacerdote um carneiro sem defeito do rebanho, conforme à tua estimação, para expiação da culpa, e o sacerdote por ela fará expiação do erro que cometeu sem saber; e ser-lhe-á perdoado (Lv 5. 15-18).

Esse sangue, porém, não perdoava os pecados e, sim, os cobriam. O sacrifício não era único e definitivo pois constantemente precisava ser repetido. A solução bíblica para esse problema está no sangue derramado por Jesus na cruz, que nos purifica do pecado e, por conseguinte, somos perdoados.

> Na qual vontade temos sido santificados pela oblação do corpo de Jesus Cristo, feita uma vez. E assim todo

> sacerdote aparece cada dia, ministrando e oferecendo muitas vezes os mesmos sacrifícios, que nunca podem tirar pecados; mas este, havendo oferecido um único sacrifício pelos pecados, está assentado para sempre à destra de Deus (Hb 10. 10-12).

Em Romanos capítulo 7, está escrito que a lei não tem poder sobre nós. Junto à essa ideia do capítulo sete, Paulo trabalha no capítulo seguinte o pensamento de que somos santificados pela fé. De onde Paulo tira a palavra justificação? Do contexto da pia de bronze, pois, antes do sacerdote entrar no santíssimo lugar ou no caso do sumo sacerdote que entrava no santo dos santos era necessário passar pela pia de bronze para se purificar, assim, a justificação perante Deus acontecia graças ao decreto que o próprio Deus estabeleceu.

Nota-se que esse ato de purificação prefigura a santificação que os remidos experimentam mediante a obra de Jesus Cristo. Assim como o sumo sacerdote se lavava para poder entrar no Santo dos Santos, os crentes também foram lavados a fim de que pudessem entrar com sinceridade e plena certeza de fé na presença de Deus (Hb 10.22).

Toda a lavagem sacerdotal na pia de bronze apontava para uma realidade superior; ou seja, apontava para Cristo e sua obra redentora, para que a obra de Cristo fosse plena. O ser humano precisava ser justificado, o apóstolo Paulo escreve que Cristo *"amou a Igreja e a si mesmo se entregou por ela, para que a santificasse, tendo-a purificado por meio da lavagem de água, pela palavra; para apresentá-la a si mesmo Igreja gloriosa, sem mácula, nem ruga, nem coisa semelhante; porém santa e sem defeito" (Ef 5. 25-27).*

> E falou o Senhor a Moisés, dizendo: Farás também uma pia de cobre com a sua base de cobre, para lavar; e a porás entre a tenda da congregação e o altar; e nela deitarás água. E Arão e seus filhos nela lavarão as suas mãos e os seus pés. Quando entrarem na tenda da congregação, lavar-se-ão com água, para que não morram, ou quando se chegarem ao altar para ministrar, para acender a oferta queimada ao Senhor. Lavarão, pois, as suas mãos e os seus pés, para que não morram; e isto lhes será por estatuto perpétuo a ele e à sua descendência nas suas gerações (Êx 30.17-21).

> Fez também a bacia de bronze, com o seu suporte de bronze, dos espelhos das mulheres que se reuniam para ministrar à porta da tenda do encontro (Êx 38.8).

4.8 A Justificação dentro do Plano de Salvação

A Salvação vista em três etapas nos ajuda entender o plano da redenção. Para entendermos o plano redentor de Deus para a humanidade, usaremos as três palavras gregas apresentados por Liddell (1996, p.159). que definem o gigantesco processo de salvação: "***agoráz***, significa ir ao mercado de escravos; ***exagorazó***, significa ir ao mercado de escravos e comprar um escravo; ***lutroô***, significa ir ao mercado de escravos pagar o preço por um escravo e colocá-lo em liberdade".

Era comum os senhores irem ao mercado de escravo (*agorázō*), como, também, comprarem um escravo (*exagorazó*), porém Jesus aparece e realiza o (*lutroô*), ou seja, Ele vai no mercado de escravo (Mundo) paga um alto preço (Seu Sangue), nos compra para Ele e nos dá a liberdade. Quem foi comprado poderia dizer: "O Senhor é meu dono, o Senhor me comprou". Jesus diria: "Você está certo, eu te comprei por um alto preço, mas não quero que você me sirva por obrigação e, sim, por gratidão!"

Vejamos o que Cristo disse em João 15.15: *"Já não os chamo servos, porque o servo não sabe o que o seu senhor faz. Em vez disso, eu os tenho chamado amigos, porque tudo o que ouvi de meu Pai eu tornei conhecido a vocês* constata-se dentro da ideia abrangente de salvação, que o que Deus espera do homem é gratidão. Scofield (2009) diz que somos salvos em três etapas: 1- **Somos salvos da condenação do pecado**: isso acontece quando entregamos nossa vida a Jesus. 2- **Somos salvos dos maus hábitos**: esse processo acontece durante nossa caminhada com Deus. Paulo esclarece o assunto em Efésios 4.28: *"Aquele que roubava não roube mais; pelo contrário, trabalhe, fazendo com as próprias mãos o que é bom, para que tenha o que repartir com o necessitado".* 3 - **Seremos salvos eternamente.** Essa parte final do processo de salvação pode acontecer de duas maneiras. Primeira, em caráter individual, quando partirmos para a eternidade. A segunda maneira tem um caráter coletivo, pois se trata do arrebatamento da igreja.

Percebe-se que, em cada uma das etapas da salvação, defendidas por Scofield (2009), temos o plano de redenção, estabelecido por Deus para salvar o homem. Myer Pearlman (2005, p. 144) chama isso de "aspectos da salvação"

> Há três aspectos da salvação, e cada qual se caracteriza por uma palavra que define ou ilustra cada aspecto. a – **Justificação** é um termo forense que nos faz lembrar um tribunal. O homem, culpado e condenado, perante Deus, é absolvido e declarado justo, isto é, justificação. b – **Regeneração** (a experiência subjetiva) e Adoração (o privilegio objetivo) sugerem uma cena familiar. A alma, morta em transgressões e ofensas, precisas duma nova vida, sendo esta concedida por um ato divino de regeneração. A pessoa, por conseguinte, torna-se herdeira de Deus e membro de sua família. c – **Santificação** sugere uma cena do templo, pois essa palavra relaciona-se com o culto a Deus. Harmonizadas suas relações com a lei de Deus e tendo recebido uma nova vida, a pessoa, dessa hora em diante, dedica-se ao serviço de Deus.

Paulo trabalha a justificação como o início glorioso desse grande processo de salvação, realizada por Deus de maneira magnífica: "*E digo isto a vocês que conhecem o tempo: já é hora de despertarem do sono, porque a nossa salvação está agora mais perto do que quando no princípio cremos" (Rm 13.11).*

Questão Para Reflexão:

A santificação é um processo contínuo; a justificação acontece de uma vez por todas. O apóstolo Paulo resume a importância fundamental da justificação pela fé e seu resultado na vida do crente, com as seguintes palavras: *"Portanto, agora não há nenhuma condenação para os que estão em Cristo Jesus". (Rm 8.1)* Ele ainda completa, questionando: *"Quem poderá trazer alguma acusação sobre os escolhidos de Deus? É Deus quem os justifica!" (Rm 8.33)*. Nos dias de hoje, como o cristão pode manter a santificação contínua, sem cair nas armadilhas mundanas?

CAPÍTULO 5

Gálatas – Graça X Lei

A carta aos Gálatas é o documento do Novo Testamento mais inquestionável de Paulo (Gl 1.1-5). Entre sua conversão em Damasco e sua prisão em Roma, passaram-se trinta anos. Nesses trinta anos, o apóstolo Paulo viajou pelo Império anunciando Jesus Cristo. Em suas três viagens missionárias, pregou o evangelho e plantou igrejas nas províncias da Galácia, Ásia, Macedônia (Norte da Grécia) e Acaia (Sul da Grécia). E, como era de costume, após as visitas do apóstolo, escrevia cartas, com a intenção de ajudar e supervisionar as igrejas que fundara.

Nesse capítulo, estudaremos a superioridade da graça em relação à lei. Nessa trajetória, veremos algumas considerações sobre a igreja na Galácia do Sul. Aprenderemos, também, sobre a maldição da lei e sobre como a graça anula essa maldição. Trataremos, ainda, sobre como a graça nos liberta da escravidão.

Outrossim, faremos um panorama dos principais temas de Gálatas, sem deixar de falar sobre a exponencial abordagem de Paulo acerca da nossa liberdade em Cristo que resulta, por fim, mas, não menos importante, na salvação pela graça. Falaremos sobre o fruto do Espírito e as sobre as obras da carne. Caro leitor, ao findar esse capítulo você entenderá que a salvação não é um troféu que se ostenta, mas, um presente que se recebe.

5.1 Estrutura da Carta aos Gálatas

A observação da estrutura do texto ajuda na visão panorâmica, geral e abrangente, Assim, vejamos a estrutura apresentada por Howard: (2014, p. 25)

I. INTRODUÇÃO DE PAULO, 1.1-10

A. Saudação Apostólica, 1.1-5
B. Razão para Escrever, 1.6-10

II. AUTORIDADE DE DEUS E NÃO DO HOMEM, 1.11-2.21

A. Declaração da Autoridade de Paulo, 1.11,12
B. Fundamento da Autoridade Apostólica de Paulo, 1.13-2.21

III. ARGUMENTO - PELA FÉ E NÃO PELA LEI, 3.1-5.12

A. A Experiência dos Gálatas, 3.1-5
B. O Exemplo de Abraão, 3.6-9
C. As Limitações da Lei, 3.10-24
D. A Fé em contraste com a Lei, 3.25-5.1
E. A Circuncisão Aparta de Cristo, 5.2-12

IV. EXORTAÇÃO - PELO ESPÍRITO E NÃO PELA CARNE, 5.13-6.10

A. Uma Nova Escravidão de Amor, 5.13-15
B. Contraste entre a Vida no Espírito e a Vida na Carne, 5.16-26
C. Exemplos Práticos de Amor, 6.1-10

V. CONCLUSÃO, 6.11-18

A. Palavras Finais, 6.11-17
B. Bênção Apostólica, 6.18

5.2 A Igreja na Galácia - Destinatário e Data

Gálatas está localizada na região da Ásia Menor (atual Turquia), onde estavam localizadas as igrejas destinatárias. (Gl 1.2; 3.1; 1 Co.

16.1). Segundo Macarthur (2011, p. 5): "essa é a única epístola de Paulo endereçada a um grupo de igrejas de outras cidades".

Com respeito ao local da escrita, Tognini (2009, p. 181) diz: "Só Deus sabe quando e onde Paulo escreveu Gálatas". O que sabemos é que foi a invasão dos falsos mestres judaizantes no seio da igreja, que levou Paulo escrever Gálatas. Se a teoria da Galácia do Sul estiver correta, a carta deve ter sido escrita por volta do ano 49 d.C., porém, deixo aqui registrado a defesa de eruditos que acreditam na teoria chamada Galácia do Norte. Para esses estudiosos, a carta foi escrita por volta do ano 55 d.C.

Paulo escreve Gálatas com o propósito de ensinar os cristãos sobre a verdadeira liberdade cristã, promovida pela graça de Deus. Paulo combate o legalismo da lei com a libertadora mensagem da graça de Deus. Como diz Smith (2005, p. 15): "o legalismo é um veneno mortífero". Aqueles que seguem por esse caminho, equivocadamente, acreditam que precisamos alcançar o favor de Deus pelas obras da lei. Assim anulam a obra de Cristo, desonram a mensagem da graça e zombam do Seu sacrifício expiatório.

5.3 A Graça anula a Maldição da Lei

Paulo se opunha à ideia de que, ao submeter-se a circuncisão como obrigação religiosa, o homem adquiria mérito aos olhos de Deus. De modo similar, a observância de certos dias ou de várias restrições alimentares (Gl 4.10) não era boa nem má, a não ser que se pensasse que essa observância era necessária para que se obtivesse a aprovação divina. Esses eram aspectos da antiga ordem da lei, que fora substituída pela nova ordem da graça. Antigamente, Paulo dependia dessa e de outras formas de obediência legal para a sua justificação diante de Deus; agora, encontrara um caminho melhor. Não é de admirar que Paulo declarou ser anátema o portador de uma mensagem que levasse a essa conclusão. Uma mensagem assim não era o evangelho; podia ser chamada de qualquer outra coisa, menos de evangelho.

Paulo sabia, por experiência própria, que a justificação pela lei implicava na observância de toda a lei. Não se pode optar e escolher entre as ordens da lei; era tudo ou nada. A lei anunciava uma maldição explícita sobre os que não a guardavam inteiramente. Isso fica evidente quando Paulo escreve Gálatas 3.10: *"Todos aqueles, pois, que são das obras da lei estão debaixo da maldição; porque está escrito: Maldito todo aquele que não permanecer em todas as coisas que estão escritas no livro da lei, para fazê-las"*, que, na verdade, é uma referência a Deuteronômio 27.26: *"Maldito aquele que não confirmar as palavras desta lei, não as cumprindo. E todo o povo dirá: Amém."*

O evangelho da graça pregado por Paulo, mostrava como homens e mulheres podiam ser redimidos dessa maldição pela fé em Cristo, que, por meio de sua morte, recebeu a maldição em si mesmo. *"Cristo nos resgatou da maldição da lei, fazendo-se maldição por nós; porque está escrito: Maldito todo aquele que for pendurado no madeiro" (Gl 3. 13).* Paulo refuta a ideia de que a lei, por ser mais antiga, tinha direito de ser venerada, no lugar da mensagem recente do Evangelho da graça pregada por ele. De acordo com Bruce (2003): "a missão maior da lei era introduzir propósitos temporários, e agora ficara obsoleta com a vinda de Cristo, o verdadeiro descendente de Abraão, as promessas e seu cumprimento estavam personificados".

Para Paulo, aqueles que tinham experimentado a graça emancipadora do evangelho e tinham se submetido novamente aos rudimentos desse mundo (Gl 4.3), viviam como escravos e tinham caído da graça, desligando-se de Cristo e do seu Evangelho libertador: *"Estai, pois, firmes na liberdade com que Cristo nos libertou, e não torneis a colocar-vos debaixo do jugo da servidão" (Gl 5.1).* A lei impunha uma maldição aos que não a cumpriam em sua totalidade. Nenhum pecador era capaz de cumpri-la totalmente, mas, Cristo tomou sobre si a maldição da lei, livrando assim, os que nEle confiam.

> Todos aqueles, pois, que são das obras da lei estão debaixo da maldição; porque está escrito: Maldito todo aquele que não permanecer em todas as coisas que estão escritas no livro da lei, para fazê-las. E é evidente que pela lei ninguém será justificado diante de Deus, porque o justo viverá pela fé. Ora, a lei não é da fé; mas o homem, que fizer estas coisas, por elas viverá. Cristo nos resgatou da maldição da lei, fazendo-se maldição por nós; porque está escrito: Maldito todo aquele que for pendurado no madeiro; Para que a bênção de Abraão chegasse aos gentios por Jesus Cristo, e para que pela fé nós recebamos a promessa do Espírito (Gl 3.10-14).

5.4 A Liberdade em Cristo realizada por Obra do Espírito Santo

A liberdade cristã é, sem dúvida, o tema central da epístola de Gálatas. Paulo deixa claro que a lei escraviza os homens, Cristo, porém, os liberta. Todavia, a liberdade cristã não é sinônima de libertinagem ou anarquia; a ideia de Paulo sobre liberdade em Cristo era afirmar que ele não vivia mais para si, antes, Cristo era quem vivia nele, conforme declarou: *"Já estou crucificado com Cristo; e vivo, não mais eu, mas Cristo vive em mim; e a vida que agora vivo na carne, vivo-a pela fé do Filho de Deus, o qual me amou, e se entregou a si mesmo por mim" (Gl 2.20).*

O apóstolo explica que o ser humano precisa ser liberto de si e da tirania de sua natureza pecaminosa. Esse problema não se resolve com intimidações ou com leis usadas, propositalmente, para amedrontar. Paulo explica que não há leis suficientes para mudar a natureza essencialmente pecaminosa do ser humano. O que faz a diferença é a ação do Espírito Santo de Deus e o Seu amor em nosso interior, não as leis exteriores.

Encontramos, em Gálatas, abundância de referências sobre o Espírito Santo. Quando cremos em Jesus, o Espírito Santo passa a habitar dentro de nós (Gl. 3.2); somos nascidos segundo o Espírito, como Isaque (Gl. 4.29); é o Espírito Santo no coração que dá a certeza da Salvação (Gl. 4.6); Na cruz, o Filho pagou o preço daquilo que o Pai planejou para nós, e, o Espírito personaliza e aplica isso à nossa vida quando nos sujeitamos a Ele. O ensino de Paulo é claramente apontado para o fato de que Deus enviou o Seu próprio filho, Jesus, o Messias, de modo que, através de Sua morte, a liberdade pudesse ser comprada e os escravos, tanto judeus como gentios, pudessem tornar-se filhos verdadeiros e livres.

Não somente isso: quarenta dias depois da Páscoa, na festa de Pentecostes, Deus não deu a lei, mas Seu próprio Espírito, o Espírito de Seu Filho, para transformar pessoas em verdadeiros filhos, não só em sua essência, mas, também, em *status* legal. A evidência disso é que, quando o Espírito trabalha, a oração que brota espontaneamente de seus corações é a oração de Jesus, invocando a Deus por seu nome em aramaico, em tom mais familiar: *Aba*, Pai. (*Aba* era usado pelos filhos judeus adultos e também pelas crianças; o ponto aqui não é a idade do filho, mas a intimidade e a familiaridade da palavra).

Para o apóstolo Paulo, essa liberdade em Cristo realizada por obra do Espírito Santo de Deus aconteceu de um modo definitivo, tanto para judeus como para gentios.

> Mas, vindo a plenitude dos tempos, Deus enviou seu Filho, nascido de mulher, nascido sob a lei, Para remir os que estavam debaixo da lei, a fim de recebermos a adoção de filhos. E, porque sois filhos, Deus enviou aos vossos corações o Espírito de seu Filho, que

clama: Aba, Pai. Assim que já não és mais servo, mas filho; e, se és filho, és também herdeiro de Deus por Cristo (Gl. 4.4-7).

5.5 Os Principais Temas de Gálatas

Em Gálatas, assim como em Romanos, a justificação pela fé aparece como o tema principal. Na verdade, durante nossa jornada, perceberemos que temas como: graça, justificação pela fé, mordomia cristã e combate as heresias, apareceram com certa frequência nos escritos paulinos. Pode, em princípio, parecer repetição, mas, ver esses temas surgirem com tanta frequência demostra sua importância. Não por acaso, os principais temas do apóstolo Paulo tornaram-se a base para a igreja.

Tabela 1 - Os Principais Temas Teológicos de Gálatas similares aos de Romanos

Tema	Gálatas	Romanos
A inabilidade da lei para justificar	Gálatas 2.16	Romanos 3.20
A morte dos crentes para lei	Gálatas 2.19	Romanos 7.4
A crucificação do cristão com Cristo	Gálatas 2.20	Romanos 6.6
A justificação de Abraão pela fé	Gálatas 3.6	Romanos 4.3
Os crentes são filhos espirituais de Abraão	Gálatas 3.7	Romanos 4.10,11
E, portanto, abençoados	Gálatas 3.9	Romanos 4.16
O justo vive pela fé	Gálatas 3.11	Romanos 1.17
A universalidade do pecado	Gálatas 3.22	Romanos 11.32
Os crentes como espiritualmente batizados em Cristo	Gálatas 3.27	Romanos 6.3
Os crentes adotados como filhos espirituais de Deus	Gálatas 4.5,7	Romanos 8.14-17
O amor cumprindo a lei	Gálatas 5.14	Romanos 13.8-10
A importância de andar no Espírito	Gálatas 5.16	Romanos 8.4
A luta da carne contra o Espírito	Gálatas 5.17	Romanos 7.23-25
A importância de os cristãos ajudarem a levar as cargas uns dos outros	Gálatas 6.2	Romanos 15.1

Fonte: Elaborado pelo Autor, 2022.

5.6 Compreendendo as Obras Da Carne

O apóstolo Paulo, nos mostra aqueles pecados contra os quais temos de lutar para que não vivamos segundo a carne. A luz dos pecados mostrados (Gl. 5.19-21), os demais poderão ser facilmente determinados. Sendo assim, ele não enumera todos, como declara no final (Gl 5.21).

O apóstolo pinta um quadro, tanto da carne como do Espírito, exortando os crentes a exercerem todo o esforço possível para resistir à carne. Obedecer ao Espírito e resistir à carne, sem dúvida alguma, era o grande alvo que Paulo havia colocado diante dos crentes. A carne, propriamente dita, segundo Stott (2007, p. 134): "é a nossa velha natureza, que é secreta e invisível; mas as suas obras, as palavras e os atos pelos quais se manifesta, são públicos e evidentes".

Paulo usa a expressão "concupiscência da carne" (Gl. 5.16) que, para ele, significa todo desejo pecaminoso da nossa natureza caída. Stott (2007) diz que as obras da carne, descritas por Paulo em Galátas 5.19-21 abrangem, pelo menos, quatro áreas, que são: sexo, religião, sociedade e alimentação. Lopes (2011, p. 247), fala de uma quinta área, chamada por ele de "O julgamento para os que vivem na carne". O texto bíblico ressalta: *"[...] acerca das quais vos declaro, como já antes vos disse, que os que cometem tais coisas não herdarão o reino de Deus (Gl 5.21).*

Tabela 2 – Obras da Carne

OBRAS DA CARNE 1º SEXO	TEXTO BÍBLICO	EXPLICAÇÃO
Prostituição	Gl. 5.19	Toda sorte de pecado sexual, seja adultério, fornicação, masturbação, incesto ou homossexualismo.
Impureza	Gl. 5.19	Impureza moral, essa impureza inclui: a impureza dos atos, palavras,pensamentose intenção do coração.
Lascívia	Gl. 5.19	Libertinagemdemodo geral, mas sem dúvida é usada aqui para a lascívia nas relações sexuais.

OBRAS DA CARNE 2º - RELIGIÃO	TEXTO BÍBLICO	EXPLICAÇÃO
Idolatria	Gl. 5.20	Adoração aos deuses feitos pela mão do homem. Idolatria é colocar qualquer coisa antes de Deus.
Feitiçaria	Gl. 5.20	Significa uso de remédios ou drogas, o uso de drogas com propósitos mágicos.

OBRAS DA CARNE – 3º - SOCIEDADE	TEXTO BÍBLICO	EXPLICAÇÃO
Inimizade	Gl 5.20b, 21a	Hostilidade, animosidade. Trata-se daquele sentimento hostil nutrido por longo tempo, que se enraíza no coração. É o oposto do amor.
Porfias	Gl 5.20b, 21a	Lutas, discórdias, contendas. É a rivalidade por recompensas.
Ciúmes	Gl 5.20b, 21a	Querer e desejar possuir aquilo que o outro o tem. Implica entristecer-se não apenas porque não se tem algo, mas porque outra pessoa o tem.
Iras	Gl 5.20b, 21a	Arder em ira ou ter indignação. Temperamento violento e explosivo, presente em pessoas que estouram por qualquer motivo e manifestam destempero emocional.

Discórdias	Gl 5.20b, 21a	Conflitos, lutas, contenda.
Dissensões	Gl 5.20b, 21a	Rebelião, e também posicionar-se uns contra os outros.
Facções	Gl 5.20b, 21a	Heresias. Envolve abraçar crenças sem o respaldo da verdade.
Inveja	Gl 5.20b, 21a	Vai além dos ciúmes. É o espírito que deseja não somente as coisas que pertencem aos outros, mas se entristece pelo fato de outras pessoas possuíremessascoisas.
OBRAS DA CARNE **4º Alimentação**	**TEXTO BÍBLICO**	**EXPLICAÇÃO**
Bebedices	Gl 5.21b	Embriagar-se na busca do prazer. Trata-se de um vício.
Glutonarias	Gl 5.21b	Buscar desenfreadamente o prazer, seja em relação a comida ou a qualquer prazer. A palavra pode ser traduzida por "orgias." O termo significa rebeldia desgovernada.

Fonte: Elaborado pelo Autor, 2022.

O cristão que interpretar liberdade como libertinagem vai acreditar que pode fazer o que bem entender. É interessante tocarmos nesse equívoco, pois, nossa tendência é ir aos extremos. É em algum ponto entre a libertinagem, ou seja, uma vida sem limites e padrões e o legalismo, ou seja, uma vida pautada em normas e regras, que encontramos a verdadeira liberdade cristã.

5.7 O Fruto Do Espírito

Antes de verificarmos os aspectos práticos do fruto do Espírito, ressaltamos que não são "os frutos" e, sim, "o fruto": *"Mas o fruto do Espírito é: amor, alegria, paz, longanimidade, benignidade, bondade, fidelidade, mansidão, domínio próprio. Contra estas coisas não há lei" (Gl. 5.22,23).* Vejamos o significado de cada uma destas palavras:

1. Amor, quando entregamos nossa vida ao Senhor Jesus nos tornamos capazes de amar aos outros com amor de Deus.

2. Alegria, é um sentimento permanente de contentamento, cuja origem é uma consciência limpa, não confunda alegria com felicidade, a felicidade tem caráter efêmero alegria duradouro.

3. Paz, aquela tranquilidade no coração, alma e mente que inunda o nosso ser quando confiamos em Deus.

4. Longanimidade, a palavra longanimidade é frequentemente traduzida por paciência, aprendemos a ser longânimos na medida em que passamos por dificuldades (Tg. 1.2-4).

5. Benignidade, é tratar o nosso próximo com amor e respeito.

6. Bondade, é mostrar pelas nossas obras um caráter cristão, ser bom é fazer o que é certo.

7. Fidelidade, a pessoa fiel é confiável, estável e leal, ou seja, é uma pessoa em quem os outros podem confiar.

8. Mansidão, a origem da mansidão é a humildade. É poder sob controle.

9. Domínio próprio, é a disciplina pessoal, que capacita o cristão verdadeiro, em vez de ser governado pelas concupiscências carnais.

Questão Para Reflexão:
Como viver uma vida em santidade e obediência vivendo debaixo da graça, sem usar dessa liberdade para dar ocasião a carnalidade?

CARTAS DA PRISÃO

Logo após a sua terceira viagem missionária, Paulo foi perseguido por um grupo de judeus no pátio do templo, em Jerusalém, a ponto de precisar ser resgatado por autoridades romanas. Porém, logo em seguida foi acusado falsamente pelos judeus: *"Temos achado que este homem é uma peste e promotor de sedições entre todos os judeus, por todo o mundo, e o principal defensor da seita dos nazarenos; o qual intentou também profanar o templo; e, por isso, o prendemos e, conforme a nossa lei, o quisemos julgar" (At. 24.5-6).*

A perseguição por parte dos judeus extremistas não ficou apenas nas acusações caluniosas, antes, elaboraram um plano para assassinar o apóstolo (At 23.20-21). Paulo, percebendo que não receberia um julgamento justo em Israel, recorreu ao seu direito de cidadão romano, apelando para César (At. 25.10-11).

Lucas e Aristarco acompanharam Paulo até Roma, e lá foi-lhe permitido ficar em uma prisão domiciliar até seu julgamento, permanecendo em uma casa alugada por dois anos, com o direito adquirido de receber visitas (At 28.30). Nesse interim, por volta de 60-62 d.C., Paulo escreveu as quatro epístolas: Efésios, Filipenses, Colossenses e Filemom. Estas epístolas ficaram conhecidas como cartas da prisão.

No primeiro capítulo desta Unidade, falaremos dos aspectos da alegria cristã e a importância da unidade da carta à Igreja de Filipos. Em seguida, no segundo capítulo, abordaremos a espiritualidade do cristão. No terceiro, apresentaremos o Cristo exaltado. Por fim, analisaremos, no quarto capítulo, a carta de Filemom, que ficou conhecida como a carta da reconciliação.

CAPÍTULO 1

Filipenses – A Alegria Da Experiência Cristã

A alegria da experiência cristã é o tema dominante em Filipenses. A palavra "alegria" e seus sinônimos (regozijar-se, alegrar-se) aparecem 16 vezes na epístola. Nesse capítulo, abordaremos a experiência da alegria cristã nos seguintes aspectos: iniciaremos, falando sobre a alegria da salvação, depois, trataremos sobre a importância de desenvolver com alegria o chamado ministerial, assim como a alegria da vida cristã e, por fim, concluiremos com as bases da unidade.

1.1 Estrutura da Carta aos Filipenses

Vejamos a estrutura da carta aos Filipenses apresentada por Knight: (2014, p. 231)

I. A PARTICIPAÇÃO NO SERVIÇO, 1.1,2

A. Os Servos, 1.1
B. Os Santos, 1.1
C. A Saudação, 1.2

II. A PARTICIPAÇÃO NO EVANGELHO, 1.3-11

A. A Oração de Louvor, 1.3-8
B. A Oração de Petição, 1.9-11

III. A PARTICIPAÇÃO NA ADVERSIDADE, 1.12-26

A. O Valor da Adversidade, 1.12-18
B. O Triunfo sobre a Adversidade, 1.19-26

IV. A PARTICIPAÇÃO NA OBEDIÊNCIA, 1.27-2.18

A. O Dom da Obediência, 1.27-30
B. O Significado da Obediência, 2.1-4
C. O Exemplo Supremo de Obediência, 2.5-11
D. A Exortação à Obediência, 2.12-18

V. A PARTICIPAÇÃO NA PREOCUPAÇÃO, 2.19-30

A. A Responsabilidade da Preocupação, 2.19-24
B. A Reciprocidade da Preocupação, 2.25-28
C. O Risco da Preocupação, 2.29,30

VI. A PARTICIPAÇÃO NOS SOFRIMENTOS DE CRISTO, 3.1-16

A. Alternativa aos Sofrimentos de Cristo, 3.1-6
B. Vantagem dos Sofrimentos de Cristo, 3.7,10
C. Aspiração aos Sofrimentos de Cristo, 3.11-16

VII. A PARTICIPAÇÃO NA PUREZA, 3.17-4.9

A. Exemplo Pessoal, 3.17-19
B. Exaltação Prometida, 3.20,21
C. Exortação Persistente, 4.1-9

VIII. A PARTICIPAÇÃO NA GRATIDÃO, 4.10-23
A. A Base para a Gratidão, 4.10-20
B. A Bênção da Graça, 4.21-23

1.2 A Fundação da Igreja em Filipos, Data e Destinatários

A cidade de Filipos ficava na Macedônia, localizada entre a Europa e a Ásia. Recebeu esse nome em homenagem ao pai de Alexandre, o Grande, o rei Felipe. Vale lembrar que ela era uma colônia romana. Uma característica de Filipos é que existia nela um grande poder de enriquecimento gerado pela extração de ouro. Havia muitas minas de ouro em Filipos na época de Paulo.

A fundação da igreja em Filipos não aparece na carta que o apóstolo Paulo escreveu aos Filipenses, porém, se olharmos para Atos dos Apóstolos encontraremos essa informação (At. 16.6-10). Paulo tinha um plano ousado para evangelizar a Ásia, mas Deus mudou o rumo dos seus planos. A entrada de Paulo na Europa e a fundação da igreja em Filipos se deu por orientação divina, como fica claro no contexto de (At 16.9).

Observemos o que diz Lima (2007, p.9) sobre a fundação da igreja em Filipos: "A igreja em Filipos, fundada por Paulo e seus companheiros missionários, Silas, Timóteo e Lucas se deu em sua segunda viagem missionária, abre as portas para que o evangelho de Cristo fosse anunciado na Europa". Filipos, portanto, é um marco importantíssimo para a expansão e propagação do evangelho de Cristo pregado através dessa igreja estabelecida no continente europeu.

A Carta aos Filipenses foi escrita em aproximadamente 60 d.C. Em Filipenses 1.1, o apóstolo Paulo é identificado como o autor da epístola, provavelmente, com a ajuda de Timóteo. Sabemos que Paulo era um prisioneiro de Nero, mas, a epístola transborda com mensagens de triunfo. As palavras "alegria", "gozo" e "regozijo" aparecem com frequência (Fp 1.4, 18, 25, 26, 2.2, 28; Fp 3.1, 4.1, 4,10).

Uma experiência cristã correta consiste em experimentar, independente de nossas circunstâncias, a vida, a natureza e a mente de Cristo habitando em nós (Fp. 1.6, 11; 2.5, 13). Não existem dúvidas de que Filipenses atingiu o seu auge no capítulo 2, versículos 5 a 11, onde se constata a declaração gloriosa e profunda sobre a humilhação e exaltação de nosso Senhor Jesus Cristo, ou seja, um sofrimento que gerou salvação.

Ter alegria em meio às prisões é absurdo aos olhos do mundo, mas, para aqueles que amam a Deus é uma honra. Jesus disse que todo sofrimento que decorre por amor a Deus e Sua Palavra deve ser entendido pelos servos de Deus como uma bem-aventurança: *"Bem-aventurados sois vós, quando vos injuriarem e perseguirem e, mentindo, disserem todo o mal contra vós por minha causa. Exultai e alegrai-vos, porque é grande o vosso galardão nos céus; porque assim perseguiram os profetas que foram antes de vós" (Mt 5.11-12).*

Filipos foi o primeiro lugar da Europa onde Paulo pregou o evangelho formalmente e fundou um ramo da Igreja (At. 16.11–40) Um dos principais motivos pelos quais Paulo escreveu essa epístola foi expressar gratidão pelo cuidado que os santos daquela cidade lhe demonstraram e pelo auxílio financeiro que lhe prestaram, durante sua segunda viagem missionária e em seu encarceramento em Roma (Fp 4.10-19).

Além disso, Paulo louvou a Deus pelos cristãos de Filipos, por sua fé em Jesus Cristo, dando-lhes conselhos pautados em informações a seu respeito, recebidas de um membro da igreja chamado Epafrodito: *"Mas bastante tenho recebido, e tenho abundância. Cheio estou, depois que recebi de Epafrodito o que da vossa parte me foi enviado, como cheiro de suavidade e sacrifício agradável e aprazível a Deus" (Fp 4.18)*.

1.3 A Alegria Da Salvação

Paulo inicia sua carta aos Filipenses falando sobre a alegria da salvação (Fp 1.2-8). Acredito ser pertinente iniciarmos com uma pergunta: Que certeza temos hoje de que iremos para o céu quando Jesus voltar, ou quando morrermos? O apóstolo apresenta quatro razões de uma perfeita confiança a respeito de nosso destino eterno; essas quatro razões que ele apresenta são direcionadas para aqueles que se converteram e conheceram a Jesus Cristo.

1° Graça. Em primeiro lugar está a graça: *"Graça a vós, e paz da parte de Deus nosso Pai e da do Senhor Jesus Cristo" (Fp. 1.2).* Para que se tenha a alegria e segurança de que Paulo fala, precisamos ter a graça e a paz de Deus nosso Pai e do nosso Senhor Jesus Cristo. A graça e paz vêm primeiro, não só como saudação, mas como alicerce.

2° Amor fraternal. Encontramos amor fraternal que se mistura com uma profunda comunhão de Paulo com os Filipenses, em sua oração de gratidão: *"Dou graças ao meu Deus todas as vezes que me lembro de vós, Fazendo sempre com alegria oração por vós em todas as minhas súplicas" (Fp 1.3,4)*. Essa declaração de amor não está por acaso logo no início da carta. Paulo abre o coração e deixa transbordar a sua gratidão e alegria por essa igreja, que ao longo do seu ministério foi sua parceira em seu sustento e encorajamento:

> E bem sabeis também, ó filipenses, que, no princípio do evangelho, quando parti da macedônia, nenhuma igreja comunicou comigo com respeito a dar e a receber, senão vós somente; Porque também uma e outra vez me mandastes o necessário a Tessalônica. Não que procure dádivas, mas procuro o fruto que cresça para a vossa conta. Mas bastante tenho recebido, e tenho abundância. Cheio estou, depois que recebi de Epafrodito o que da vossa parte me foi enviado, como cheiro de suavidade e sacrifício agradável e aprazível a Deus (Fp 4. 15-18).

3º Cooperação. O termo "cooperação" também pode ser traduzido por comunhão, que significa, simplesmente, "ter em comum". Mas, a comunhão cristã é muito mais profunda do que apenas jogar um futebol juntos ou fazer uma refeição. Muitas vezes, aquilo que pensamos ser "comunhão" é, na verdade, apenas amizade ou um bom relacionamento entre conhecidos.

Não podemos desfrutar comunhão com alguém a menos que tenhamos algo em comum e, no caso da comunhão cristã, isso significa ter a vida eterna dentro do coração. Quando compartilhamos aquilo que temos com os outros, também temos comunhão. *"E bem sabeis também, ó filipenses, que, no princípio do evangelho, quando parti da macedônia, nenhuma igreja comunicou comigo com respeito a dar e a receber, senão vós somente" (Fp. 4.15).*

Uma das fontes da alegria cristã é essa comunhão que os cristãos têm em Jesus Cristo. Em Filipenses 1.1-11, Paulo usa três ideias para descrever a verdadeira comunhão cristã: a presença na memória (3-6), a presença no coração (7,8) e, a presença nas orações (9-11). "Essa comunhão é obra direta do Espírito Santo de Deus na vida do cristão" (SHEDD, 1993).

4º A Obra de Deus

Essa é a quarta confiança do apóstolo Paulo e isso está evidenciado no texto: *"Estou plenamente certo de que aquele que começou boa obra em vós há de completá-la até o Dia de Cristo Jesus" (Fp 1.6).* Deus não faz absolutamente nada pela metade. Deus está chamando, não só para a comunhão, não só tornando agradável as participações nos cultos da igreja, mas principalmente, atraindo-o para Si. Ele deseja trabalhar em seu coração através da sua graça. Se Deus já começou a operar em você é muito difícil escapar de seus braços insistentes e amorosos, Hebreus 12. 4-11:

> Porque em certo lugar disse assim do dia sétimo: E repousou Deus de todas as suas obras no sétimo dia. E outra vez neste lugar: Não entrarão no meu repouso. Visto, pois, que resta que alguns entrem nele, e que aqueles a quem primeiro foram pregadas as boas novas não entraram por causa da desobediência. Determina outra vez um certo dia, Hoje, dizendo por Davi, muito tempo depois, como está dito: Hoje, se ouvirdes a sua voz, Não endureçais os vossos corações. Porque, se Josué lhes houvesse dado repouso, não falaria depois disso de outro dia. Portanto, resta ainda um repouso para o povo de Deus. Porque aquele que entrou no seu repouso, ele próprio repousou de suas obras, como Deus das suas. Procuremos, pois, entrar naquele repouso, para que ninguém caia no mesmo exemplo de desobediência.

Acerca do nosso destino eterno, há uma explicação de Calvino (2010, p. 376), quando afirma que:

> A frase até agora indica sua perseverança. Ora, bem sabemos quão rara qualidade é seguir a Deus imediatamente assim que nos chama, e igualmente perseverar firmemente até o fim. Pois muitos são tardos e relutantes em obedecer, enquanto há ainda aquela insuficiência devido à leviandade e à inconstância

A alegria da salvação apresentada por Paulo é conquistada e pautada na perseverança e alicerçada na graça, amor fraternal, cooperação e no fazer a obra de Deus.

1.4 A Alegria da Experiência no Ministério

O apóstolo Paulo era alguém que ansiava pelo céu, e tinha por certo que o morrer era lucro, *"Porque para mim o viver é Cristo, e o morrer é ganho" (Fp 1.21)*. Ele encontrou alegria em seu ministério mesmo quando estava em dificuldades. Não existe um termômetro para se medir a espiritualidade de alguém, porém, uma das maneiras mais precisas de medir nossa maturidade espiritual é verificar o que tira nossa alegria concedida pelo Espírito Santo de Deus.

A maturidade de Paulo no ministério ficou clara quando ele, não apenas disse, mas, de fato, passou na própria pele, por dificuldades, dores, e, mesmo diante de circunstâncias que ameaçavam a sua própria vida, nada tirou a sua alegria, antes a aumentava. Paulo, certamente, experimentou tristeza e lágrimas. Ele sofreu aflições e desapontamento, foi perseguido por crentes contenciosos, fracos e pecadores. Todo esse contexto de dificuldades e provações durante a sua vida como crente contribuíram para diminuir a sua alegria. Mesmo as piores provações faziam com ele se agarrasse ainda mais à alegria da salvação.

No primeiro capítulo de Filipenses, o apóstolo apresenta quatro assuntos que poderiam ter roubado a sua alegria: problemas (a prisão de Paulo), detratores (aqueles pregadores que buscavam se exaltar à sua custa), ameaças de morte iminente, e as tristezas do viver na carne. Fica evidente em sua carta aos Filipenses que não importava a Paulo o fato de estar preso, ser caluniado ou enfrentar uma possível execução, desde que o evangelho salvador de Cristo fosse pregado. Paulo enfrentava a morte sem medo.

A resistência, portanto, é inerente a qualquer tipo de progresso, e ninguém conhecia melhor do que Paulo quão inevitável é a resistência a Satanás e ao mundo, para o progresso do evangelho. Ele não se lamentava ou se ressentia dos seus vários sofrimentos, antes, o apóstolo dos gentios, os reconhecia como inevitável elemento de seu ministério. Considerava todo sofrimento em seu ministério um pequeno custo, que estava disposto a pagar como meio de promover o progresso do evangelho.

1.5 A Alegria Da Vida Cristã

A alegria de servir a Cristo deve ser um exercício diário na vida de todo cristão. Paulo entendeu que a vida cristã é um processo para a vida toda, buscando crescer na graça e no conhecimento de nosso Senhor e Salvador Jesus Cristo. O tema de Filipenses 3.12-21 é a metáfora da vida cristã. Aqui temos a preocupação ardente do apóstolo Paulo pelo crescimento espiritual de todo cristão. Ele compara a fé a uma corrida de longa distância, dando-nos a ideia de um processo.

A palavra chave que usa é "prossigo", portanto, vamos entender melhor esse termo. Prossigo, vem do verbo grego *dioko*, que significa *"procurar"* ou, em alguns contextos, *"prosseguir"*. Ela também tem a conotação de perseguir uma pessoa a pé em uma calçada. Dessa imagem da calçada vem, também, o sentido de empenho e urgência de alcançar um objetivo, implacavelmente.

Paulo buscava a santificação com todas as suas forças, tencionando cada músculo espiritual para ganhar o prêmio. Viver uma experiência de vida cristã com alegria é fundamental na ideia do apóstolo Paulo, para que não sejamos consumidos pelas necessidades do dia a dia. Portanto, fica claro que um dos grandes objetivos de Paulo aos Filipenses é ensiná-los que, viver uma vida com Cristo, não significa ausência de problemas e tribulações, mas, passar por todos eles com os olhos fixos no alvo, no prêmio da soberana vocação em Cristo Jesus, nosso Senhor.

> Não que já a tenha alcançado, ou que seja perfeito; mas prossigo para alcançar aquilo para o que fui também preso por Cristo Jesus. Irmãos, quanto a mim, não julgo que o haja alcançado; mas uma coisa faço, e é que, esquecendo-me das coisas que atrás ficam, e avançando para as que estão diante de mim, Prossigo para o alvo, pelo prêmio da soberana vocação de Deus em Cristo Jesus (Fp 3.12-14).

Para alcançarmos esse estilo de vida proposto pelo apóstolo Paulo não existem truques ou atalhos, mas, o resultado do máximo esforço para que alcancemos a semelhança de Cristo na vida e no ministério.

1.6 As Bases da Unidade

No segundo capítulo de Filipenses, Paulo trabalha alguns princípios da unidade. Logo no início desse capítulo, o apóstolo dos gentios fala sobre o conforto em Cristo. Ele usa o termo *paraklesis;* esse substantivo *paraklesis* significa consolo, apoio, admoestação. O verbo correspondente, *parakalein,* tem sido traduzido por consolar, suplicar, além de outros termos. O significado etimológico de *parácito,* termo grego para designar a função de alguém; traduzido ao latim por *ad-vocatus*: *ad,* para; *vocatus,* chamado, invocado, chamado para, é chave para a compreensão bíblico-teológica de cuidado pastoral. Nesse sentido há uma obrigação sobre os filipenses, que tem origem em sua vida comum em Cristo; a ideia de Paulo é promover um trabalho em harmonia.

Portanto, ele deixa claro que essa comunidade era amada por Cristo. *Portanto, se há algum conforto em Cristo, se alguma consolação de amor, se alguma comunhão no Espírito, se alguns entranháveis afetos e compaixões, (Fp 2.1).* Paulo não apenas mostra para os filipenses que eles eram amados como, também, revela através de todo o capítulo, dois exemplos de Cristo, o seu e o de Timóteo.

Em Cristo, Paulo destaca a consolação de amor (Fp 2.1); ao falar do seu próprio exemplo, deixa evidente que é o Espírito Santo quem nos une a Deus e ao próximo, de tal modo que todo aquele que vive em desunião com seu próximo dá prova de não possuir o dom do Espírito (Fp 2.2-4).

Por fim, falando de Timóteo, vem à tona a liderança servidora, como um dos principais agentes de unidade. Quando Paulo usa a expressão: *"porque todos buscam o que é seu"* (Fp 2.21), certamente, está usando o bom exemplo de seu filho na fé, Timóteo, para contrastar com maus líderes, que não buscam com devoção genuína a propagação do evangelho, antes, visam os seus próprios interesses, almejando por glória, fama e prestígio, com isso, agradando aos homens ao invés do Senhor: *"Verdade é que também alguns pregam a Cristo por inveja e porfia, mas outros de boa vontade" (Fp 1.15). "Porque a ninguém tenho de igual sentimento, que sinceramente cuide do vosso estado; porque todos buscam o que é seu, e não o que é de Cristo Jesus" (Fp 2.20-21).*

Questão Para Reflexão:

Fica claro que a chegada de Paulo na Europa, como também a fundação da igreja em Filipos, deu-se pela sensibilidade de Paulo à revelação de Deus. Você acredita que é importante o cristão desenvolver essa sensibilidade proativa, ou seja, não apenas saber o que Deus quer, mas obedecê-lo com alegria?

CAPÍTULO 2

Efésios – A Espiritualidade Do Cristão

Como dissemos anteriormente, na primeira unidade deste livro, a epístola de Paulo aos Romanos é a maior de todas as suas obras. Efésios seria escolhida como a segunda obra mais importante de Paulo. Não por acaso, Efésios é conhecida como a rainha das epístolas. Neste capítulo, em princípio, veremos a importância da prática devocional da vida de oração, como Paulo trabalhou, com maestria, o valor da unidade e, finalizaremos tratando sobre batalha espiritual.

2.1 A Estrutura da Carta aos Efésios

Vejamos a estrutura da carta aos Efésios apresentada por Taylor: (2014, p. 113)

I. SAUDAÇÃO, 1.1,2

A. O Escritor, 1.la
B. Os Destinatários, 1.1b
C. A Bênção, 1.2

II. HINO DE SALVAÇÃO, 1.3-14

A. A Fonte das Bênçãos de Salvação, 1.3
B. Salvação Promulgada antes do Tempo, 1.4-6
C. Salvação Realizada no Tempo Certo, 1.7-14

III. ORAÇÃO E LOUVOR PELA ILUMINAÇÃO DIVINA, 1.15-2.10

A. A Inspiração à Oração, 1.15,16
B. A Essência da Petição, 1.17
C. As Recompensas da Iluminação, 1.18,19
D. As Evidências do Poder de Deus, 1.20-2.10

III UNIDADE ESPIRITUAL DO GÊNERO HUMANO EM CRISTO, 2.11-22

A. A Alienação anterior dos Efésios em relação a Cristo, 2.11,12
B. A Reconciliação entre Gentios e Judeus, 2.13-18
C. Metáforas da Unidade, 2.19-22

V. ORAÇÃO POR CUMPRIMENTO ESPIRITUAL, 3.1-21

A. A Administração Paulina do Mistério, 3.1-13
B. A Oração de Paulo pelo Cumprimento Espiritual, 3.14-19
C. Doxologia, 3.20,21

VI. A UNIDADE DA IGREJA, 4.1-16

A. O Apelo à Unidade, 4.1-3
B. As Grandes Unidades, 4.4-6
C. A Diversidade na Unidade, 4.7-16

VII. A VELHA VIDA E A NOVA, 4.17-32

A. A Vida sem Cristo, 4.17-19
B. A Vida com Cristo, 4.20-24

C. Regras de Procedimento da Nova Vida, 4.25-32

VIII. VIVENDO COMO FILHOS AMADOS, 5.1-21

A. Andando em Amor, 5.1-7
B. Andando em Luz, 5.8-14
C. Andando em Sabedoria, 5.15-21

IX. RELAÇÕES CRISTÃS, 5.22-6.9

A. Marido e Mulher, 5.22-33
B. Pais e Filhos, 6.1-4
C. Senhores e Escravos, 6.5-9

X. GUERRA CRISTÃ, 6.10-20

A. A Preparação do Crente, 6.10-13
B. A Armadura de Deus, 6.14-17
C. A Oração por Todos os Santos, 6.18-20

XI. SAUDAÇÕES FINAIS, 6.21-24

A. Elogio a Tíquico, 6.21,22
B. Bênção, 6.23,24

2.2 Efésios - Igreja, Data, Local da Escrita e Destinatário

O título "Aos Efésios", é tirado das palavras contidas na própria saudação e, Paulo, citou o seu nome duas vezes como autor da epístola aos Efésios. *"Paulo, apóstolo de Jesus Cristo, pela vontade de Deus, aos santos que estão em Éfeso, e fiéis em Cristo Jesus:" (Ef 1.1) "Por esta causa eu, Paulo, sou o prisioneiro de Jesus Cristo por vós, os gentios;" (Ef 3.1).*

Acerca da data, existem opiniões que fixam a escrita da carta aos Efésios por volta de 57-59 d.C.; quem assim acredita, usa como base o texto de Atos 24.22, porém, grande parte dos estudiosos acredita em uma data um pouco posterior, entre 60-62 d.C., quando Paulo estava em sua prisão domiciliar em Roma (At 28.30). É bastante provável que essa data mais tardia foi quando Paulo também escreveu Colossenses, Filemom e Filipenses, sendo que, por isso, esse conjunto de escritos é chamado de cartas da primeira prisão.

A igreja em Éfeso estava sofrendo ataques de influências de filosofias religiosas; quando Paulo ficou sabendo, tomou posição para combatê-las. Epafras foi quem informou Paulo sobre as ameaças que o cristianismo estava sofrendo, o que fez com que o apóstolo escrevesse para a igreja em Colossos. Um pouco antes ou, um pouco depois dessa epístola, ele escreveu outra às igrejas da Ásia Menor, incluindo Laodiceia e Éfeso.

2.3 Paulo, um Homem De Oração

Sobram evidências sobre a vida de oração do apóstolo Paulo. Aos Efésios, logo no primeiro capítulo, após descrever sua vocação ministerial entre os gentios, ele faz uma oração que, assim como a sua oração aos colossenses, pode servir de orientações, sempre que estivermos intercedendo em oração por alguém.

Analisando o texto de Efésios 1.15-23, temos a impressão que um dos grandes objetivos do apóstolo Paulo é que os crentes entendam e usem o poder espiritual da oração de alguém que está em Cristo. Paulo encara esse poder como fontes espirituais que são nossas, em Cristo Jesus.

Praticamente, em todas as suas cartas, Paulo começa dizendo que está orando em favor dos destinatários. Em sua primeira carta escrita, que foi aos tessalonicenses, o conselho que ele deu foi *"Orai sem cessar" (1 Ts 5.17).* O apóstolo suplica diante de Deus para que os cristãos em Éfeso fossem fortalecidos com poder pelo Espírito Santo: *"Para que, segundo as riquezas da sua glória, vos conceda que sejais corroborados com poder pelo seu Espírito no homem interior" (Ef. 3.16).*

Em seguida, apresenta os benefícios desse fortalecimento de poder; Cristo habitaria neles por meio da fé e, como consequência do crescimento dessa fé em seu interior, eles amariam uns aos outros, tornando o amor o sentimento mais dominante em seu meio: *"Para que Cristo habite pela fé nos vossos corações; a fim de, estando arraigados e fundados em amor" (Ef 3.17).* Desta maneira, atingiriam um nível mais elevado de conhecimento de Deus, através do amor de Cristo derramado nos seus corações, conforme se lê em Efésios 3.18-19: *"Para poderdes perfeitamente compreender, com todos os santos, qual seja a largura, e o comprimento, e a altura, e a profundidade, E conhecer o amor de Cristo, que excede todo o entendimento, para que sejais cheios de toda a plenitude de Deus".*

É extremamente importante que façamos em nossas orações um exame de consciência e examinemos nossas vidas, para o crescimento na vida de oração e ministerial. Paulo ensina isso em sua segunda carta à igreja de Corinto. *"Examinai-vos a vós mesmos" (2 Co. 13.5);* essa introspecção, na maioria das vezes, nos leva ao arrependimento e acende a luz da gratidão. Ore, não tenha um relacionamento superficial com Deus, tendo a sensação que as suas orações não passam do teto; Deus tem várias formas de falar com o ser humano, nós, porém, temos a oração como caminho até Deus.

2.4 Unidade Em Cristo

No capítulo dois de Efésios, Paulo promove a unidade por meio de Cristo, ou de seu corpo. O apóstolo deixa claro que Cristo, por sua obra expiatória na cruz e, por seu Espírito, une todos os homens, línguas, nações e raças, sejam gentios ou judeus. Vale lembrar que os gentios eram povos politeístas e idólatras, por esse motivo, sem comunhão com o Deus dos judeus.

Ele retrata a realidade dos gentios como aqueles que estavam sem Deus (pagãos):

> "Portanto, lembrai-vos de que vós noutro tempo éreis gentios na carne, e chamados incircuncisão pelos que na carne se chamam circuncisão feita pela mão dos homens; Que naquele tempo estáveis sem Cristo, separados da comunidade de Israel, e estranhos às alianças da promessa, não tendo esperança, e sem Deus no mundo" (Ef. 2.11-12).

Além disso, não deixa de lembrar aos gentios convertidos sobre como eram suas vidas, antes de se entregarem a Cristo; aos judeus, cuja crença era monoteísta, destacavam-se por sua religiosa fé em Iahweh. Ainda na época da igreja primitiva, os judeus que se convertiam ao Cristianismo encontraram muita dificuldade para romper com as tradições religiosas do judaísmo, não o bastante, sentiam-se como os únicos com direitos sobre Cristo. Paulo combate essa idealização egoísta dos judeus sobre a salvação. No versículo 13 existe um claro contraste feito pelo apóstolo entre a vida nova e a velha. Sobre a vida nova, Paulo diz que só é possível vive-la em Cristo. Vejamos a comparação no quadro abaixo:

QUADRO 01 - VIDA VELHA E VIDA NOVA

Vida velha	**Vida nova**
Antes sem Cristo	Em Cristo
Separados e excluídos	Chegastes perto
Separados na carne	Agora unidos em um mesmo Espírito

Fonte: Elaborado pelo Autor, 2021.

Não nos restam dúvidas que a unidade de Deus com o homem está no sangue de Jesus Cristo: *"Mas agora em Cristo Jesus, vós, que antes estáveis longe, já pelo sangue de Cristo chegastes perto" (Ef 2.13).* De acordo com Cabral (1999, p. 49-50), entendemos que o termo:

> "Fazendo a paz" (v. 15), isto é, promoveu a verdadeira unidade, no seu corpo, de ambos os povos — judeus e gentios. Não foi uma unidade exterior e mecânica, mas interior e espiritual. Fomos reconciliados com Deus "em um corpo" (v. 16). Cristo nos libertou da lei como pacto de obras pelo fato de Ele mesmo ter-se sujeitado a ela (Gl 4.5). Ele recebeu a pena da lei (Gl 3.13) em seu corpo (Rm 7.4; Cl 1.22) na cruz do Calvário (Gl 2.14). "... para criar em si mesmo dos dois um novo homem". A unidade espiritual dos dois povos (judeus e gentios) foi feita por Cristo "em si mesmo", isto é, no seu corpo, criando uma nova humanidade. Deus trata a ambos os povos como um só indivíduo. É uma nova criação que só acontece com a obra regeneradora do Espírito Santo (Tt 3.5). A nova criação, ou seja, "o novo homem", aqui representado pelo povo de Deus (a Igreja), não pode ser tratado separadamente do seu contexto. O termo "novo homem" não pode ser interpretado isoladamente porque ele está devidamente preso pelo seu contexto espiritual, que fala da nova criação em Cristo, formando dos dois povos um só. No verso 16, a cruz de Cristo serviu de elo de reconciliação e também de destruição. A cruz foi o ímã para a

reconciliação dos homens com Deus (Rm 5.10; 2 Co 5.18-20; Cl 1.20), mas foi também o símbolo de morte e destruição das inimizades existentes entre Deus e o homem. No versículo 17 Paulo afirma que "ele [Jesus] evangelizou a paz" aos que estavam longe (os gentios), e aos que estavam perto (os judeus).

2.5 Unidade na Família

A verdadeira unidade familiar só é possível se o vínculo for o amor, amor por parte do marido para com a sua esposa e dos pais com os filhos, formando, de fato, uma unidade familiar que, por certo, refletirá em uma sociedade mais respeitável.

Vejamos o que diz Lockmann (1996, p. 87,88,89):

> Comecemos com o verso 21 de Efésios 5: "Sujeitando-vos uns aos outros no temor de Cristo". [...] o verso 22, no texto grego, não tem verbo! Isso mesmo: o texto grego diz literalmente - "as mulheres aos próprios maridos como ao Senhor". Podemos refutar: Não dá sentido! Mas é o que está escrito. Então, "as mulheres aos seus próprios maridos", o que? Serem submissas? É o que dá a entender o verso 21, pois é lá que se encontra o verbo "sujeitar, submeter", só que o verbo está regendo, orientando uma outra verdade que relativiza e mostra outro significado de submissão: devemos nos sujeitar uns aos outros, no temor de Cristo, sem distinção de sexo. Diferente do verso 22, pois a submissão no temor de Cristo significa que, do mesmo modo que dizemos: "mulheres, sede submissas aos vossos maridos", poderíamos dizer: "maridos, sede submissos às vossas mulheres como ao Senhor, ou, no temor de Cristo". A questão é: qual o árbitro nesta relação na qual ambos são exortados a serem submissos um ao outro? O árbitro é o amor com que Cristo amou a Igreja, indicação contida no início do capítulo cinco: [...] Fica demonstrado que o árbitro e a base da vida em comunidade ou em família é o amor. Mas que amor? Aquele com que Cristo amou a Igreja, dando a sua vida por ela. Aqui está o núcleo histórico libertador: o evangelho. Ele é o critério nas relações. É através do evangelho que se conhece a Jesus Cristo,

> sua vida humilde de amor, serviço e doação e que conquista autoridade sobre as nossas vidas.

Só temos alguma influência sobre a vida de nosso esposo ou esposa, se nossa relação com ele ou ela for baseada no amor se estivermos sempre dispostos a negar a nós mesmos aos nossos interesses, em favor do outro. Afinal, o outro somos nós mesmos, pois somos um só corpo (Ef 5.28-30).

Assim, nenhum cristão, em sã consciência, pode julgar que a mensagem de Paulo aponte a dominação do homem sobre a mulher, principalmente se consideramos os versos 21 e 22 do capítulo cinco juntos, ou se tomarmos a mensagem de Paulo em sua totalidade, pois foi ele quem disse: "Portanto não pode haver nem judeu nem grego; nem escravo nem liberto; nem homem nem mulher; porque todos vós sois um em Cristo Jesus" (Gl 3.28).

Não poderíamos deixar de fora a harmonia entre pais e filhos: aos pais é de fundamental importância ter um elo forte com seus filhos; aos filhos, cabe a sensatez de obedecer aos seus pais naturalmente, que o princípio do amor encaixa-se aqui. Vejamos, algumas particularidades sobre a expressão *"filhos, obedecei"*, usada por Paulo, em Efésios 6.1: "*Vós, filhos, sede obedientes a vossos pais no Senhor, porque isto é justo*".

Sabemos que o ser humano, de modo geral, homem ou mulher e, a despeito da idade, tem dificuldades para obedecer e se submeter. O teólogo reformador Joao Calvino (2010) questiona o motivo pelo qual o apóstolo Paulo usa o termo "obedecer", em vez de "honrar", sendo que tem extensão maior de significado. Feito o questionamento, Calvino (2010) responde dizendo que o termo "obediência" ou "obedecer" é a evidência da honra que os filhos devem a seus pais, de maneira mais enérgica possível. Não o bastante, Paulo diz que essa obediência dos filhos é no Senhor e que é justa.

> No Senhor, além da lei da natureza [naturae legem], que é recebida por todas as nações, o apóstolo ensina que a obediência dos filhos é decretada pela autoridade de Deus. Daí se segue que os pais devem ser obedecidos, só até onde os deveres para com Deus não sofram detrimento, porquanto estes devem vir em primeiro lugar. Se a determinação divina é a regra pela qual a submissão dos filhos deva ser imposta,

> seria totalmente errôneo que, por ela, fossem eles desviados de Deus mesmo. (CALVINO, 2010 p. 349, 350).

Paulo defende a ideia de que essa submissão é justa, porque o Senhor a determinou. Ele também trabalha o resultado dessa obediência dizendo que *"para que te vá bem"*, tratando da promessa de longevidade da vida, um prêmio para os filhos que obedecem aos pais. Como vimos, a unidade familiar constitui-se um grande desafio, pois, para alimentar essa união, precisamos combater nossa natureza carnal e pecaminosa.

Questão Para Reflexão:
Comente algum outro recurso, mecanismo ou base bíblica que sirva para manter a unidade familiar, de modo que desenvolva a espiritualidade em todos os membros que formam o núcleo familiar.

CAPÍTULO 3

Batalha Espiritual

Todo cristão deve entender que existem forças que transcendem a razão e a emoção. Existe um mundo, chamado de espiritual que é tão real quanto esse planeta que habitamos, não obstante, esse mundo espiritual está constantemente interferindo na vida da igreja.

O apóstolo Paulo deixa claro que essas forças só podem ser vencidas pelo crente que estiver com toda armadura de Deus. Como cristãos, enfrentamos lutas diárias; existem dificuldades que enfrentamos que são consequências diretas de nossas próprias decisões, porém, lendo o último capítulo de Efésios não restam dúvidas de que estamos em um campo de batalha espiritual.

3.1 Campo de batalha

Paulo conhecia bem esse campo de batalha e estava convencido de que o revestimento espiritual e os recursos espirituais são as armas do cristão para vencer as forças espirituais da maldade: *"Porque não temos que lutar contra a carne e o sangue, mas, sim, contra os principados, contra as potestades, contra os príncipes das trevas deste século, contra as hostes espirituais da maldade, nos lugares celestiais" (Ef. 6.12).*

Tudo indica que expressões como "fortalecimento", "revesti-vos" e "estais firmes" apresentados por Paulo, antes de falar da armadura, indiquem uma preparação para a batalha. Sobre o campo de batalha, o apóstolo traz a ideia de que é um lugar de combate e mostra os inimigos nesse combate.

> No demais, irmãos meus, fortalecei-vos no Senhor e na força do seu poder. Revesti-vos de toda a armadura de Deus, para que possais estar firmes contra as astutas ciladas do diabo. Porque não temos que lutar contra a carne e o sangue, mas, sim, contra os principados, contra as potestades, contra os príncipes das trevas deste século, contra as hostes espirituais da maldade, nos lugares celestiais (Ef 6.10-12).

Quando o apóstolo Paulo fala das forças do mal que enfrentamos no campo de batalha, destacam-se, segundo Stott (2007), três características: 1. são poderosos; 2. são malignos; 3. são astutos. O autor assevera que:

> Apenas o poder de Deus pode defender-nos e livrar-nos da força da maldade e da astucia do diabo. É verdade que os principados e as potestades são fortes, mas o poder Deus é mais forte ainda. Foi o seu poder que ressuscitou Jesus Cristo dentre os mortos e o entronizado nas regiões celestes, e que nos ressuscitou da morte no pecado e nos entronizou com Cristo. É verdade que é naqueles mesmos lugares celestes, naquele mesmo mundo invisível, que os principados e as potestades estão operando v. 12) Foram, no entanto, derrotados na cruz e agora estão debaixo dos pés de Cristo e dos nossos. Assim sendo, o mundo invisível em que eles nos atacam e nós nos defendemos é o próprio mundo em que Cristo reina sobre eles e que nós reinaremos com Cristo. Quando Paulo nos conclama a fazer uso do poder, da força e da fortaleza do Senhor Jesus (v. 10), usa exatamente o mesmo trio de palavras que usou em 1.19 (dynamis, kratos e ischus) com relação à obra de Deus em ressuscitar Jesus dentre os mortos, duas exortações ficam lado a lado. A primeira é geral: Sede fortalecidos no Senhor e na força do Seu poder (v. 10). A segunda e mais especifica: Revesti-vos de toda a armadura de Deus, para poderes ficar firmes contra as ciladas do diabo (v. 11)... É a mesma construção de 2 Timóteo onde Paulo exorta Timóteo: “fortifica-te na graça que está em Cristo Jesus” Semelhantemente, a

armadura é de Deus e, sem ela, ficaremos fatalmente desprotegidos e expostos, mas de nossa parte há a necessidade de lançar mão dela e vesti-la. E realmente, devemos assim fazer, peça por peça, conforme o apóstolo passa aplicar nos versículos 13 a 17 (STOTT, 2007, p.203).

3.2 A armadura

Na última parte de sua carta à igreja em Éfeso, o apóstolo Paulo faz com que os cristãos entendam que pelo fato de viverem uma nova vida em Cristo eles enfrentariam batalhas espirituais. Imediatamente, Paulo começa a ensiná-los como vencer esse conflito contra as forças do mal. Paulo inicia mostrando a necessidade de se revestir com toda a armadura de Deus para que eles pudessem permanecer firmes contra as armadilhas do diabo. Paulo apresenta cinco armas de defesa e uma arma ofensiva.

Figura 8 – Armadura de Deus[8]

Cingindo-vos com a verdade.

A primeira coisa que o soldado ocidental tinha que fazer era amarrar

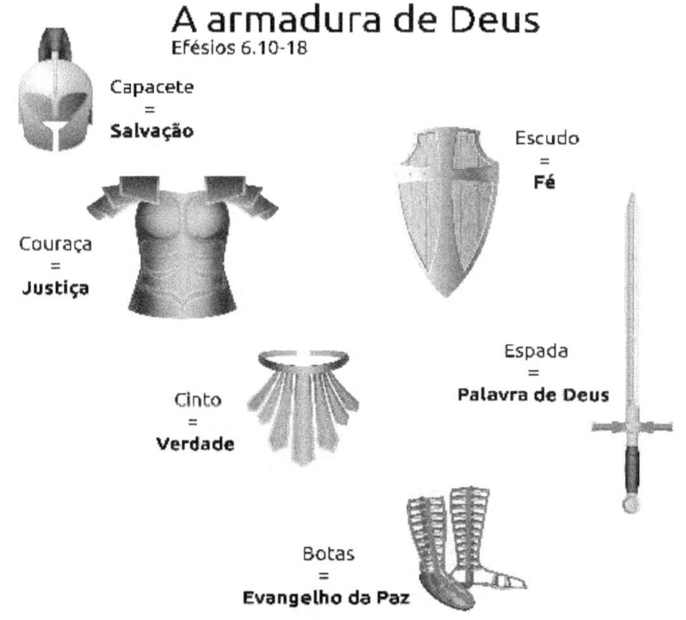

8 Fonte: Elaborado pelo Autor, 2022· Referência Efésios 6.10-18.

o cinto na cintura prendendo a túnica e isso lhe dava mobilidade e liberdade para os movimentos. O cinto também servia para levar a espada de maneira muito parecida como é feito hoje em dia.

Analisemos a definição de Taylor (2014, p. 197) sobre esta verdade:

> É o conhecimento e crença na palavra revelada de Deus. O apóstolo está pensando em termos existenciais quando fala da verdade. Quando o soldado cristão se cinge com a verdade, no sentido paulino, ele se apropria da Palavra pela fé. Isto dá segurança, estabilidade e determinação à sua vida e ações.

Viver na verdade é também possuir sabedoria e entendimento, aqui está a força para Paulo na hora da provação. As filosofias, opiniões, razão e tradições podem ruir diante da provação, mas a palavra de Deus quando colocada em prática é o que faz a diferença para o cristão vencer as batalhas. Na opinião de Moule citado por Taylor (2014, p. 197), estar cingido com o cinto da verdade significa estar "tranquilo e forte na realidade e simplicidade, pela graça, de suas relações com o Rei". Cingir os lombos com a verdade é o caráter capacitador da verdade, que se opõe a mentira.

3.3 Couraça da justiça.

A couraça era peça fundamental para o soldado para proteção dos órgãos vitais. Essa couraça protegia o soldado da cabeça aos pés. Essa couraça representa, para Lopes (2009, p. 184): "uma vida devota e santa e retidão moral." Paulo apresenta a retidão posicional e moral em Cristo, ou seja, sem uma justiça prática na vida diária, daremos oportunidades para Satanás nos atacar.

3.4 E calçados os pés na preparação do evangelho da paz.

Para o soldado era fundamental ter bons sapatos ou botas para ter firmeza, equilíbrio e agilidade nos movimentos, pois os inimigos fariam o possível para derrubá-lo e destruí-lo. A junção das botas que proporcionam estabilidade e a proclamação das boas novas do evangelho da paz é uma junção poderosa.

A base desse item tão importante que compõe a armadura é a preparação, e sobre essa preparação vale a observância do que diz

Taylor: (2014, p. 198):

> A palavra preparação (etoimasia) pode significar: 1) Preparação no sentido de aprontando 2) O estado de prontidão; 3) Fundação ou firmeza; e, 4) Prontidão ou presteza de mente. Paulo tem em mente este último significado - a prontidão que o evangelho de paz cria. Hodge comenta: "À medida que o evangelho assegura nossa paz com Deus, e dá a certeza do seu favor, produz essa alegre vivacidade mental que é essencial no conflito espiritual". "A paz sobre a qual Paulo escreve, é a paz com Deus pela salvação.

Na esteira desse contexto temos a citação do profeta Isaias: *"Quão suaves são sobre os montes os pés do que anuncia as boas-novas, que faz ouvir a paz, que anuncia o bem, que faz ouvir a salvação, que diz a Sião: O teu Deus reina!" (Is 52.7).* Vejamos o que diz Blauw citado por Stott: (2007, p. 215) "a obra missionária é como um par de sandálias que foi dada a igreja a fim de que ela se coloque no caminho e continue andando para tornar conhecido o mistério do evangelho".

3.5 Tomando sobretudo o escudo da fé.

Nos tempos bíblicos, todas as nações utilizavam escudos para travar batalhas. Segundo Douglas (2006, p. 83): "os soldados geralmente usavam escudos revestidos de couro, utilizava-se óleo nos escudos para que o couro não estragasse e para que as partes de metal não enferrujassem". Quando o escudo era danificado, o soldado se certificava de consertá-lo. Assim, ele estaria sempre preparado para a próxima batalha.

> Nossa quarta peça da armadura é o escudo da fé (v. 16), que devemos embraçar não tanto "sobretudo" (ERC) como se fosse a mais importante dentre todas as armas, mas, sim, sempre, (ERAB) como algo indispensável. A palavra que Paulo emprega denota, não o pequeno escudo redondo que deixava a maior parte do corpo desprotegida, mas, sim, o longo escudo retangular, medindo 1,2 metros por 0,75, que cobria a pessoa inteira. Seu nome em Latim era scutum. "Consistia em... duas camadas de madeira

> coladas juntas, e cobertas primeiramente com linho e depois com couro: era fixado com ferro em cima e em baixo" Era especialmente projetado para apagar os perigosos mísseis incendiários que eram em pregados, especialmente as flechas mergulhadas em paz, que eram acendidas e atiradas (STOTT, 2007, p. 215-216).

A fé capacita o cristão a se apropriar das promessas de Deus em tempo de angústia e dúvida, é esta fé que o capacita a tomar posse do poder de Deus em tempo de tentação.

3.6 Tomai também o capacete da salvação.

Satanás deseja atacar a mente do ser humano a todo momento, esse item da armadura se refere a uma mente controlada por Deus. O capacete da salvação é fundamental para o cristão ter a sua mente controlada por Deus e não ceder as artimanhas de Satanás.

Segundo Wiersbe (2006 p. 76): "em todo lugar que Paulo ministrava, ele sempre ensinava aos recém-convertidos as verdades da palavra de Deus e era esse capacete que os protegia das mentiras de Satanás". A pessoa que estuda a bíblia não se deixa enganar com facilidade. O grande proposito do capacete está ligado diretamente a salvação. A salvação que ganhamos de Deus é nosso melhor refúgio de todas as ideias que valem a pena na vida.

3.7 Espada do Espírito.

A espada (herev) é a arma mais frequentemente mencionada na Bíblia. A lâmina reta era feita de ferro (1Sm 13.19) e algumas vezes tinha dois fios (SI 149.6). Era pendurada no cinto (hagorah), no lado esquerdo do portador, e era usualmente protegida por uma bainha (ta'ar; 2Sm 20.8). A arma de Eúde, com sua lâmina de 45 cm, era realmente uma adaga (chamada em algumas versões de "punhal" Jz 3.16). A espada é uma arma ofensiva que Deus nos dá. O escritor aos Hebreus 4.12 compara essa espada com palavra de Deus.

Taylor citando Wesley (2014, p. 199) comenta sobre a representatividade da espada do Espírito:

> Temos de atacar Satanás e também nos defender; o escudo numa mão e a espada na outra. Quem luta contra os poderes do inferno precisa de ambos. O

escritor aos Hebreus ressalta que "a palavra de Deus é viva, e eficaz, e mais penetrante do que qualquer espada de dois gumes" (Hb 4.12). Com a Palavra de Deus, o cristão dispersa as dúvidas e inflige feridas mortais nas tentações.

Uma espada material transpassa o corpo, mas a palavra de Deus traspassa o coração e muda a vida do ser humano, essa espada do Espirito é viva e eficaz. Uma espada material fere e mata, enquanto a espada do Espirito cura feridas e fortalece.

Questão Para Reflexão:

Qual a importância das armas de defesa apresentadas por Paulo em Efésios para a vida cristã?

CAPÍTULO 4

Colossenses – O Cristo Exaltado

Ao falar do Cristo exaltado, o apóstolo Paulo precisa, primeiramente, preparar o coração da igreja em Colossos, haja vista que essa comunidade de fé estava sob ataques de falsos mestres. Portanto, antes de falar-lhes sobre a gloriosa pessoa de Cristo, Paulo combate as heresias. Neste capítulo entenderemos que o propósito de Paulo, inquestionavelmente, é pregar a divindade de Cristo, no entanto, ele usa o assunto para exortar os cristãos em Colossos a viverem uma vida em santidade.

4.1 Colossenses, Igreja, Data, Local da Escrita e Destinatário.

A carta de Paulo para a igreja em Colossos foi escrita, muito provavelmente, em sua primeira prisão em Roma, entre os períodos aproximados de 59 e 61 d.C. Colossos estava localizada na Ásia Menor; essa pequena cidade ficava a uns 160 km a leste de Éfeso, perto de Laodiceia, região que hoje faz parte da Turquia.

Tudo indica que Paulo escreveu essa carta quando estava preso em Roma, como mencionado acima, no entanto, existem estudiosos como Wright (2020), que afirmam que Paulo escreve a epístola em Éfeso. A maioria dos estudiosos acredita na primeira opção. O apóstolo entregou o conteúdo da carta para Epafras, que trabalhava com a igreja de Colossos: "*Como aprendestes de Epafras, nosso amado conservo, que para vós é um fiel ministro de Cristo*" *(Cl. 1.7)*.

Foi Epafras quem levou notícias da igreja de Colossos para Paulo em

Roma: "*O qual nos declarou também o vosso amor no Espírito" (Cl. 1.8)*. As evidências textuais dão a entender que a igreja de Colossos era constituída, em sua maioria, por gentios que se converteram ao Cristianismo:

> A vós também, que noutro tempo éreis estranhos, e inimigos no entendimento pelas vossas obras más, agora contudo vos reconciliou... No qual também estais circuncidados com a circuncisão não feita por mão no despojo do corpo dos pecados da carne, pela circuncisão de Cristo; [...]. E, quando vós estáveis mortos nos pecados, e na incircuncisão da vossa carne, vos vivificou juntamente com ele, perdoando-vos todas as ofensas [...](Cl 1.21, 2.11,13).

Das três grandes cidades do vale do Lico, Colossos era de longe a mais antiga. De acordo como Bruce citado por Azevedo (2014, p. 83):

> Colossos já era uma cidade quando Xerxes e seu exército passaram pela área em 480 a.C.. Laodiceia foi fundada pelo rei selêucida Antíoco II (261-246 a.C.); Hierápolis recebeu sua constituição como uma cidade por Eumenes II, rei de Pérgamo (197-160 a.C.) [...] As cidades do Vale do Lico desfrutaram de prosperidade econômica, apesar das dificuldades que enfrentamos ao longo do tempo por causa dos terremotos. Sua prosperidade se baseava em sua principal indústria: a fabricação e preparação de tecidos de lá, que eram levados pelo rio até a costa do mar Egeu e para várias partes do mundo antigo.

Paulo trata de um assunto recorrente em seus escritos, as heresias. Uma vez mais, o apóstolo enfrenta o mal que rondava às igrejas e, com a jovem igreja de Colossos, não era diferente. Frente ao risco do retorno ao paganismo, com sua densa imoralidade e o perigo de se aceitar a heresia colossense, que consistia de falsa filosofia (Cl. 2.8).

Importante lembrar que o texto em questão não deve ser usado para demonizar, de maneira generalizada, a filosofia. Mesmo quando olhamos, de maneira panorâmica ou etimológica, fica evidente que a filosofia pode ser considerada, quando usada de maneira adequada, um braço da teologia; não se trata da filosofia mundana que, de maneira ignorante, tenta dar respostas para questões importantes como: *Quem sou eu? Por que estou aqui? Para onde vou?* mas, sim, de uma filosofia que nos permite ser e manter nossa fidelidade a Cristo.

Não há dificuldades para entender que uma das principais maneiras de ser fiel, como também, acreditar na suficiência de Cristo, é através do conhecimento de sua Palavra, Palavra essa que produz sabedoria. O termo filosofia vem do grego *philosophia* que, literalmente, significa "amor pela sabedoria". Ou seja, o combate de Paulo era com os falsos mestres que usavam a filosofia para se referir ao conhecimento superior, transcendental que eles supostamente haviam adquirido por meio de experiências místicas.

O apóstolo, no entanto, equipara a filosofia dos falsos mestres a "vãs sutilezas" – engano, cerimonialismo judaico (Cl. 2.11,16,17 e 3.11), adoração de anjos (Cl. 1.16; 2.15; 2;18) e ascetismo (Cl. 2.20-23). Sobre essa abordagem inicial, vejamos o que diz Augustus Nicodemus (2013 p. 7,8) acerca dos propagadores heréticos e o conteúdo disseminado por eles:

> Combater um falso ensinamento, conhecido como a heresia de Colossos, que consistia numa combinação atraente de práticas legalistas, promessas místicas, rituais ascéticos e conhecimento gnóstico. Seus defensores ensinavam que a salvação era alcançada mediante um conhecimento secreto, que não fora revelado nem mesmo aos apóstolos originais, do qual eles, os mestres gnósticos, eram guardiães. Esse conhecimento tinha a ver com entes celestiais que funcionariam como mediadores e requeriam adoração e culto para mediar o caminho através do pleroma, a plenitude espacial entre Deus e os homens. Além disso, alegavam que era preciso praticar a Lei de Moisés, especialmente a circuncisão, a observância do calendário judaico, da dieta levítica e a abstinência de prazeres ainda que lícitos, mediante rigor ascético. Em outras palavras, os falsos mestres defendiam novas revelações, conhecimento privilegiados de alguns, misticismo e legalismo - tudo em nome de Jesus... A resposta de Paulo ao desafio da heresia de Colossos foram a supremacia da pessoa e da obra de Jesus

Cristo. Nele os crentes encontram gratuitamente tudo o que pertence à salvação. Nele estão aperfeiçoados. Nele reside toda a plenitude e todo o conhecimento. Acrescentar a Cristo alguma coisa é negar sua pessoa e obra. Acredito que esta é a mensagem que precisa ser pregada urgentemente nos púlpitos brasileiros: Cristo, o Senhor.

4.2 As Respostas Paulina Às Heresias Dos Colossenses

Na tentativa de contribuir um pouco mais sobre o assunto das heresias pregadas em Colossos, observamos que a abordagem feita na obra: "O Guia do Leitor da Bíblia", produzida por Richards (2005, p. 810), faz o levantamento de algumas das heresias pregadas na igreja de Colossos, assim como, os textos bíblicos de Paulo para combater essas heresias. Vejamos:

QUADRO 02 - A RESPOSTA PAULINA À HERESIA DOS COLOSSENSES

	Pois, Nele [Jesus], foram criadas todas as coisas, nos céus e sobre a terra, as visíveis e as invisíveis (1.16).
Se Jesus criou o mundo, então ele não podia ser Deus.	*Porque aprouve a Deus que, Nele, residisse toda a plenitude (1.19).*
Assim, nada que aconteça no mundo material pode realmente fazer diferença espiritual.	*E a vós outros também que, outrora éreis estranhos e inimigos no entendimento pelas vossas obras malignas, agora, porém, vos reconciliou no corpo da sua carne, mediante sua morte... (1.21-22).*
Não precisamos ser reconciliados. Nossos corpos são maus porque são materiais. Como nossas mentes não são materiais, somos bons.	*E a vós outros, que estáveis mortos pelas vossas transgressões e pela incircuncisão da vossa carne, vos deu vida juntamente com ele, perdoando todos os vossos delitos (2.13).*

A realidade espiritual ainda é uma questão de foro íntimo. Nos aproximamos de Deus mentalmente e nossos atos aqui, são irrelevantes para Ele.	*Revesti-vos, pois, como eleitos de Deus, santos e amados, de entranhas de misericórdia, de bondade, de humildade (...) E tudo o que fizerdes, seja em palavras, seja em ação, fazei-o em nome do Senhor Jesus (3.12,17).*

Fonte: Richards (2005, p. 810

4.3 A Estrutura da Carta

A carta é composta de 4 capítulos e 95 versículos que, do início ao fim, aponta Paulo exaltando Jesus em suas palavras, bem como apresentando o convite para que seja deixado para trás o legalismo, para que se possa viver uma vida de santidade. Cada verso desta carta é de relevante preciosidade, mas, sem dúvidas, um dos pontos altos dela é o hino exaltando à supremacia de Cristo, registrado no capítulo 1.15-20:

> O qual é imagem do Deus invisível, o primogênito de toda a criação; Porque nele foram criadas todas as coisas que há nos céus e na terra, visíveis e invisíveis, sejam tronos, sejam dominações, sejam principados, sejam potestades. Tudo foi criado por ele e para ele. E ele é antes de todas as coisas, e todas as coisas subsistem por ele. E ele é a cabeça do corpo, da igreja; é o princípio e o primogênito dentre os mortos, para que em tudo tenha a preeminência. Porque foi do agrado do Pai que toda a plenitude nele habitasse, E que, havendo por ele feito a paz pelo sangue da sua cruz, por meio dele reconciliasse consigo mesmo todas as coisas, tanto as que estão na terra, como as que estão nos céus.

Observemos a estrutura da carta de colossenses apresentada por Nielson: (2014, p. 297)

> 1. OBSERVAÇÕES PREPARATÓRIAS, 1.1-14
>
> A. O Chamado de Paulo como Apóstolo, 1.1,2
> B. A Confiança de Paulo nos Colossenses, 1.3-

8
C. A Preocupação de Paulo pelo Desenvolvimento Espiritual, 1.9-14

IL A CRISTOLOGIA DE PAULO, 1.15-29

A. O Conceito que o Apóstolo faz de Cristo, 1.15-20
B. A Contingência da Graça Salvadora, 1.21-23
C. A Comissão e Envolvimento de Paulo, 1.24-29

III. O COMBATE, 2.1-23

A. Doutrina, 2.1-15
B. Dever, 2.16-23

IV. CONCLUSÃO, 3.1-4.6

A. Novo Quadro de Referência, 3.1-4
B. Renúncia Completa, 3.5-11
C. Responsabilidade Moral, 3.12-4.6

V. DESPEDIDA, 4.7-18

A. Os Portadores da Mensagem, 4.7-14
B. Os Destinatários da Mensagem, 4.15-17
C. A Assinatura do Remetente, 4.18

Logo no primeiro capítulo de Colossenses, o apóstolo Paulo apresenta os títulos, designações e qualidades de Cristo, ou seja, o apóstolo fala daquilo que Ele é e daquilo que Ele Faz, deixando clara a Divindade e Suficiência do Cristo. São 16 pontos expostos por Paulo. Não por acaso, essa carta é considerada por muitos como sendo a mais Cristocêntrica de todas as cartas. Confira o quadro abaixo:

QUADRO 3 - TÍTULOS, DESIGNAÇÕES E QUALIDADES DE CRISTO

I magem do Deus invisível - A palavra grega para "imagem" significa "cópia" ou semelhança". Jesus Cristo é a imagem perfeita, a semelhança exata de Deus, ele tem a forma de Deus (Jo 1.14; Fp 2.6) e foi assim desde a eternidade. Descrevendo Jesus desse modo, Paulo enfatiza que Jesus é Deus em todos os sentidos.
Primogênito de toda a criação – A expressão não quer dizer que Ele foi criado, mas tem o sentido de ser o "herdeiro" do universo criado. Portanto, Jesus é o primogênito no sentido de que ele tem a preeminência e possui o direito da herança de toda a criação. Ele "existiu" antes da criação e é exaltado acima dela.
Todas as coisas criadas por Ele – Como Deus, Jesus criou o universo material e espiritual.
Ele é antes de todas as coisas – Com esse termo Paulo defende a eternidade de Cristo. Ou seja, quando o universo foi criado, Cristo já existia. (Jo 1.1 – 2; 8.58; Cl 1.17; 1 Jo 1.1; Ap 22.13)
Nele tudo subsiste – O verbo "subsistir" pode ser traduzido, por "existir em união. Jesus Cristo fez todas as coisas, e por meio dele, todas as coisas permanecem em união.
Cabeça da Igreja - De acordo com seu uso na língua grega, o termo "cabeça" referia-se à "fonte" ou "origem" bem como a um "líder, governante". Jesus Cristo é a Origem e o Líder de seu corpo, a Igreja. Paulo está afirmando a preeminência de Cristo na igreja.
O princípio – Em Cristo, antes de todos, Deus mostrou o que é a vida celestial, transformando o mortal Jesus de Nazaré no Cristo imortal, dando-lhe a vida celestial, para que, por sua vez, ele a pudesse conferi-la a outros (Jo 5.25,26 e 6.57).
Primogênito de entre os mortos – Dentre todos que foram ou serão ressuscitados da morte, Jesus foi o primeiro a ressuscitar para nunca mais morrer (Jo 5.28-29).
Nele reside toda a plenitude – Todos os poderes e atributos divinos habita em Cristo única e exclusivamente.
Por Ele todas as coisas são reconciliadas – Deus e aqueles que foram salvos por ele não estão mais em inimizade entre si.
Cristo em vós é a esperança da glória – Cristo é a fonte de toda esperança da salvação.

Nele estão todos os tesouros da sabedoria e da ciência – Cristo é o grande guardião dos atributos divinos da sabedoria e do conhecimento assim como também dos demais atributos divinos.
Nele reside a plenitude da divindade corporalmente – Cristo possui a natureza divina inteira, com todos os seus atributos e manifestações e isso o apóstolo Paulo atribuía exclusivamente a Cristo.
Nele estais aperfeiçoados – Paulo resume a vida crista de maneira brilhante em "andar de modo digno". E isso só é passível em Cristo.
Ele é o cabeça de todo principado e potestade. A mensagem inteira do "mistério da vontade de Deus é que, em torno de Cristo, como cabeça, haverá restauração de tudo. Paulo ensina a igreja de Colossos a largar as coisas secundarias e viverem em Cristo.
Primogênito de toda a criação, v. 15, não quer dizer que Ele foi criado, mas tem o sentido de ser o "herdeiro" do universo criado. Portanto, Jesus é o primogênito no sentido de que ele tem a preeminência e possui o direito da herança de toda a criação. Ele "existiu" antes da criação e é exaltado acima dela.

Fonte: Elaborado pelo Autor, 2021.

4.5 Vivendo Em Cristo

No capítulo 3 de Colossenses, o apóstolo Paulo inicia a parte prática dessa carta. De modo muito assertivo, apresenta um caminho eficiente para o homem chegar até Deus e mortificar sua natureza pecaminosa; esse caminho apresentado é a união com Cristo. Na verdade, daqui para frente, esse assunto vai predominar na epístola.

Quando se afirma que o apóstolo trabalha a parte prática de maneira assertiva, é pelo fato dele desenvolver a dinâmica da apresentação do que precisa ser feito, ou seja, a união do Homem para com Cristo e os resultados ou efeitos dessa união em seu cotidiano. Paulo fala sobre a figura do batismo e trabalha a ideia do sepultamento para o mundo e ressureição para Cristo. É evidente que o apóstolo Paulo apresenta um modo de vida mais excelente, ou seja, aqueles que ressuscitaram para Cristo devem viver suas vidas em um nível mais elevado: *"[...] e a vossa vida está escondida com Cristo em Deus" (Cl 3.3),* isso é a chamada nova vida, uma vida em Cristo, para Cristo e por Cristo.

Nesse ponto, devemos nos lembrar das palavras de Paulo aos Gálatas: *"Já estou crucificado com Cristo; e vivo, não mais eu, mas Cristo vive em mim; e a vida que agora vivo na carne, vivo-a pela fé do Filho de Deus, o qual me amou, e se entregou a si mesmo por mim" (Gl. 2.20),* pois essas são palavras de alguém que morreu para o mundo e passou a viver para Cristo; somente quem vive para

Cristo, poderá dizer como Paulo: *Porque para mim o viver é Cristo, e o morrer é ganho (Fp. 1.21).*

Sobre os que assim vivem, não existem condenações: "*Portanto, agora nenhuma condenação há para os que estão em Cristo Jesus, que não andam segundo a carne, mas segundo o Espírito" (Rm. 8.1).* Viver em Cristo é ter intimamente contato com Ele, é viver com os pensamentos nas coisas do alto. Viver em Cristo exige o abandono das concupiscências e paixões da carne, pois, os que vivem na carne não podem agradar a Deus, portanto, entendemos que o viver em Cristo é viver uma vida no Espirito. Em última análise viver em Cristo significa viver, simples assim.

> Portanto, se já ressuscitastes com Cristo, buscai as coisas que são de cima, onde Cristo está assentado à destra de Deus. Pensai nas coisas que são de cima, e não nas que são da terra; Porque já estais mortos, e a vossa vida está escondida com Cristo em Deus. Quando Cristo, que é a nossa vida, se manifestar, então também vós vos manifestareis com ele em glória. (Cl 3.1-4) [...] Porque os que são segundo a carne inclinam-se para as coisas da carne; mas os que são segundo o Espírito para as coisas do Espírito. Porque a inclinação da carne é morte; mas a inclinação do Espírito é vida e paz. Porquanto a inclinação da carne é inimizade contra Deus, pois não é sujeita à lei de Deus, nem, em verdade, o pode ser. Portanto, os que estão na carne não podem agradar a Deus (Rm. 8.5-8).

Paulo entende que, para a união do homem e Deus acontecer, o homem precisa morrer para tudo que é contra Cristo, *"pois que já vos despistes do velho homem com os seus feitos" (Cl. 3.9)* ou seja, só existe um caminho, o da santificação. Ele apresenta uma lista que abrange os versículos 5, 8 e 9 do capitulo 3, chamada de lista de vícios, que passamos a analisar.

> Fazei, pois, morrer a vossa natureza terrena: prostituição, impureza, paixão lasciva, desejo maligno e a avareza, que é idolatria; Pelas quais coisas vem a ira de Deus sobre os filhos da desobediência. [...] Mas agora, despojai-vos também de tudo: da ira, da cólera, da malícia, da maledicência, das palavras torpes da

vossa boca. Não mintais uns aos outros, pois que já vos despistes do velho homem com os seus feitos (Cl. 3.5,8,9)

Prostituição

No grego é *"porneia"*. A melhor tradução aqui do seria "imoralidade", porque tal pecado não é apenas o tráfico comercial do sexo, conforme a palavra "prostituição" significa para nós. A tradução "fornicação", que algumas versões usam, também não é boa, pois ao usar essa palavra tem o sentido, hoje em dia, de pecados sexuais praticados antes do casamento. A palavra é usada geralmente a fim de indicar todas as formas de pecado sexual, a despeito do fato de que deriva do vocábulo grego "porne", "prostituta". Trata-se do agir como uma prostituta, com sua mentalidade e seu estilo de vida (CHAMPLIN, 2014, p. 179).

Impureza

No grego é *"akatharsia"*, isto é, qualquer forma de "impureza moral"; mas também está em foco qualquer impureza espiritual ou física. No presente contexto, porém, mui provavelmente estão em foco as impurezas sexuais, que corrompem o indivíduo, espiritual e fisicamente. "Esse mesmo vício também aparece em segundo lugar na lista de Ef 5.3, onde figura a palavra "toda", isto é, toda a forma de impurezas" (CHAMPLIN, 2014, p. 179).

Paixão lascívia

No grego, é *"pathos"*. Tal vocábulo pode indicar anelos bons ou maus, dependendo do modo como é empregado. Pode indicar uma emoção passiva ou ativa; mas, usualmente, é usado para indicar paixões violentas e prejudiciais, que irrompem na forma de cólera, de ira descontrolada. Também é usada essa palavra em Rm 1.26, onde tem sentido sexual, isto é, "paixões infames", como o homossexualismo ou a concupiscência desordenada. É bem provável que o apóstolo dê aqui prosseguimento aos sentidos "sexuais" deste versículo, o que aponta para paixões ilegítimas e descontroladas (CHAMPLIN, 2014, p. 179).

Desejo maligno

Desejo no grego, é *"peithumia"*, acompanhada essa palavra do adjetivo *"kaken"*, "maligno". Indica todos os "anelos" malignos e "desejos desviados". Tal palavra era usada positiva ou negativamente; aqui temos o último caso, com o acréscimo da palavra "maligno". Trata-se do desejo pelo que é proibido e pervertido, os desejos insensatos (ver 1Tm 6.9); as paixões da mocidade (ver 2Tm 2.22); os desejos dominadores, que levam às práticas pecaminosas (ver 1Pe 1.14); as paixões contaminadoras (ver 2Pe 2.10), os desejos enganadores (ver Ef 4.22); os desejos da carne (ver Ef 2.3; 1J0 2.16 e 2Pe 2.11) (CHAMPLIN, 2014, p. 179).

Avareza

Trata-se do desejo de possuir coisas pertencentes a outros, a cobiça pela fama, pelo lucro ou pelas vantagens terrenas. Esse vício se encontra na lista de Ef 5.3-5. Ali é ensinado que, entre os outros vícios, nem deveríamos nomear tal coisa como característica de um "santo". O quinto versículo, tal como o presente, identifica-o com a "idolatria". O trecho de Ef 4.19 também envolve essa palavra, onde se lê que é uma coisa que não deveria caracterizar os que "aprenderam de Cristo". O indivíduo adora àquilo que ama, seja o dinheiro, as vantagens sociais ou os prazeres. E isso se torna o seu "deus", o seu ídolo, o que significa que suplanta o lugar de Deus em sua vida. Os moralistas estoicos viam esse pecado como a fonte originária de todos os males. O trecho de 1Tm 6.16 expressa ideia similar, embora ali o "dinheiro" seja o ofensor, isto é, apenas uma das várias coisas que tornam um homem um idólatra. A equiparação da cobiça com a idolatria é correta, e mostra que apesar de hoje em dia poucos adorarem ídolos de madeira e pedra, contudo, quase todos os homens continuam idólatras (CHAMPLIN, 2014, p. 180).

Filhos da desobediência

Temos aqui uma expressão hebraica que indica aqueles que "por natureza, são desobedientes", porquanto um "filho" necessariamente compartilha da natureza de seu pai. O pai deles é a rebeldia, e, por isso mesmo, são desobedientes. Esse termo é usado em Ef 2.2 (CHAMPLIN, 2014, p. 181).

Ira

O grego diz aqui *"orge"*. Esse vocábulo também figura em Ef 4.31. Significa "ira", "indignação", sendo uma emoção alicerçada sobre uma disposição dura e amarga. É uma das obras da carne. "Melhor é o longânimo do que o herói da guerra, e o que domina o seu espírito do que o que toma uma cidade" (Pv 16.32). A ira consiste da impaciência com o próximo, em que são usadas palavras de desrespeito, maculadas pelo egoísmo, contra o próximo, de mistura com sentimentos de superioridade e de ódio (CHAMPLIN, 2014, p. 182).

Indignação

No grego, é *"thumos"*, alistado em Gl 5.20 como uma das obras da carne. Em Ef 4.31 também está vinculada à palavra anterior, embora figure antes dela. Significa "paixão", "ira apaixonada", "cólera", "explosão de ira". Talvez a primeira forma, "orge", fale de uma disposição fixa, ao passo que esta última aluda a manifestações súbitas, explosivas, embora os dois vocábulos, com frequência, sejam mero sinônimos (CHAMPLIN, 2014, p. 182).

Maldade

No grego, é *"kakia"*, palavra de mui lata aplicação, como "depravação", "impiedade", "vício", "malícia", "má vontade", malignidade". Por ter um significado tão amplo, ao usá-la, Paulo ataca grande variedade de maldade. Inclui até mesmo a ideia de "prejudicar ao próximo" (CHAMPLIN, 2014, p. 182).

Maledicência

No grego, é *"blasphemis"*, a fala abusiva contra Deus ou contra os homens. A linguagem abusiva contra Cristo também é assim chamada (ver Mt 27.39 e Mc 15.29). (No tocante a tal abuso contra o nome de Deus, ver Rm 2.24; 1Tm 6.1 e Ap 1.36). Trata-se da difamação, da injúria contra a reputação alheia, contra a calúnia, conforme se vê em 1Co 4.13 e At 13.45 e 18.6, onde é usada acerca dos homens (CHAMPLIN, 2014, p. 182).

Linguagem obscena

No grego, temos uma única palavra, *"aischrologia"*, que significa "linguagem obscena" ou "linguagem abusiva". Provavelmente se deve compreender aqui por "linguagem abusiva", devido à sua conjunção com a "ira" e a "indignação", o termo grego *"aischros"* significa "feio", "vergonhoso", "vil", "aviltante". Esta é a única menção em todo NT. Algumas traduções preferem traduzi-la por "abuso de boca suja", que retém tanto a ideia de profanação como a ideia de obscenidade, juntamente com a ideia de abuso (CHAMPLIN, 2014, p. 182).

Não mintais

Sem a honestidade, o fundo cai de todas as outras virtudes. O amor é aclamado como qualidade suprema da vida cristã; mas Paulo, dizer isso sobre a fé, a esperança e o amor, afirma que a maior delas é o amor, o qual deve ser sem hipocrisia (ver Rm 12.9). O amor sem genuinidade é pior que não ter amor algum. A honestidade é a essência da coragem moral, conforme ficou demonstrado na vida de Jesus. Uma mentira inocente poderia tê-lo salvado da cruz, mas ele não a quis proferir, apesar de sua vida estar em perigo. Os primeiros cristãos deixaram profunda impressão sobre seus contemporâneos, não meramente por causa do amor que exemplificavam ("Vede como esses cristãos se amam uns aos outros"), mas muito mais pela integridade de suas vidas (ver Tg 5.12)" (CHAMPLIN, 2014, p. 183).

Questão Para Reflexão:

Viver uma vida em Cristo significa renunciar as concupiscências carnais e os prazeres do mundo. O que significa a expressão utilizada por Paulo: *"não vivo mais eu, mas, Cristo vive em mim"*?

CAPÍTULO 5

Filemom - A Carta Da Reconciliação

É impossível questionar a forte ligação que existe entre essa carta e a carta que o apóstolo Paulo escreveu para a igreja de Colossos. Lendo Filemom, o leitor encontra, facilmente, personagens que aparecem em ambas as epístolas. Temos, em Filemom, três personagens que se destacam: Onésimo, o escravo; Filemom, que era um fazendeiro e senhor de escravos e, Paulo, o apóstolo.

Onésimo, que era um escravo de Filemom, havia fugido. Sobre esse fato, temos duas hipóteses: a primeira é que ele tenha roubado uma quantia em dinheiro de seu senhor Filemom e, a segunda, é que Filemom o enviou para Roma, em uma missão, para visitar o apóstolo Paulo em sua prisão. Ao chegar em Roma, Onésimo fica deslumbrado e gasta todo o dinheiro.

Então, Onésimo se encontra com Paulo em Roma e, ali, aceita a fé em Cristo. Filemom tinha o direito dado por lei de matar Onésimo, mas Paulo, intercedeu por ele nesta breve epístola, a mais breve que o apóstolo escreveu, tornando-se uma carta ou, como alguns a chamam, um bilhete da reconciliação. Neste capítulo, veremos alguns motivos para estudarmos a carta de Paulo a Filemom, a maravilhosa obra de redenção e, por fim, a importância da compaixão na vida do líder.

5.1 Filemom, Igreja, Data, Local da Escrita, Destinatário e Estrutura da Carta

Filemom era um homem rico que vivia em Colossos, cerca de 160 quilômetros a leste de Éfeso, e era dono de escravos. Colossos era uma cidade importantíssima e fortemente desenvolvida, principalmente no comércio, pois ficava na maior rota comercial para o oriente.

Filemom se entregou a Cristo e abraçou a fé cristã, como resultado do ministério de Paulo em sua terceira viagem missionária. O apóstolo permaneceu três anos em Éfeso, onde Filemom o escutou pregando o evangelho. A importância de Paulo e seus ensinos foi fundamental na vida de Filemom, como também para o seu processo de salvação: *"Eu, Paulo, de próprio punho, o escrevo: Eu pagarei — para não te alegar que também tu me deves até a ti mesmo" (Fm. 1.19).*

A igreja de Colossos reunia-se na casa de Filemom ou em uma das suas propriedades, e Arquipo, que pode ser um dos filhos de Filemom com Áfia, tinha algumas responsabilidades na congregação, *"e à irmã Áfia, e a Arquipo, nosso companheiro de lutas, e à igreja que está em tua casa" (Fm. 1.2).* Tudo indica que Arquipo era o pastor da igreja.

Essa pequena carta, porém, carregada com uma mensagem poderosa de compaixão e responsabilidade social do cristão, é levada até Filemom por Tíquico. A data de sua composição gira em torno dos anos 60-62 d.C. Paulo envia Tíquico, não apenas para levar a carta para Filemom mas, também, para acompanhar Onésimo.

> Nessa epístola, Paulo procurou magnificamente trazer a compaixão cristã ao sistema romano de escravidão concernente aos cristãos. Paulo exortou a Onésimo a voltar para Filemom e exortou a Filemom a receber Onésimo como um irmão em Cristo. Paulo pode ter estado com Onésimo em mente quando se dirigiu aos escravos e donos de escravos em Efésios 6.5-8 e em Cl 3.22-25, ambos os quais foram escritos na mesma época desta epístola a Filemom (ELMER *et. al.*, 2014, p. 221)

Consideremos o texto sagrado:

> Quanto a vós outros, servos, obedecei a vosso senhor

> segundo a carne com temor e tremor, na sinceridade do vosso coração, como a Cristo, não servindo à vista, como para agradar a homens, mas como servos de Cristo, fazendo, de coração, a vontade de Deus; servindo de boa vontade, como ao Senhor e não como a homens, certos de que cada um, se fizer alguma coisa boa, receberá isso outra vez do Senhor, quer seja servo, quer livre. (Ef 6.5-8) [...] Servos, obedecei em tudo ao vosso senhor segundo a carne, não servindo apenas sob vigilância, visando tão somente agradar homens, mas em singeleza de coração, temendo ao Senhor. Tudo quanto fizerdes, fazei-o de todo o coração, como para o Senhor e não para homens, cientes de que recebereis do Senhor a recompensa da herança. A Cristo, o Senhor, é que estais servindo; pois aquele que faz injustiça receberá em troca a injustiça feita; e nisto não há acepção de pessoas (Cl. 3. 22-25).

Vejamos a estrutura da carta de Filemom apresentada por Nielson (2014, p. 577):

A. PRELÚDIO, 1-3

1. O Escritor, 1
2. Os Destinatários, 1,2
3. As Saudações, 3

B. ORAÇÃO, 4-7
1. O Motivo da Oração, 4,5 2.
2. O Propósito da Oração, 6,7

C. PROBLEMA, 8-14
1. O Pedido Feito, 8-12 2.
2. A Resposta Esperada, 13,14

D. PROPOSTAS, 15-22
1. Restituição, 15 2. Elevação, 16,17
3. Substituição, 18,19
4. Confiança, 20-22

E. POSLÚDIO, 23-25

5.2 Quatro Motivos para Estudarmos a Carta De Paulo a Filemom

1 – Ela Fala Da Natureza Do Amor De Deus

A natureza do amor de Deus nos confronta, pois, a primeira coisa que entendemos sobre esse amor é que ele nos amou primeiro, ou seja, só podemos amar a Deus porque Ele nos amou primeiro. "*Nós o amamos a ele porque ele nos amou primeiro*" *(1 Jo. 4.19)*. Não tenho dificuldades para entender que essa carta revela o imensurável amor de Deus.

2- Ela Fala De Princípios De Lideranças

Paulo direciona essa carta ao líder da Igreja chamado Filemom para instruí-lo em amor, Paulo diz que sentia liberdade para ordenar o que convinha, mas que preferiria fazer em amor: "*Pois bem, ainda que eu sinta plena liberdade em Cristo para te ordenar o que convém, prefiro, todavia, solicitar em nome do amor, sendo o que sou, Paulo, o velho e, agora, até prisioneiro de Cristo Jesus*" *(Fm. 1.8,9)*. A posição de liderança é um lugar onde, não raras vezes, o líder passa por situações difíceis. Quando as situações complexas batem à porta como você, líder, as enfrenta?

> Se Paulo não tivesse ganhado o coração de Filemom, Onésimo poderia ter tido uma recepção gelada. Paulo prefere apelar em nome do amor do que ordenar (v. 8,9). Muitas vezes podemos fechar portas em vez de abri-las quando assumimos uma posição autoritária, em vez de uma postura humilde (LOPES, 2009, p. 152).

3 – **Ela Fala Dos Resultados Da Conversão Na Vida De Alguém**

É impressionante como a conversão muda não somente um indivíduo, mas suas relações sociais; a conversão traz uma régua, nivelando todo ser humano, deixando de existir escravos e livres, judeus e gentios. Esse nivelamento deve ser visto com bons olhos pois ele nos leva a Cristo Jesus; a conversão nos propicia ser um em Cristo. Aquilo que nos une é muito maior do que as diferenças que nos separam, e o que nos une é o amor de Deus.

4 – **Ela Fala De Pedrão**

O perdão é, sem dúvida, consequência direta do amor. Liberar o perdão não é tarefa fácil, mas quem é verdadeiramente convertido perdoa.

5.3 Tipologia Da Obra Redentora De Cristo

Alguém disse que a carta a Filemom poderia ser chamada de Evangelho de Filemom, pois, encontramos nestes poucos versículos, uma ilustração da obra de Cristo; uma analogia, com a obra da redenção, vejamos o quadro abaixo:

QUADRO 4 - TIPOLOGIA DA OBRA REDENTORA DE CRISTO

Onésimo se rebela foge de Filemom	O pecador se rebela e foge de Deus
Paulo se encontra com Onésimo	Cristo se encontra com o pecador
Paulo se identifica com ele	Cristo se identifica conosco
Paulo intercede (mediador entre Onésimo e Filemom) por ele	Jesus intercede (mediador) por nós.
Paulo se dispõe a pagar a dívida de Onésimo	Cristo rasgou o escrito de dívida "pagou nossos débitos"
Paulo não pede nada em troca	Cristo não pede nada em troca - isso é graça
Onésimo não tem nada a oferecer	O pecador não tem nada a oferecer
Onésimo é reconciliado com Filemom	O pecador é reconciliado com Deus
Onésimo tem acesso a Filemom	O escolhido de Deus tem, agora, acesso ao Pai,
Onésimo agora é um irmão	Não somos mais escravos do pecado, pertencemos à mesma família.
Onésimo era inútil agora é útil	Éramos velha criatura agora somos nova criatura

Fonte: Elaborado pelo Autor, 2021.

Todas essas figuras lançam luz acerca da nossa grande salvação em Cristo, embora essa carta não seja doutrinária como as demais do apóstolo, é uma perfeita ilustração da doutrina conhecida como cristologia, ou seja, o estudo sobre a pessoa de Cristo, bem como o que Ele fez para conosco. O seu oferecimento para pagar a dívida e a recepção de Onésimo por Filemom por causa de Paulo; a restauração do escravo solicitada "[...] *em nome do amor*" (v. 9).

Lutero disse que todos nós somos Onésimos. Jesus se identificou de tal forma conosco que o Pai nos recebe como ao seu próprio Filho. Somos aceitos no Amado (Ef. 2.6). Fomos vestidos com sua justiça (2 Co. 5.21). Dessa carta tão linda, especialmente, dos versículos 8 a 22, podemos extrair algumas lições importantes.

5.4 A Compaixão na Vida Do Líder

Paulo escreve para Filemom receber Onésimo como um irmão em Cristo e não mais como um escravo. Precisamos destacar aqui que Filemom tinha o direito, dado por lei, de apedrejar o escravo fugitivo; a lei romana o autorizava a cometer tal ato. Não se sabe o que ocorreu no retorno de Onésimo à casa de Filemom.

Analisando o contexto, acredita-se mais no perdão do que na condenação de Onésimo. Ou seja, todo o contexto aponta para o fato de Onésimo ter sido perdoado por Filemom. Uma tradição cristã defende que Onésimo tenha sido libertado por Filemom, passando a ser membro atuante da Igreja Primitiva, tornando-se bispo de Éfeso, onde acabou sendo preso, muito provavelmente, na época do imperador Domiciano, e apedrejado em Roma.

Considerando que Éfeso era uma cidade próxima a Colossos, e que existe a evidência de um documento enviado por Inácio, endereçado a um bispo de Éfeso, por nome de Onésimo, a qual ele se refere como um "homem de inefável amor e vosso bispo", essa possibilidade não deve ser ignorada, embora, enfrente alguns problemas quanto à cronologia dos eventos.

À despeito do destino de Onésimo, fica clara a importância da compaixão na vida de todo líder. Paulo trabalha com maestria esse assunto que, além de ser prático e teológico, é, também, um assunto social. Percebe-se a atitude de Paulo em receber Onésimo e acreditar na transformação em sua vida a tal ponto de dizer que gostaria de ter Onésimo auxiliando-o, "*Eu bem o quisera conservar comigo, para que por ti me servisse nas prisões do evangelho" (Fm. 1.13).* A segunda evidência que aponta para a confiança do apóstolo Paulo na conversão de Onésimo reside na sua fala a Filemom, afirmando que estava disposto a arcar com todo prejuízo que Onésimo lhe causara: "*E, se te fez algum dano, ou te deve alguma coisa, põe isso à minha conta. Eu, Paulo, de minha própria mão o escrevi; eu o pagarei, para te não dizer que ainda mesmo a ti próprio a mim te deves" (Fm. 1.18,19).* A compaixão é transformadora!

> O notável no texto é que Paulo não pediu a Filemom que libertasse Onésimo. O Novo Testamento não entra em confronto com a instituição da escravatura. Em vez de questioná-la, encoraja os crentes a que considerem os escravos como irmãos em Cristo e não como propriedades suas (RICHARDS, 2005, p. 851).

É fantástico pensar que quando manifestamos o amor e a compaixão pessoas recebem a oportunidade de viver a verdadeira vida, que só pode ser vivida em Cristo. Na teoria e nos livros isso é bonito; o grande desafio é colocar em prática o ato de amar o próximo; não amar apenas aqueles com quem se tem maior afinidade, antes, amar sem acepção de pessoas. Que Deus nos ajude a colocar em prática as preciosas lições da carta de Paulo a Filemom.

Questão Para Reflexão:

Aprendemos o poder e a importância da compaixão nessa pequena, mas, poderosa, carta de Paulo a Filemom. Como você lidaria com uma situação semelhante, estando no lugar de Filemom? Você exerceria o seu direto dado por lei ou manifestaria a compaixão? Justifique a resposta.

UNIDADE III

AS BASES DA IGREJA

Nessa unidade, veremos como o apóstolo Paulo lança as bases da Igreja com uma maestria singular, unindo sua brilhante intelectualidade com um profundo senso de compaixão. É certo que o apóstolo, ao escrever para as igrejas em Corinto e Tessalônica, conseguiu aliar uma profunda preocupação com o presente e uma expectativa singular com relação ao futuro.

Os temas abordados vão, desde as condições espirituais e as falsas doutrinas, passando, também, por assuntos como santidade e arrebatamento. Paulo estabelece os padrões cristãos para uma vida piedosa e santa; ele fala sobre o casamento cristão, liberdades cristãs, adoração cristã, dons espirituais e suas práticas, sobre ressurreição etc. Portanto, estudar 1 e 2 Coríntios é estudar resoluções de problemas e um profundo ajuste nas igrejas.

A proposta de Paulo com suas epístolas era resolver problemas e ajustar o que estava desajustado, com muita graça e sabedoria divina, haja vista que estava cheio do Espírito Santo. Ele trazia as resoluções para os problemas instaurados nas igrejas em Corinto e elogia a igreja em Tessalônica. Aqui aparece um contraste entre a igreja em Corinto e a de Tessalônica, porém, ambas eram igrejas de Deus.

É verdade que Paulo elogia a fé, o amor, a esperança e a fidelidade dos cristãos em Tessalônica, porém, para essa igreja tão elogiada, há uma exortação, para que perseverassem em fidelidade, estabelecendo um alinhamento, fornecendo, com isso, os fundamentos para a "ekklēsia."

Ao longo dessa unidade, veremos algumas dessas problemáticas, as resoluções trazidas por Paulo e os ensinamentos poderosos do apóstolo dos gentios.

CAPÍTULO 1

I Coríntios – Uma Igreja Carnal

É impressionante como a carta que o apóstolo Paulo escreveu para a igreja em Corinto é atual. Por certo, a Igreja de hoje pode se apropriar dos conselhos paulinos, aplicando-os à sua vivência. Neste capítulo, abordaremos desde a realidade da cidade de Corinto, passando por temas como a divisão ocorrida dentro da igreja. Abordaremos ainda, o evangelho dentro desta carta, bem como aspectos como disciplina, matrimônio, dons e suas categorias e, por fim, falaremos sobre a Ceia do Senhor.

1.1 Igreja, Destinatário, Autoria, Local e Data

Chegando a Éfeso, Paulo recebeu notícias, da parte de membros da família de Cloé, *'Porque a respeito de vós, irmãos meus, me foi comunicado pelos da família de Cloé que há contendas entre vós" (1 Co. 1.11),* acerca dos desentendimentos que tinham surgido entre os crentes de Corinto, que teve como resultado a criação de facções entre eles, cada uma das quais com o seu suposto líder ou herói, afinal, uns diziam ser de Paulo, uns de Pedro, outros de Apolo e Jesus Cristo: *"Porque, dizendo um: Eu sou de Paulo; e outro: Eu de Apolo; porventura não sois carnais?" (1 Co. 3.4).*

Segundo nos informa Halley (1970, p. 523): "uma delegação de líderes da Igreja de Corinto foi enviada a essa cidade para consultá-lo sobre alguns problemas e desordens muito sérios que surgiram.

Foi quando ele escreveu esta Carta." De acordo com Dockery (2001, p. 726) "olhando para o texto de 1 Coríntios capítulo1 versículos 16 encontramos alguns nomes daqueles que levaram as contribuições para o ministério do apóstolo Paulo em Éfeso a saber: Estéfanas, Fortunato e Acaico". *E batizei também a família de Estéfanas; além destes, não sei se batizei algum outro. Porque Cristo enviou-me, não para batizar, mas para evangelizar; não em sabedoria de palavras, para que a cruz de Cristo se não faça vã' (1 Co. 1.16,17).*

A carta foi enviada pelos crentes de Corinto, pedindo os conselhos do apóstolo acerca das muitas questões que, provavelmente, vinham sendo motivo de controvérsia entre eles. É dos resultados dessas indagações que nasce a primeira epístola aos Coríntios, ou, pelo menos, boa parte dela. E é, igualmente evidente, que as fontes de informações que Paulo recebeu foram variadas como podemos verificar nas palavras Dockery (2001, p. 726):

> Paulo tratou de diversos problemas nesta epístola. Ele soube dessas questões pelo relato dos membros da família de Cloe (1.11), por rumores generalizados (5.1) e por informações recebidas da igreja (7.1; 8.1; 12.1; 16.1). Paulo escreveu para responder às perguntas que os coríntios lhe haviam feito.

A primeira carta que o apóstolo Paulo escreve à igreja de Corinto, trata de situações relacionadas à conduta ética no dia a dia do cristão. Não obstante, Paulo enfrenta ataques dos legalistas, dos falsos mestres e dos difamadores que ameaçavam destruir, não somente a obra realizada ali por Paulo, como a sua reputação e autoridade como apóstolo de Cristo, ou seja, a sua autoridade apostólica, assunto esse que será abordado por ele próprio Paulo com afinco, logo à frente.

A despeito de todas essas dificuldades e afrontas internas e externas que o apóstolo tem que lidar, não se furta à responsabilidade de responder as questões levantadas pelos crentes de Corinto, tais como: princípios morais, ordem no culto, casamento, a liberdade cristã e a ressurreição. A primeira epístola aos Coríntios é complexa por si, e aborda muitos problemas, como em princípio foi possível detectar, motivo pelo qual é extremamente difícil atribuir uma razão específica que teria levado o apóstolo Paulo a compor essa carta poderosa.

Com exceção das epístolas chamadas de pessoais ou pastorais que o apóstolo Paulo escreve a Timóteo, Tito e Filemom, todas as demais cartas de Paulo recebem o nome da cidade ou da região para as quais foram destinadas; com a epístola de primeira aos Coríntios não foi diferente! Recebeu esse nome em razão da cidade de Corinto, onde a igreja estava localizada.

Segundo nos informa o versículo um, do capítulo primeiro, Paulo é o autor dessa carta. Na verdade, a autoria Paulina não pode ser seriamente questionada, pois, praticamente todos os estudiosos do Novo Testamento aceitam a autoria Paulina de 1 Coríntios, tanto a evidência externa como a interna para a autoria de Paulo são tão fortes que aqueles que tentam mostrar que o Apóstolo não a escreveu são bem-sucedidos principalmente em provar a sua própria incompetência como críticos. Vejamos as evidências internas e externas.

Primeiro, é pertinente explicar o que são evidências internas e externas. Evidências internas são as provas contidas na própria Palavra de Deus, ao passo que, evidências externas, são fontes fidedignas, sejam elas de origem teológicas, arqueológicas, geográficas, históricas ou, dos chamados pais da igreja. As marcas do apóstolo Paulo estão por toda a carta, desde suas famosas saudações ou frases como: "Jesus Cristo, nosso Senhor", "o homem espiritual", "o corpo de Cristo", são expressões usadas habitualmente por ele em suas outras cartas. Não devemos deixar de fora os textos nos quais aparecem o nome do apóstolo ou naqueles em que ele próprio se apresenta.

> Paulo (chamado apóstolo de Jesus Cristo, pela vontade de Deus), e o irmão Sóstenes, (1 Co. 1.1)[...] Está Cristo dividido? foi Paulo crucificado por vós? ou fostes vós batizados em nome de Paulo? (1 Co. 1.13) [...] Porque, dizendo um: Eu sou de Paulo; e outro: Eu de Apolo; porventura não sois carnais? Pois, quem é Paulo, e quem é Apolo, senão ministros pelos quais crestes, e conforme o que o Senhor deu a cada um? Eu plantei, Apolo regou; mas Deus deu o crescimento (1 Co. 3.4-6). [...] Porque ainda que tivésseis dez mil aios em Cristo, não teríeis, contudo, muitos pais; porque eu pelo evangelho vos gerei em Jesus Cristo. (1 Co. 4.15) [...] Saudação da minha própria mão, de Paulo (1 Co. 16.21).

As evidências externas também apoiam a autoria Paulina. Desde 95 d.C., essa carta tem sido reconhecida como genuinamente paulina por Clemente de Roma, ao escrever para a igreja de Corinto, assim como outros líderes e pais da igreja. Metz (2014, p. 235), nos traz importantes contribuições sobre as evidências externas, vejamos:

> A evidência externa também apoia a autoria paulina. Em 95 d.C., Clemente de Roma referiu-se a 1 Coríntios como uma carta do Apostolo Paulo. Este é "o exemplo mais antigo na literatura de um escritor do Novo Testamento sendo mencionado pelo nome". O cânon Muratoriano, que provavelmente surgiu no final do século II, lista 1 Coríntios como uma das cartas de Paulo. Tertuliano, o pai da teologia latina, em sua obra Prescriptions Against Heretics, usa 1 Coríntios como um apoio paulino para a doutrina da ressurreição. Orígenes, em uma discussão sobre a tentação, também cita 1 Coríntios, e de forma bastante natural se refere a Paulo como o autor. [...] A autoria de Paulo de 1 Coríntios se coloca acima de qualquer desafio sério e pode ser aceita sem reservas. Nas palavras de um notável estudioso e historiador do Novo Testamento: "1 Coríntios formava o início das epistolas paulinas na coletânea mais antiga".

Sobre a data da escrita dessa carta, aborda-se a ida de Paulo a Corinto por volta de 50 depois d.C., para iniciar uma grande e desafiadora campanha missionária. Lá, permaneceu por 18 meses fazendo culto nas casas e consolidando uma grande e próspera igreja. É importante que se entenda essa linha do tempo, com o seu contexto para que se veja o início e desenvolvimento dessa igreja.

Após a partida de Paulo, Apolo recebe a missão de continuar consolidando a igreja. *''E sucedeu que, enquanto Apolo estava em Corinto, Paulo, tendo passado por todas as regiões superiores, chegou a Éfeso; e achando ali alguns discípulos'' (At. 19.1).* Sabe-se que a Apolo era um judeu culto e eloquente. *E chegou a Éfeso um certo judeu chamado Apolo, natural de Alexandria, homem eloquente e poderoso nas Escrituras (At. 18.24).* Acredita-se que é o próprio Apolo quem vai até Éfeso contar para Paulo as condições que a igreja em Corinto se encontrava.

O lugar da composição de 1 Coríntios é, claramente, Éfeso: *"Ficarei, porém, em Éfeso até ao Pentecostes" (1 Co. 16.8).* A data de composição, no entanto, é incerta. Não obstante, temos a menção de uma carta anterior: *"Já por carta vos tenho escrito, que não vos associeis com os que se prostituem" (1 Co. 5.9)*, ou seja, a primeira carta de Paulo inserida na Bíblia, na verdade, não é a primeira que aquela Igreja tinha recebido, pois, como podemos verificar no texto, o apóstolo havia enviado uma carta, muito provavelmente, para tratar sobre os primeiros sinais de rebelião dos partidos religiosos. *"Quero dizer com isto, que cada um de vós diz: Eu sou de Paulo, e eu de Apolo, e eu de Cefas, e eu de Cristo" (1 Co. 1.12).* Segundo Dockery, (2001, p. 725) a data provável é em "meados de 55 d.C.", no final dos três anos de residência do apóstolo em Éfeso.

Figura 8 – Canal de Corinto[9]

9- O canal - de seis quilômetros e meio de comprimento e vinte e um metros de largura – foi concluído entre 1882 e 1893, e liga o golfo de Corinto ao Egeu. Extraído de: https://pt.wikipedia.org/wiki/Canal_de_Corinto
Acesso em: 12 de junho 2021.

10 - O canal - de seis quilômetros e meio de comprimento e vinte e um metros de largura – foi concluído entre 1882 e 1893, e liga o golfo de Corinto ao Egeu. Extraído de: https://pt.wikipedia.org/wiki/Canal_de_Corinto
Acesso em: 12 de junho 2021.

1.2 As Facções Religiosas Dentro Da Igreja De Corinto

Nós temos a oportunidade de contemplar o quadro pintado pois, temos todo o conteúdo e, portanto, já sabemos que o final é surpreendente. Ver uma igreja que não tinha falta de nenhum dom, como o próprio apóstolo Paulo diz: *"De maneira que nenhum dom vos falta, esperando a manifestação de nosso Senhor Jesus Cristo" (1 Co. 1.7)* viver em seu seio uma divisão tão forte, onde crentes diziam que eram de Apolo, outros de Pedro, outros de Paulo, fora os que diziam ser de Cristo.

Paulo chama isso de carnalidade: *"E eu, irmãos, não vos pude falar como a espirituais, mas como a carnais, como a meninos em Cristo" (1 Co 3.1)*, ou seja, para ele, facções dentro da igreja de Cristo é coisa de crente carnal. Para ser mais objetivo, contextualizando, ir à igreja quando é "fulano" quem prega; ir ao culto quando é o "ciclano" quem vai dirigir o culto ou dizer que só vai à igreja se a equipe de louvor favorita estiver escalada para cantar, é coisa de cristão carnal, para o apóstolo Paulo. Sobre as quatro facções, Champlin (2014, p. 6) afirma que:

> 1. Os que diziam seguidores de Apolo, o rabino de Alexandria, o intelectual entre os líderes, e que tiveram algum desempenho no desenvolvimento da igreja de Corinto. Provavelmente esse partido se compunha dos "entendidos" dentre os crentes de Corinto. Pode se imaginar que seu pecado consistia do orgulho intelectual, com a mistura de várias filosofias com a fé cristã simples, como os bons gregos geralmente se sentiam tentados a fazer. No primeiro capítulo dessa epístola, onde Paulo diz que a sabedoria deste mundo é "loucura", provavelmente há nisso uma repreensão indireta a esse partido, embora a igreja em geral talvez estivesse envolvida em problemas dessa categoria.
> 2. Aqueles que eram os seguidores de Cefas, ou Pedro, e que provavelmente eram os judaizantes ou legalistas da igreja, muitos dos quais sem dúvida se haviam convertido do judaísmo, naturalmente aderiam a antigas práticas ritualistas e legalistas. O próprio apóstolo Pedro, não teria encorajado tal atitude, como Apolo também não teria encorajado o partido dos "entendidos" para que o considerassem como uma espécie de herói.
> 3. Além desses, havia os seguidores de Paulo, cujo herói era o grande apóstolo dos gentios. É possível

que esse grupo envolvesse aqueles que faziam forte oposição ao legalismo e ao intelectualismo, preferindo o evangelho da graça, sem as complicações da cultura judaica ou da cultura grega.

4. Além desses, havia os partidários de Cristo. Esses certamente faziam objeção ao culto aos "heróis" e seus partidários, e, acima de todos, faziam-se os grandes seguidores de Cristo. O pecado dos últimos era o do exclusivismo, tão prevalente na moderna igreja evangélica, que, nas mentes de alguns, cria a ilusão que eles, acima de outros, são os melhores discípulos que Cristo tem. Isso é a antítese mesma do denominacionalismo, que inevitavelmente cria outras e ainda mais estritas denominações. Em outras palavras, aqueles que se unem em combate contra as denominações, nesse processo, geralmente criam formas ainda estritas de denominacionalismo, embora talvez não tenham qualquer nome específico, como fazem outras denominações.

A Igreja de Corinto estava sofrendo perdas inestimáveis com as rupturas provocadas pelos partidos e seus adeptos. O apóstolo Paulo repudia veementemente tal prática.

1.3 O Evangelho Em I Coríntios

A primeira epístola aos Coríntios pode até não ser, em sua essência, extremamente doutrinária, como Romanos e Gálatas, por exemplo, porém, isso não significa que não existam doutrinas apresentadas por Paulo em sua primeira epístola aos Coríntios. No entanto, fica claro que a proposta do apóstolo é apresentar, de forma prática e clara, os fundamentos da ética cristã, isso porque, como temos visto desde a introdução desta epístola, os problemas que precisavam corrigir, quase em sua totalidade, estavam relacionados à boa conduta, ou seja, ao bom testemunho.

Isso quer dizer que a primeira epístola aos Coríntios, não tendo como proposta sistematizar doutrinas e, sim, lidar com assuntos práticos que fazem parte do dia a dia dos cristãos, a essência do evangelho está posta do início ao fim. Vejamos o que diz o Champlin tema (2014, p. 7):

> O evangelho no teor da primeira epístola aos Coríntios: por toda a parte há elementos do evangelho cristão, os quais, considerados em seu conjunto, nos fornecem uma informação suficiente sobre o assunto. Podem-se alinhar as seguintes razões para isso: a. Cristo é o centro da mensagem da epístola, do princípio ao fim (ver 1Co 1.3). b. Cristo é o alvo final da criação (1Co 8.6). c. Cristo é o alvo supremo da vida (1Co 15.28). d. Cristo é o verdadeiro Deus (1Co 8.4-6). e. Cristo é o poder que sustenta a natureza (1Co 3.6). f. Cristo é quem ordena providencialmente os acontecimentos entre os homens (1Co 4.9; 7.7e 12.6). g. Os homens jamais conheceram a Deus por sua própria sabedoria, mas podem vir a conhecê-lo por meio de Cristo, a própria Sabedoria de Deus (1Co 1.21). h. É Deus que se achega aos homens, em busca deles, e não o contrário (1Co 1.27). i. Aqueles que se achegam a Deus, recebem a revelação de seus mistérios, por intermédio do Espírito Santo (1Co 2.10 e 4.1). j. A vida eterna, por meio da ressurreição, nos é dada por meio de Cristo (ver 1Co 15). l. Cristo é o Juiz supremo, e espera a observância dos seus mandamentos (1Co 4.5; 5-13 e 7.19). m. Vários aspectos da redenção nos são oferecidos: Cristo é a rocha, o sustentador, o supridor das necessidades espirituais (1Co 8.6 e 10.4); os poderes das trevas têm sido derrotados por meio de sua morte e ressurreição (1Co 2.6); a morte de Cristo significa a nossa redenção da servidão (1Co 6.20 e 7.23); os crentes fazem parte do corpo místico de Cristo (1Co 6.15 e 12.12). A ressurreição (o que provavelmente inclui as ideias da ascensão e da glorificação de Cristo, o que é comum nas páginas do NT) garante a verdadeira vida eterna para os crentes, e o capítulo 15 desta epístola é a mais completa declaração que possuímos sobre esse.

Cristo é a essência da carta escrita por Paulo à igreja de Corinto pois, do início ao fim, o apóstolo evidencia a centralidade e o senhorio de Jesus.

1.4 Estrutura de 1 Coríntios

Abaixo, a estrutura dessa carta para que se tenha a possibilidade de visualizar um panorama geral, ou seja, uma visão do todo, afinal, saber o que será estudado, antes mesmo de começar, facilita a compreensão do assunto. Diante de uma epístola complexa como essa, convém apresentar sua estrutura proposta por Champlin (2014, p. 8,9):

I. INTRODUÇÃO, SAUDAÇÕES E AÇÃO DE GRAÇAS (1.1-9)

II. O PROBLEMA DAS DIVISÕES PARTIDÁRIAS (1.10-4.21)

1. Polêmicas contra tais divisões:
a. Exaltar o homem é substituir a Cristo (1.10-17).
b. Derivam do orgulho e da sabedoria humanos (1.18-2.5). Essa sabedoria é uma "loucura" para Deus.
c. A cruz é a sabedoria de Deus apresentada aos homens (1.18-25).
d. A comunidade cristã dos coríntios não fora chamada dentre os sábios (1.26-31).
e. Paulo lhes dera exemplo de conduta humilde (2.1-5).
f. A verdadeira sabedoria não é propriedade dos facciosos (2.6-3-4), cuja atitude mostra antes a ausência da influência do Espírito Santo. g. Os verdadeiros apóstolos não são rivais entre si, mas antes, ministros do mesmo plantio, irrigação e colheita (3-5-23).
2. Como o verdadeiro apóstolo deve ser julgado - seção contra os detratores de Paulo, que causavam divisões (4.1-21).

III. A IMORALIDADE E OS PADRÕES ÉTICOS GERAIS E CRISTÃOS (5.1-7.40).

1. Contra a imoralidade grosseira (5.1-13).
2. Contra os processos legais entre crentes (6.1-8).
3. O padrão do reino de Deus (6.9-11).
4. A moralidade pessoal do crente (6.12-20).

5.O casamento e o celibato (7.1-40).

IV. LIBERDADE CRISTÃ (8.1-11.1).

1. Alimentos oferecidos a ídolos e a utilização dos mesmos pelo crente (8.1-13).

2. Paulo deu o exemplo renunciando a seus direitos (9.1-23).

3. Os perigos da obstinação (9.24-10.22);

a. A necessidade de autodisciplina, ante as advertências dadas no deserto (10.1-13).

b. O caráter destruidor da idolatria (10.14-22).

4. Declarações finais: (10.23-11.1).

V. REGULAMENTOS SOBRE A ADORAÇÃO CRISTÃ (11.2-14.40).

1. O véu das mulheres (11.2-16).

2. A Ceia do Senhor (11.17-34).

3. O uso dos dons espirituais (12.1–14.40).

4. O amor governa o uso dos dons e toda a conduta cristã (13.1-13).

VI. A RESSURREIÇÃO DOS MORTOS (15.1-58).

1. A tradição e o fato (o evangelho) (15.1-11).

2. O significado da ressurreição (15.12-19).

3.O acontecimento e sua ordem (15.20-28).

4. Outras provas da ressurreição (15.29-34)

5. A natureza da ressurreição (15-35-50).

6. A parousia: imortalidade final (15-51-58)

VII. QUESTÕES PESSOAIS (16.1-24).

1. Coleta para os santos pobres de Jerusalém (16.1-4).

2. Os planos de Paulo sobre o futuro (16.5-12)

3. Exortações finais, saudações e bênção (16.13-24).

1.5 Disciplina

O apóstolo Paulo inicia o capítulo cinco da sua primeira carta à igreja em Corinto usando palavras fortíssimas, como podemos conferir no primeiro versículo: *"Geralmente se ouve que há entre vós fornicação, e fornicação tal, que nem ainda entre os gentios se nomeia, como é haver quem possua a mulher de seu pai" (1 Co. 5.1)*. Claramente, está evidenciando as doenças que assolavam a igreja em Corinto. É citado o caso de um incesto dentro da igreja, por meio da relação de um homem com a sua madrasta. Não sabemos se ele a seduziu ou foi seduzido por ela, fato é, que em qualquer uma das possibilidades era inaceitável tal situação dentro da igreja, logo, deveria ser repudiada e instaurada a devida disciplina. Paulo chegou a dizer que tal situação era tão depravada que, nem mesmo entre os gentios se tinha notícia de tal ato.

A maneira como Paulo apresenta essa situação não parece ter sido baseada em meras suspeitas, antes, sua declaração parece ser algo de conhecimento comum. Vejamos o que Calvino (2003, p. 153) disse a respeito dessa abordagem inicial de Paulo sobre a fornicação: "O termo "*ὅλως*" (geralmente) como que realçando aquilo que não era um rumor duvidoso, mas um fato óbvio; notícias de um fato que era divulgado por toda parte, provocando muito escândalo."

Certamente, estamos diante de um pecado que causou estranheza, até mesmo para uma sociedade promíscua, como a de Corinto. A pergunta que geralmente é feita por quem estuda esse texto é: por que Paulo denunciou o homem e não a mulher? Provavelmente, a mulher não fazia parte da membresia da igreja. Como o apóstolo está tratando a situação em caráter disciplinatório, não envolve a mulher pois, a disciplina é para a igreja e não para os de fora.

Em relação aos de fora, Paulo disse que Deus os julgará: *"Mas Deus julga os que estão de fora. Tirai, pois, dentre vós a esse iníquo" (1 Co. 5.13)*. Ele trata o pecado do crente com severidade, pois, quando o cristão peca, o faz de maneira consciente, sabendo que é pecado. Por isso que, quando um cristão se entrega ao pecado, o juízo sobre ele é mais rígido.

Ao olhar para o versículo três, do capítulo cinco, percebe-se que Paulo se preocupa intensamente com o estado espiritual da igreja, que não se furta à responsabilidade de tratar esse assunto tão delicado e difícil, haja vista que, estando em outra cidade, poderia ter feito vista grossa para tal situação, deixando que os próprios cristãos de Corinto resolvessem os seus problemas. Percebe-se que os crentes presentes naquela igreja não souberam ou não quiseram lidar com a situação. Paulo, que estava em outra cidade, declara que, mesmo estando ausente no corpo, estava presente no espírito.

Ainda no versículo três do capítulo cinco, o apóstolo usa o verbo "determinei". Esse verbo, no original, está no tempo verbal perfeito, indicando que, verdadeiramente, Paulo já tinha decidido e determinado a sentença. *"Eu, na verdade, ainda que ausente no corpo, mas presente no espírito, já determinei, como se estivesse presente, que o que tal ato praticou" (1 Co. 5.3).*

Segundo Lopes (2008, p. 96,101), há seis aspectos listados da disciplina, vejamos o quadro abaixo:

QUADRO 5 - SEIS ASPECTOS DA DISCIPLINA

1	A disciplina é um ato imperativo (5.2,13)
2	A disciplina é um ato coletivo (5.3-5)
3	A disciplina é um ato restritivo e preventivo (5.9-11)
4	A Disciplina é um ato de juízo (5.5)
5	A disciplina é um ato preventivo (5.7,8,12,13))
6	A disciplina envolve um ato de perdão (2Co 2.6-8)

Fonte: Elaborado pelo Autor, 2022, com base em Lopes, 2008.

1.6 Matrimônio

Paulo trabalha a questão do matrimônio em resposta às demandas enviadas a ele pelos cristãos de Corinto. Fica evidente, analisando o capítulo sétimo da primeira carta, que o apóstolo considera o matrimônio uma instituição divina. Falar de matrimônio é, sem dúvida, falar de família. Deus criou apenas duas instituições. 1 – Família e 2– Igreja.

Essas duas instituições criadas pelo Eterno se completam, afinal, não existe igreja sem famílias, pois são as famílias que formam a igreja. A igreja, por sua vez, fortalece as famílias, com o fortalecimento espiritual. É verdade dizer que uma igreja forte é resultado de famílias fortes e que uma igreja fraca é resultado de famílias fracas. Paulo, também enfrenta, no capítulo sete dessa carta, a complexidade do problema com o divórcio.

1.6.1 Honestidade Do Matrimônio

No capítulo sete, dos versículos um ao nove, Paulo trabalha a honestidade do matrimônio, ensinando que o sexo no casamento não é somente bom, mas essencial. Ele fala aos solteiros que podem ou suportam, que permaneçam solteiros, mas, nos versículos sete e oito, completa dizendo que, se a pessoa for fortemente influenciada pelo desejo sexual, é melhor que se case. Segundo Richards (2005, p. 26):

> Casamento. A frase "adjutora" tem sido frequentemente mal-entendida e usada para manter uma visão distorcida do casamento. A palavra no original, ezer, significa "um apoio", "uma ajudadora", ou "uma assistente". Isso não implica subordinação, pois a mesma palavra é usada para descrever Deus como auxílio do homem. O conceito decididamente sustenta as características da mulher como ajudadora. Somente uma que é "osso dos meus ossos e carne de minha carne" poderia, de fato, ir ao encontro das mais profundas necessidades de outro. Na sua original concepção, então, o casamento era a união de um homem e uma mulher, iguais perante Deus, que se completavam por meio do respeito de um para com o outro, comprometidos com a ajuda mútua.

Não podemos deixar de trazer à tona uma análise sobre o sexo no casamento para que o contexto inicial desse capítulo sete, seja abordado de maneira mais completa. Vejamos o que diz Richards (2000, p. 763):

> O sexo no casamento (7.2-5). O casamento tem por objetivo não somente a necessidade do homem de procriação e de companhia, mas também de satisfazer suas necessidades sexuais. Aparentemente, alguns em Corinto acreditavam que deveriam ter um casamento espiritual, sem sexo. A construção grega implica em "parar de privar um ao outro, como estão fazendo". Paulo ordena aos cônjuges, que não interrompam as práticas sexuais, exceção feita por consentimento mútuo e por breve espaço de tempo. Não há nada de errado no sexo, que é um dom.

Observemos o que, de maneira incisiva, diz o texto bíblico:

> Ora, quanto às coisas que me escrevestes, bom seria que o homem não tocasse em mulher; Mas, por causa da fornicação, cada um tenha a sua própria mulher, e cada uma tenha o seu próprio marido. O marido pague à mulher a devida benevolência, e da mesma sorte a mulher ao marido. A mulher não tem poder sobre o seu próprio corpo, mas tem-no o marido; e também da mesma maneira o marido não tem poder sobre o seu próprio corpo, mas tem-no a mulher. Não vos priveis um ao outro, senão por consentimento mútuo por algum tempo, para vos aplicardes ao jejum e à oração; e depois ajuntai-vos outra vez, para que Satanás não vos tente pela vossa incontinência. Digo, porém, isto como que por permissão e não por mandamento. Porque quereria que todos os homens fossem como eu mesmo; mas cada um tem de Deus o seu próprio dom, um de uma maneira e outro de outra. Digo, porém, aos solteiros e às viúvas, que lhes é bom se ficarem como eu. Mas, se não podem conter-se, casem-se. Porque é melhor casar do que abrasar-se (1 Co. 7.1-9).

Conclui-se que a Bíblia desenvolve uma atitude positiva em relação ao casamento e o sexo na vida conjugal. Quando o Eterno criou o homem e a mulher, dotou-os com a capacidade de terem satisfação e prazer na atividade sexual, dentro da construção do casamento.

Sexo antes do casamento é fornicação; sexo fora do casamento é adultério; sexo no casamento é ordenança. Isso é tão verdade que o próprio Jesus colocou o seu selo de aprovação sobre o casamento (Mt. 19.1-9). Devemos ter muito cuidado com qualquer religião que altere a instituição divina do casamento e com qualquer ensinamento que mexa com a criação de Deus.

1.6.2 Responsabilidades Referentes Ao Estado Matrimonial

Falar sobre as responsabilidades matrimoniais foi, por certo, um grande desafio para o apóstolo Paulo, pois, ele tinha dois públicos distintos dentro da mesma igreja, judeus convertidos e gentios. Os Judeus convertidos tinham dificuldades para se desprender da lei judaica.

A lei judaica permitia, apenas ao marido, tomar iniciativa de pedir o divórcio; somente em situações extremas a esposa poderia pedir ao tribunal que obrigasse o marido a divorciar-se dela. Os gentios por sua vez, viviam a influência da lei greco-romana, que via o casamento como uma questão de consentimento mútuo, podendo ser desfeito, se qualquer uma das partes solicitasse a dissolução.

Paulo se dirige a um grupo de cristãos que buscava o divórcio por acreditar ser incompatível espiritualmente com seus cônjuges. O apóstolo deixa claro, dando uma opinião pessoal, que a incompatibilidade espiritual não fornecia razões suficientes para o divórcio, como também traz à tona a ideia de Jesus sobre o tema:

> Mas aos outros digo eu, não o Senhor: Se algum irmão tem mulher descrente, e ela consente em habitar com ele, não a deixe. E se alguma mulher tem marido descrente, e ele consente em habitar com ela, não o deixe. Porque o marido descrente é santificado pela mulher; e a mulher descrente é santificada pelo marido; de outra sorte os vossos filhos seriam imundos; mas agora são santos (1 Co. 7.12-14) [...] Também foi dito: Qualquer que deixar sua mulher, dê-lhe carta de divórcio. Eu, porém, vos digo que qualquer que repudiar sua mulher, a não ser por causa de fornicação, faz que ela cometa adultério, e qualquer que se casar com a repudiada comete adultério (Mt. 5.31,32).

Em seus ensinamentos, o apóstolo tomou cuidado para orientar os demais cristãos a não julgarem os membros que tinham se divorciado por iniciativa do cônjuge incrédulo, que abandonara o casamento. Paulo deixa claro que o cristão não está sujeito à servidão: *"Mas, se o descrente se apartar, aparte-se; porque neste caso o irmão, ou irmã, não está sujeito à servidão; mas Deus chamou-nos para a paz" (1 Co. 7.15).* De acordo com Radmacher (2010, p. 423):

> Ao usar a expressão não está sujeito à servidão, Paulo estava repetindo os mesmos termos de antigos contratos de divórcio, que se referiam ao casamento como "amarrar" a mulher ao seu marido, e ao divórcio como soltar ou liberar a mulher para se casar novamente. Essa terminologia do divórcio

> aparece em termos judaicos, como o mishnah, e em autênticos contratos de divórcio judaicos do primeiro século que foram recuperados. Os leitores antigos teriam entendido que a expressão 'não está sujeito à servidão' como a permissão de Paulo para que a pessoa abandonada se casasse novamente.

Paulo deixa claro que o cristão não está sujeito à servidão, essa ideia de Paulo está em harmonia com o ensinamento de Jesus sobre o mesmo tema como abordado anteriormente.

Questão para reflexão.

O evangelho pregado por Paulo em sua primeira carta à igreja de Corinto foi de caráter extremamente prático, abordando assuntos pertinentes ao dia a dia do Cristão. Qual a relevância de trabalhar temas da atualidade à luz da Bíblia para o desenvolvimento espiritual do Cristão?

CAPÍTULO 2

Dons Espirituais e Ceia

Paulo fala sobre os dons espirituais como algo fundamental para a harmonia do corpo de Cristo, pois, no corpo todo dom é essencial (1Co. 12.14-24). Outra verdade sobre os dons é que eles são distribuídos soberanamente pelo Espírito Santo: *"Mas um só e o mesmo Espírito opera todas estas coisas, repartindo particularmente a cada um como quer" (1 Co. 12.11).*

O apóstolo enfrenta um grande problema na igreja em Corinto, que era a má interpretação sobre a verdadeira espiritualidade; os crentes associavam a espiritualidade aos dons espirituais. Ao discorrer sobre esta questão, Paulo afirma que o fato de a pessoa ter um dom não indica que é mais cheia do Espírito Santo, pois, o mesmo Deus é quem opera tudo em todos: *"E há diversidade de ministérios, mas o Senhor é o mesmo. E há diversidade de operações, mas é o mesmo Deus que opera tudo em todos" (1 Co. 12.5,6).*

> Acerca dos dons espirituais, não quero, irmãos, que sejais ignorantes. Vós bem sabeis que éreis gentios, "levados aos ídolos mudos, conforme éreis guiados. Portanto, vos quero fazer compreender que ninguém que fala pelo Espírito de Deus diz: Jesus é anátema, e ninguém pode dizer que Jesus é o Senhor, senão pelo Espírito Santo. Ora, há diversidade de dons, mas o Espírito é o mesmo" (1 Co. 12.1-4).

Neste capítulo, abordaremos, desde a realidade, atualidade e a operacionalidade dos Dons Espirituais tendo como base e ponto de partida a igreja de Corinto, dividindo-os em três categorias sendo elas os Dons chamados de essenciais, dinâmicos e funcionais por fim, falaremos sobre a Ceia do Senhor.

2.1 As três categorias dos Dons Espirituais.

2.1.1 Dons Essenciais: para muitos estudiosos, esses dons são os mais importantes para todo cristão. São eles:

2.1.1– Fé (1 Co. 12.9): Aqui não parece ser o foco a fé salvadora e, sim, a fé em Deus, por meio da qual, até mesmo, milagres, podem ser realizados.

2.1.2 - Esperança: O dom da esperança proporciona ao crente perceber a redenção que Deus realizará. Em sua teologia Paulo vê a esperança como um dom de Deus e a coloca ao lado da fé e da caridade, formando o que chamamos de *trilogia paulina* (crer, esperar e amar) ou as três virtudes teologais (cf. 1Cor 13.13). Em suas cartas, Paulo caracteriza a esperança como algo que não se vê.

> Porque para mim tenho por certo que as aflições deste tempo presente não são para comparar com a glória que em nós há de ser revelada. Porque a ardente expectação da criatura espera a manifestação dos filhos de Deus (Rm 8.18,19) [...] Na esperança de que também a mesma criatura será libertada da servidão da corrupção, para a liberdade da glória dos filhos de Deus (Rm 8.21) [...] Porque em esperança fomos salvos. Ora a esperança que se vê não é esperança; porque o que alguém vê como o esperará? (Rm 8.24).

2.1.3 - Amor: O amor nos tira do egoísmo e é por meio do dom do amor que somos capacitados pelo Espírito Santo a manifestar esse amor ao próximo. O dom do amor também nos capacita a demonstrar a presença do Espirito Santo. *"E a esperança não traz confusão, porquanto o amor de Deus está derramado em nossos corações pelo Espírito Santo que nos foi dado" (Rm 5.5).*

> O amor é o caminho mais curto de recondução a Deus. Assim sucede porque o amor é a evidência mais convincente e verdadeira da nossa transformação moral em Cristo Jesus, por ser o seu elemento principal. Esta é a "transformação moral", a qual, por sua vez, produz a transformação metafísica, mediante a qual passamos a compartilhar da própria essência da natureza de Cristo. Assim somos feitos filhos conduzidos à glória, duplicações do Filho de Deus, participantes da "natureza divina". (Ver Rm 8.29 Ef 3.19; Cl 2.10 e 2Pe 1.4). Para cada crente, portanto, essa é a importância suprema do amor (CHAMPLIN, 2014, p. 261).

2.2 – Dons Dinâmicos

2.2.1 - Cura: Existem quatro tipos de milagres no Novo Testamento: curar doentes, ressuscitar mortos, sujeitar a natureza e expulsar demônios. As curas foram marcantes e evidentes no ministério de Jesus, assim como no ministério dos apóstolos. Esses milagres podem ocorrer em qualquer época, mas, sempre com algum propósito de Deus. Os escritores, chamados pais da igreja, mostram que esse dom persistiu nos séculos que se seguiram ao período apostólico. *"E a outro, pelo mesmo Espírito, a fé; e a outro, pelo mesmo Espírito, os dons de curar" (1 Co. 12.9).* Esclarecendo melhor o dom de curar, nas palavras de Metz (2014, p. 336):

> O poder de realizar o milagre de uma recuperação dramática da saúde, era um dos dons concedidos pelo Espírito à Igreja Primitiva. Adam Clarke sugere que este dom "se refere simplesmente ao poder que, em momentos especiais, os apóstolos receberam do Espírito Santo para curar as doenças". Este escritor afirma que os apóstolos não tinham esse poder como um dom permanente que se tornava efetivo em todas as ocasiões. Paulo não pôde realizar a cura de Timóteo, e nem mesmo remover o espinho da sua própria carne. A palavra curar está no plural no texto grego, indicando diferentes "curas" para vários tipos de moléstias ou enfermidades.

2.2.2 - Operação de Maravilhas: É certo que o dom de operação de maravilhas acompanhou o ministério do apóstolo Paulo e se tornou a chancela de seu apostolado: *"Os sinais do meu apostolado foram manifestados entre vós com toda a paciência, por sinais, prodígios e maravilhas" (2 Co. 12.12).* Um exemplo de operação de maravilhas são os milagres realizados por Jesus como a multiplicação dos pães ou transformar a água em vinho.

> A palavra maravilhas (ou milagres; dynameon) enfatiza o elemento do poder, e pode se referir à capacidade de realizar extraordinários esforços físicos (2 Co. 11.23-28). João Calvino relaciona esse tipo de poder milagroso a acontecimentos como a cegueira de Elimas (At 13.11) e morte repentina de Ananias e Safira (At 5.1-10) (METZ, 2014, p. 336).

O dom de maravilhas pode ser entendido como milagres extraordinários, todo milagre deve ser considerado como algo surpreendente. A linha tênue que distingue o dom de curar do dom de operação de maravilhas é o fator chamado de extraordinário, que aos homens é impossível.

2.2.3 - Discernimento de espíritos: O dom de discernir os espíritos é a capacidade de diferenciar as operações do Espírito de Deus e as operações de espíritos malignos e enganadores. Esse dom é fundamental para que a igreja não seja enganada. Para melhor entendimento, vejamos como Calvino (2003, p. 380-381) define esse dom:

> O discernimento de espíritos era a clareza de percepção em formar juízo quanto aos que professavam ser alguma coisa [At 5.36]. Não estou falando da sabedoria natural, pela qual somos regulados para julgar. Era uma iluminação especial com que alguns eram dotados pelo dom divino. O uso dele era este: ele não podia ser imposto por máscaras nem por pretensões, mas por meio desse juízo espiritual; quem o possuísse podia distinguir, como por uma marca particular, os verdadeiros ministros de Cristo dos falsos.

Esse dom é fundamental para que a igreja não seja enganada.

2.2.4 - Falar em línguas: O dom de línguas é a manifestação sobrenatural do Espirito Santo na vida do crente, que o capacita a falar as línguas que, segundo Renovato (2014, p. 36):

> De acordo com o teólogo pentecostal Thomas Hoover, o dom de línguas é "a habilidade de falar uma língua que o próprio falante não entende, para fins de louvor, oração ou transmissão de uma mensagem divina". Segundo Stanley Horton, "alguns ensinam que, por estarem alistados em último lugar, estes dons são os de menor importância". Ele acrescenta que tal "conclusão é insustentável", pois as "cinco listas de dons encontradas no Novo Testamento colocam os dons em ordens diferentes". O dom de variedades de línguas é tão importante para a igreja quanto os demais apresentados em 1 Coríntios 12.

A língua falada através desse dom não é aprendida. Quem fala em línguas edifica a si mesmo. *"ainda que eu falasse as línguas dos homens e dos anjos, e não tivesse amor, seria como o metal que soa ou como o sino que tine" (1 Co. 13.1).*

> E todos foram cheios do Espírito Santo, e começaram a falar noutras línguas, conforme o Espírito Santo lhes concedia que falassem. E em Jerusalém estavam habitando judeus, homens religiosos, de todas as nações que estão debaixo do céu. E, quando aquele som ocorreu, ajuntou-se uma multidão, e estava confusa, porque cada um os ouvia falar na sua própria língua (At. 2.4-6).

2.2.5 Interpretação de línguas: O dom de interpretação de línguas é fundamental. Na abordagem de Paulo, ele diz que falava mais línguas que os crentes de Corinto, porém, não se gloriava nisso, antes, preferiria falar uma palavra que os crentes entendessem, em vez de falar dezenas de palavras que, sequer, entenderiam. O ensinamento de Paulo é que, quando alguém fala em línguas, deve haver interprete, ou seja, alguém com o dom de interpretação das línguas, pois, quem fala em línguas edifica a si mesmo e, quem profetiza, edifica a igreja: "*E, se alguém falar em língua desconhecida, faça-se isso por dois, ou quando muito três, e por sua vez, e haja intérprete*" (*1 Co. 14.27*).

2.2.6 – Dons Funcionais

Os dons funcionais são necessários para a estruturação e coordenação do ministério constante do corpo de Cristo. A variedade dentro dessa categoria é maior. De acordo com Dockery (2011, p. 732, 733), os dons listados nessa categoria são:

1) Apóstolos, grupo de testemunhas do evento chamado Cristo, que deu início à igreja -os apóstolos históricos (os doze e Paulo).

2) Profetas, que proclamam a palavra do Senhor com clareza e coragem.

3) Evangelistas, que procuram de clarear a salvação de Deus aos que não creem.

4) Pastores, que guiam e cuidam do povo de Deus.

5) Mestres, que alimentam e encorajam os crentes.

6) Ministros, que servem os outros.

7) Exortação, dom exercido pelos que incentivam a igreja.

8) Os que presidem têm o dom de fazer e implementar planos.

9) Misericordiosos, que atendem aos que têm necessidades especiais (Rm 12.8).

10) Palavra de sabedoria: percepção da experiência ampliada pelo Espírito.

11) Palavra de conhecimento: fatos do aprendizado aplicados pelo Espírito.

12) Os que têm o dom de governo são os que administram.

13) Socorro, capacidade para entender os problemas e encontrar soluções espirituais para eles (1Co 12.28).

14) Contribuição é o dom exercido pelos que têm a capacidade e a disposição de sustentar financeiramente a obra. Os dons do Espírito levam ao fruto do Espírito (Gl 5.22-25). Os "cargos" do ministério como pastores, evangelistas, profetas, mestres, presbíteros, bispos, diáconos formam a liderança para o corpo de Cristo. Todos os crentes são sacerdotes de Deus e constituem, como pedras vivas, o templo de Deus (1Pe. 2.5, 9).

Os dons espirituais são dados ao povo de Deus para que possam edificar a igreja, dar testemunho de Cristo e se tornar luz para todas as pessoas (Mt 5.14). Não é correto dar glória a pessoas com dons ou dar-lhes louvor indevido. O propósito dos dons do Espírito é o bem de todo o corpo de Cristo, a edificação cada vez maior da igreja e o aumento de seu testemunho no mundo.

2.3 Ceia

A Ceia do Senhor, apresentada pelo apóstolo Paulo, está em total conformidade com o exemplo de Jesus (Mt. 26.26-29; Mc. 15.22-25; Lc. 22.17-20). Ela é o ato de comer o pão e beber o vinho e, não podemos perder de vista, que a ceia foi instituída pelo mandamento do Senhor. Apesar de toda semelhança entre a ceia do Senhor e a páscoa, são coisas diferentes. Paulo diz que Cristo é a nossa páscoa, *"Alimpai-vos, pois, do fermento velho, para que sejais uma nova massa, assim como estais sem fermento. Porque Cristo, nossa páscoa, foi sacrificado por nós" (1 Co. 5.7).*

A ideia de Paulo ao fazer essa comparação é, por certo, usufruir da representação significativa da Páscoa, para estabelecer um princípio da obra redentora de Cristo. Páscoa é uma tradição judaica que significa *"transição, passagem, passar por cima de"*. Essa celebração judaica, termina, com seu pleno cumprimento, no Calvário, ou seja, ela passou, sendo assim, o apóstolo quer dizer que Cristo é a nossa passagem deste mundo para o vindouro, isto é, para a eternidade.

A Ceia do Senhor é uma das experiências mais ricas vividas pelo cristão. Ela é uma expressão concreta do amor de Deus e da experiência de pertencer e ser parte de uma comunidade. A Ceia é um convite à amizade, comunhão e intimidade com Cristo. Estas características não estavam acontecendo na Igreja de Corinto, pelo contrário, estavam acontecendo muitas divisões. Com base nos ensinamentos de Paulo para a Igreja de Corinto, aprendemos as três características centrais da Ceia do Senhor. A Ceia do Senhor é um memorial, é profética e evangelística.

2.3.1 Três Características Centrais da Ceia do Senhor:

2.3.2 Memorial: "Anunciais a morte do Senhor..." (1 Co. 11.26). O que significa a morte de Cristo?

a - Remissão de Pecados (Mt 26.28);
b - Vitória sobre a morte e o pecado (1 Co. 15.55-57);
c - Envio do Espírito Santo (Não deixarei vocês órfãos) (Jo 14.18);
d - Preparação da nossa morada com Deus (Vou preparar-vos lugar)

(Jo 14.2).

2.3.3 Profética

A função do profeta era denunciar o pecado. A mensagem da Ceia nos revela o nosso pecado e que não podemos participar da mesa "indignamente." Não podemos nos aproximar da mesa da comunhão sem que antes nos arrependamos dos pecados. Se tomarmos a ceia em pecado, seremos culpados *"do corpo e sangue de Cristo"*. Tomaremos para nós, juízo e condenação.

Frente a essa realidade, alguém poderia dizer: é melhor não tomar a ceia para não chamar para si juízo! A resposta é: não! Porque se você deixar de tomar a ceia, estará negando o corpo e sangue de Cristo: Que é a Aliança, a salvação. Então, o que devo fazer? A partir disso, temos a terceira característica da Santa Ceia.

2.3.4 Evangelístico

A expressão "evangelístico" é a soma de Evangelho mais Boa Notícia, *"Graça"*. A Palavra diz: *"Examina-se o homem a si mesmo" (1 Co. 11.28)*. Examinar é verificar, avaliar se está tudo bem ou não.

Quando vamos ao médico, primeiro fazemos exames para diagnosticar o problema e, em seguida, solucioná-lo, com medicamentos ou algum outro tratamento pertinente. Depois do autoexame e da constatação do pecado, o cristão deve se arrepender. *"O que encobre as suas transgressões nunca prosperará, mas o que as confessa e deixa, alcançará misericórdia. Bem-aventurado o homem que continuamente teme; mas o que endurece o seu coração cairá no mal" (Pv. 28.13,14)*. Não dá para brincar de ser crente ou brincar com Deus, pois, de Deus não se zomba: *"Não erreis: Deus não se deixa escarnecer; porque tudo o que o homem semear, isso também ceifará" (Gl. 6.7)*.

A Ceia é um convite para o homem pecador morrer, cada vez mais para o pecado e, viver, cada vez mais, para Cristo: *"Estou crucificado com Cristo, e já não vivo, mas Cristo vive em mim. A vida que agora vivo na carne, vivo-a na fé do Filho de Deus, que me amou e a si mesmo se entregou por mim" (Gálatas 2.20)*.

Questão para Reflexão:

Percebemos que há uma diversidade incrível de dons. Qual a importância dos dons para o uso coletivo, na Igreja, por exemplo, bem como no âmbito pessoal?

CAPÍTULO 3

II Coríntios – A Igreja de Deus que precisava de Ajustes

O apóstolo Paulo escreve essa segunda carta à igreja de corinto pois, mesmo após essa igreja receber a primeira carta, as coisas não estavam andando bem, ou seja, não estavam como deveriam estar. Era necessário agir rápida e firmemente. II aos Coríntios foi estruturada por Paulo em um tripé: primeiro, defesa do seu apostolado; essa defesa pode ser verificada do início ao fim da carta. Segundo ele lembra os crentes da igreja em Corinto sobre a conclusão da oferta prometida por eles e, terceiro, combate às heresias e os falsos mestres, fazendo, novamente a defesa do seu ministério apostólico.

Há uma ênfase maior no combate das heresias e um enfrentamento, com relação aos falsos apóstolos, ou seja, estes pontos constituem a estrutura da segunda carta à igreja que estava em Corinto. É importante ressaltar que, em II aos Coríntios o apóstolo dos gentios aborda diversos outros assuntos que vão, desde questões práticas do dia a dia dos crentes em Corinto, até às questões escatológicas.

A proposta dessa abordagem não é levar à exaustão a carta, mas, de maneira didática, oferecer harmonia à matéria como um todo. Passando pela defesa do apostolado de Paulo, abordaremos, também, a temática da oferta e trabalharemos o combate aos falsos mestres e suas heresias.

3.1 Igreja, Destinatário, Autoria, Local, Data e Estrutura da Carta

Sobre a igreja em Corinto, abordamos o assunto, amplamente, no capítulo um, da unidade três. Os destinatários são os membros da igreja de Corinto. A carta de Paulo é dirigida tanto àqueles que desejavam mais de suas palavras (2 Coríntios 1-9), como aos que estavam relutantes em aceitar seus ensinamentos (2 Coríntios 10-13).

A autoria da epístola está à cargo de Paulo, como pode ser verificado no primeiro versículo, do primeiro capítulo da segunda carta: *"Paulo, apóstolo de Jesus Cristo, pela vontade de Deus, e o irmão Timóteo, à igreja de Deus, que está em Corinto, com todos os santos que estão em toda a Acaia"* (2 Co. 1.1). Tudo indica que, após o apóstolo partir de Éfeso e, ao passar rapidamente por Trôade, rumou para a Macedônia, onde encontrou-se com Tito e, dali, escreveu a sua segunda carta à igreja em Corinto. "Poucas dúvidas hão de que esta carta tenha sido escrita na terceira viagem missionária de Paulo (57 d.C.) – alguns meses ou possivelmente um ano ou mais depois de I Coríntios. Foi escrita na Macedônia, provavelmente em Filipos (MOODY, 2001, p. 2).

Vejamos a estrutura da carta de 2 Coríntios apresentada por Carver (2014, p. 402):

I. UMA INTRODUÇÃO APOSTÓLICA, 1.1-11

A. Paulo Saúda a Igreja, 1.1,2
B. Paulo Louva a Deus por Suas Consolações, 1.3-11

II. O MINISTÉRIO APOSTÓLICO, 1.12-7.16

A. Paulo Revela Suas Intenções, 1.12-2.17
B. Paulo Caracteriza Seu Ministério, 3.1-6.10
C. Paulo Confia na Igreja, 6.11-7.16

III. A GRAÇA DA DOAÇÃO CRISTÃ, 8.1-9.15

A. Paulo Coleta Uma Oferta, 8.1-15
B. Paulo Escolhe os Mensageiros, 8.16-9.15

IV. A VINDICAÇÃO DA AUTORIDADE DE PAULO, 10.1-13.14

A. Paulo Responde a Seus Oponentes, 10.1-18
B. Paulo se Gloria de Sua Loucura, 11.1-12.13
C. Paulo Planeja Uma Terceira Visita, 12.14-13.10
D. Paulo Conclui a Carta, 13.11-14

3.2 Paulo defende o seu Apostolado

Em II aos Coríntios, Paulo faz, de maneira veemente, a defesa de seu apostolado contra os ataques e calúnias dos falsos mestres, que colocavam em xeque a autenticidade e autoridade de seu apostolado. Sem dúvidas, esse tema é um dos principais abordados em 2 Coríntios.

Logo no início, o apóstolo se defende contra a afirmação falsa de que suas provações eram punição de Deus por seus pecados e infidelidade. Ele evidencia que Deus era quem o confortava em meio aos seus sofrimentos e não o castigava. Certamente, II aos Coríntios é uma carta que serve de consolação e bálsamo para quem labuta no ministério. Seguiremos abordando o significado do termo "apóstolo", trabalhando, também o ofício apostólico e suas credenciais.

Logo no início dessa carta, Paulo deixa claro o seu posicionamento, no primeiro versículo, do primeiro capítulo, ele se apresenta como apóstolo. *"Paulo, apóstolo de Jesus Cristo, pela vontade de Deus, e o irmão Timóteo, à igreja de Deus, que está em Corinto, com todos os santos que estão em toda a Acaia" (2 Co. 1.1).*

A palavra *apóstolo,* aqui, é uma referência à posição de Paulo como arauto enviado por Cristo. Ele afirma que fora enviado *pela vontade de Deus,* deixando claro que suas credenciais eram de designação divina, e que, ao escrever para a igreja em Corinto, não o fazia com suas próprias palavras, mas, com as de Cristo. Ao se apresentar como apóstolo e, Timóteo, como irmão, Paulo faz, claramente, uma distinção em relação às posições, reforçando o seu apostolado.

A função primária dos apóstolos era servir de testemunhas de Cristo; um testemunho baseado em anos de proximidade íntima, com experiências preciosas e treinamento intenso. Não podemos deixar de dizer que a igreja está fundada sobre o alicerce dos apóstolos e profetas: *"Edificados sobre o fundamento dos apóstolos e dos profetas, de que Jesus Cristo é a principal pedra da esquina" (Ef. 2.20).*

Outra função clara dos apóstolos, que também foi cumprida por Paulo foi a de visitar as congregações (At 8.14s.). Falando sobre as qualificações do apóstolo, a chamada divina é a essencial e, esse critério também é preenchido por Paulo; a evidência está no encontro que teve com Cristo na estrada de Damasco (At. 9.1s.).

A partir de Atos 13, Paulo passou a ser chamado de apóstolo, ao ser enviado pela Igreja de Antioquia. Ele se classifica como um apóstolo fora do tempo, mas que, de igual modo, recebeu essa vocação: *"E que foi visto por Cefas e depois pelos doze. Depois, foi visto, uma vez, por mais de quinhentos irmãos, dos quais vive ainda a maior parte, mas alguns já dormem também. Depois, foi visto por Tiago, depois, por todos os apóstolos e, por derradeiro de todos, me apareceu também a mim, como a um abortivo" (1Co. 15.5-8).*

Nessa carta temos, um precioso texto em que Paulo apresenta os sinais de um apóstolo: *"Os sinais do meu apostolado foram manifestados entre vós, com toda a paciência, por sinais, prodígios e maravilhas" (2 Co. 12.12).* Ao fazer a apresentação dos sinais do seu apostolado, Paulo, por certo, fez uma clara distinção entre si e os falsos apóstolos que infiltraram na igreja em Corinto. Era necessário fazer essa distinção, em primeiro lugar, para desmascarar os falsos apóstolos, e, em segundo lugar, para não deixar a igreja de Deus em confusão e engano.

3.3 Oferta

Paulo discute os padrões de ofertas, que vai, desde a generosidade dos macedônios, até o exemplo máximo de sacrifício, Jesus Cristo. O apóstolo nos ensina como e qual é o procedimento correto em relação à oferta e qual deve ser o nosso compromisso com o ato de ofertar, dando a entender, como veremos mais à frente, que o ato de ofertar é também um dos caminhos para prosperidade.

Claramente percebemos, ao ler os capítulos 8 e 9, que o desejo do apóstolo era motivar o cristão de Corinto a concluir a oferta ou a coleta para os crentes necessitados da igreja de Jerusalém. Portanto, constituem-se no trecho mais detalhado do Novo Testamento a respeito de oferta. O apóstolo fala sobre a oferta e deixa explicitado a lei da semeadura, usando, também, a expressão "generosidade", referindo-se aos crentes da Macedônia: *"Como em muita prova de tribulação houve abundância do seu gozo, e como a sua profunda pobreza abundou em riquezas da sua generosidade" (2 Co. 8.2).*

Esse vocábulo grego deriva de *haplous*, que significa simples, ou singular. Portanto, *haplotes* expressa a ideia de simplicidade e generosidade. Combinando essas duas ideias, a palavra haplotes transmite o sentido de uma oferta dada com satisfação. Paulo é o único autor do Novo Testamento a fazer uso dessa

> palavra. Normalmente ele a emprega para descrever a maneira como determinados cristãos contribuíam com satisfação em prol de irmãos que atravessavam períodos difíceis. (RADMACHER, 2010, p. 467)

Os crentes da Macedônia entenderam o ato de ofertar como um privilégio de compartilhar suas provisões com outros cristãos e são um excelente exemplo de generosidade pois não contribuíram com aquilo que lhes sobejava, muito menos porque estavam vivendo momentos de calmaria, antes, ofertavam durante a tribulação, apesar de grande pobreza, com júbilo, além do que podiam e voluntariamente.

> Como em muita prova de tribulação houve abundância do seu gozo, e como a sua profunda pobreza abundou em riquezas da sua generosidade. Porque, segundo o seu poder (o que eu mesmo testifico) e ainda acima do seu poder, deram voluntariamente. Pedindo-nos com muitos rogos que aceitássemos a graça e a comunicação deste serviço, que se fazia para com os santos. E não somente fizeram como nós esperávamos, mas a si mesmos se deram primeiramente ao Senhor, e depois a nós, pela vontade de Deus (2 Co. 8.2-5).

Tudo nos leva a crer que Paulo aborda esse assunto nesta epístola, de maneira tão veemente, pelo fato dos falsos apóstolos em Corinto levantarem calúnias, questionando a motivação do apóstolo Paulo para a arrecadação das ofertas. Com essas calúnias, os crentes em Corinto, apesar de toda a predisposição em ajudar, ainda não haviam feito uma oferta para socorrer a igreja em Jerusalém. Paulo trabalha cinco princípios da oferta, veja o quadro a seguir:

QUADRO 6 - CINCO PRINCÍPIOS DA OFERTA

1º	O que semeia pouco, pouco também ceifará.
2º	Cada um contribua segundo propôs no seu coração.
3º	Não por tristeza ou por necessidade.
4º	Deus ama quem dá com alegria.

5º	Deus é poderoso para fazer abundar em vos toda Graça.

Fonte: Elaborado pelo Autor, 2021.

Desde o período das origens descrito em Gênesis, o assunto sobre oferta é apresentado no texto sagrado de forma clara, para mostrar que a temática sobre oferta está presente desde o início da Bíblia Sagrada e, também, porque no texto poderemos detectar a motivação, razão e propósito da oferta.

> Aconteceu que no fim de uns tempos trouxe Caim do fruto da terra uma oferta ao Senhor. Abel, por sua vez, trouxe das primícias do seu rebanho e da gordura deste. Agradou-se o Senhor de Abel e de sua oferta; ao passo que de Caim e de sua oferta não se agradou. Irou-se, pois, sobremaneira, Caim, e descaiu-lhe o semblante (Gn. 4.3-5).

O texto fala, claramente, sobre oferta, porém, o foco está nas pessoas. Deus olhou, primeiro, para Caim, depois, para a sua oferta; Deus olhou, primeiro, para Abel, depois, se agradou de sua oferta; o texto em apreço, ensina que a nossa oferta reflete quem somos, o que, de fato, tem importância e valor para Deus. Você e a sua motivação, depois, a sua oferta!

É por isso que a Bíblia diz: *"Assim sendo, se trouxeres a tua oferta ao altar e te lembrares de que teu irmão tem alguma coisa contra ti, deixa ali mesmo diante do altar a tua oferta, e primeiro vai reconciliar-te com teu irmão, e depois volta e apresenta a tua oferta" (Mt. 5.23).* Perceba que não é a pessoa que, necessariamente errou, ora, se eu não sou o errado na história porque tenho que tomar a iniciativa? Porque, para Deus, o que importa em primeiro lugar é a pessoa! Todas as melhorias que o os líderes fazem nas igrejas devem ser para beneficiar pessoas, pois, esse é o objetivo.

A oferta não é uma barganha que fazermos com Deus. Antes, Lucas 6.38, diz: *"Dai, e ser-vos-á dado; boa medida, recalcada, sacudida e transbordando, vos deitarão no vosso regaço; porque com a mesma medida com que medirdes também vos medirão de novo",* ou seja, deem aos outros, e Deus dará a vocês. A oferta abordada nesse tópico é a oferta conhecida como voluntária.

QUADRO 7 - TIPOS DIFERENTES DE OFERTAS

Tipos de Ofertas	Significado	Referência
Kaphar	Oferta de Expiação	Êxodo 30, 11-16
Olah	Holocausto	Levítico 1– 9 / Êxodo 29, 38-42
Nesekh	Oferta de Bebida	Êxodo 29, 40-41 / Gênesis 28, 18
Bikkurin	Oferta dos Primeiros Frutos ou Primícias	Deuteronômio 16, 1-11/ Números 28, 26
Minçhah	Oferta de Carne ou Cereal	Levítico 2, 1-16
Sh'lamim	Oferta de Paz ou Comunhão	Levítico 3, 1-17 / Isaías 53, 5
Tenuphah	Ofertas alçada e movida	Levítico 7, 30-34 / Êxodo 29, 27-28
Hattah	Oferta pelo Pecado	Levítico 4, 1-35 / 2 Crônicas 5, 21
Asham	Oferta pela culpa ou transgressão	Levítico 5, 5-19 / Isaías 53, 10
Ned-Habhah	Oferta Voluntária	Êxodo 35, 5 / 2 Crônicas 31, 14
Ha-todhah	Oferta de Gratidão	Levítico 7, 12-13 / 2 Crônicas 29, 31
Nedher	Oferta Votiva	Levítico 22, 21-25

Fonte: Elaborado pelo Autor, 2021.

3.3.1 Um Resumo Do Sermão De Paulo Sobre Oferta.

Dentro da ideia paulina sobre oferta temos repostas para as seguintes perguntas: quem deve contribuir? qual deve ser nossa motivação ao contribuir? que quantia devemos dar o que é oferta de sacrifício, como essas ofertas devem ser aplicadas, por que a oferta é tão importante e quais são os resultados de nossas ofertas?

Quem deve contribuir? Todos os cristãos podem e devem contribuir para a causa de Cristo. A igreja da

Macedônia era notoriamente pobre, no entanto, pedia para ter o privilégio de ofertar (2 Co. 8 4), apesar de sua profunda pobreza (2 Co. 8 2).

Qual deve ser nossa motivação ao contribuir? Devemos ofertar voluntariamente (2 Co. 8.12, 9.2) e com alegria, não com tristeza ou por necessidade (2 Co. 9.7), é um privilégio participar da obra de Deus. Além disso, é a atitude adequada para com o dom inefável de Deus, Seu próprio Filho (2 Co. 9.15). *Que quantia devemos dar?* Em nenhum trecho no Novo Testamento existe uma alusão à porcentagem ou quantidade específica. Neste trecho, Paulo simplesmente exorta os membros da igreja de Corinto a dar segundo propuseram no seu coração (2 Co. 9.7) O ideal é que nossas ofertas sejam generosas (2 Co. 9.5) e dadas com liberalidade (2 Co. 9.11). *0 tom geral desta passagem sugere uma oferta de sacrifício.* Novamente, os macedônios, como a viúva pobre elogiada por Cristo em Lucas 21.1-4, não doaram o que lhes sobejavam, deram mais do que poderiam dispor (2 Co. 8.3). *Como essas ofertas devem ser aplicadas?* Paulo explicou cuidadosamente que a contribuição dos coríntios seria administrada com integridade por Tito (2 Co. 8.16-20,23) e por outros irmãos cujos nomes não são mencionados (2 Co. 8.22). Esses homens de caráter inquestionável, confiáveis e irrepreensíveis podiam cuidar de dinheiro. Devemos confiar as finanças da igreja a homens desse calibre moral. *Por que a oferta e tão importante?* Nas palavras de Paulo, ela testa a sinceridade de nosso amor por Deus e pelos nossos semelhantes (2 Co. 8.7,8). Parafraseando as palavras de Cristo (Mt 6.19-21), a maneira como lidamos com as riquezas materiais é um “termômetro” de nossa saúde espiritual. *Quais são os resultados de nossas ofertas?* Não devemos contribuir visando receber algo em troca, mas Paulo deixa claro que oferta produz suprimento de necessidades e prosperidade. O ofertante experimenta o amor de Deus de uma maneira especial a (2Co. 9.7). Desfruta de bênçãos espirituais por participar de uma rica colheita de justiça (2 Co 9.10) (RADMACHER, 2010 p. 468).

3.4 Combate As Heresias E Os Falsos Mestres

Muitos teólogos afirmam que existiam diversos grupos e religiosos que faziam oposição a Paulo. A abordagem de Paulo para combater os falsos mestres, os falsos apóstolos, heresias e acusações contra ele e seu ministério deu-se através da transparência e, a sua vida e o seu ministério tornaram-se como um livro aberto.

O apóstolo não está apenas fazendo uma defesa do seu apostolado, mas, principalmente, alertando os crentes em Corinto a respeito dos perigos que os falsos ensinos poderiam trazer para igreja. Ele apresenta um contraste entre seu próprio ministério e o dos seus rivais; não sabemos o grupo filosófico ou teológico que esses falsos mestres pertenciam, no entanto, percebemos que se orgulhavam da sua herança judaica: *"São hebreus? também eu. São israelitas? também eu. São descendência de Abraão? também eu" (2 Co. 11.22),* e, também, davam muito valor ao conhecimento e às experiências espirituais, no entanto, limitavam tais experiências apenas a alguns mestres que dominavam, em especial, a arte da retórica grega: *"E, se sou rude na palavra, não o sou contudo na ciência; mas já em todas as coisas nos temos feito conhecer totalmente entre vós" (2 Co. 11.6).*

Paulo declara que aqueles falsos mestres pregavam outro evangelho, ou seja, pregavam qualquer outra coisa, menos o evangelho de Jesus: *"Porque, se alguém for pregar-vos outro Jesus que nós não temos pregado, ou se recebeis outro espírito que não recebestes, ou outro evangelho que não abraçastes, com razão o sofreríeis" (2 Co. 11.4).* Ao contrário do apóstolo Paulo, os falsos mestres exigiam pagamentos por seus serviços e tinham ministério acomodados e sossegados.

> Pequei, porventura, humilhando-me a mim mesmo, para que vós fôsseis exaltados, porque de graça vos anunciei o evangelho de Deus? Outras igrejas despojei eu para vos servir, recebendo delas salário; e quando estava presente convosco, e tinha necessidade, a ninguém fui pesado. Porque os irmãos que vieram da macedônia supriram a minha necessidade; e em tudo me guardei de vos ser pesado, e ainda me guardarei (2 Co. 11.7-9).

Paulo deixa evidente que os reputava como obreiros fraudulentos: *"Porque tais falsos apóstolos são obreiros fraudulentos, transfigurando-se em apóstolos de Cristo" (2 Co. 11.13).* Ele deixa claro que a religião é um grande negócio para os falsos mestres, portanto, advertiu a igreja em Corinto para que tomasse cuidado com os falsos mestres, pois, eram lobos em pele de ovelha.

Não somente o combate que Paulo fez contra os falsos mestres foi brilhante, mas a defesa do seu apostolado também. Para se defender, precisava apresentar as suas credenciais e, isso, poderia parecer uma vanglória, ou seja, alguns poderiam interpretar como se estivesse orgulhando-se dos seus feitos e das suas realizações.

No entanto, como fora dito, Paulo faz a defesa do seu ministério de maneira brilhante pois, ao vangloriar-se, gloria-se em suas fraquezas, gloria-se nas tribulações e em seus sofrimentos! *"E disse-me: A minha graça te basta, porque o meu poder se aperfeiçoa na fraqueza. De boa vontade, pois, me gloriarei nas minhas fraquezas, para que em mim habite o poder de Cristo" (2 Co. 12.9).*

Não podemos negar duas coisas: primeiro, que o ministério do apóstolo Paulo se desenvolveu em meio ao sofrimento e, segundo, que a despeito de todas as dificuldades e tribulações enfrentadas pelo servo do Senhor, Deus trabalhou através de seu ministério.

Questão Para Reflexão:

Com base nos ensinos de Paulo à igreja em Corinto, o que devemos fazer quando detectarmos falsos mestres em nosso meio?

CAPÍTULO 4

I Tessalonicenses: Uma Igreja Vibrante

A primeira carta de Paulo aos cristãos em Tessalônica revela-nos o seu forte empenho para manter a excelência do trabalho cristão, desenvolvido por essa comunidade. É maravilhoso ver os elogios que Paulo ofertou para essa igreja recém-nascida e vibrante. Ele, não apenas elogiou essa igreja como, também, a exortou para que buscasse viver de maneira contínua em santidade. Visando a excelência no ministério e do trabalho evangelístico, o apóstolo esclarece dúvidas acerca do arrebatamento. Neste capítulo, passaremos por esses temas, nessa epístola que parece ser a primeira, escrita pelo apóstolo.

4.1 Tessalonicenses, Local, Data, Destinatário, Igreja e Estrutura da Carta

Para entendermos sobre a ocasião em que esta epístola de 1 Tessalonicenses foi escrita, precisamos ir até um momento durante a segunda viagem missionária do apóstolo Paulo, quando ele passou por Anfípolis e Apolônia, até chegar a Tessalônica. Isso aconteceu, logo após ele ter sido expulso de Filipos.

Por três sábados, pregou nas sinagogas judaicas as Escrituras. É importante ressaltar que o trabalho de evangelização e missionário que Paulo estava desenvolvendo não se limitou às sinagogas, tampouco, aos sábados. Ele também pregava o evangelho da graça para os gentios, obtendo grande sucesso.

Porque por vós soou a palavra do Senhor, não somente na macedônia e Acaia, mas também em todos os lugares a vossa fé para com Deus se espalhou, de tal maneira que já dela não temos necessidade de falar coisa alguma; Porque eles mesmos anunciam de nós qual a entrada que tivemos para convosco, e como dos ídolos vos convertestes a Deus, para servir o Deus vivo e verdadeiro, (1 Ts 1.8,9)

Porque vós, irmãos, haveis sido feitos imitadores das igrejas de Deus que na Judéia estão em Jesus Cristo; porquanto também padecestes de vossos próprios concidadãos o mesmo que os judeus lhes fizeram a eles, Os quais também mataram o Senhor Jesus e os seus próprios profetas, e nos têm perseguido; e não agradam a Deus, e são contrários a todos os homens, E nos impedem de pregar aos gentios as palavras da salvação, a fim de encherem sempre a medida de seus pecados; mas a ira de Deus caiu sobre eles até ao fim (1 Ts. 2.14-16).

Logo após, Paulo foi enviado, na calada da noite, para Beréia, por ocasião do grande tumulto investigado pelos judeus contra ele e sua mensagem: *"E logo os irmãos enviaram de noite Paulo e Silas a Beréia; e eles, chegando lá, foram à sinagoga dos judeus" (At 17.10).* Portanto, percebemos que a permanência de Paulo em Tessalônica foi bem curta e, talvez, esse seja o motivo do grande desejo de Paulo em voltar lá.

Novamente, o apóstolo tentou voltar a Tessalônica; uma vez foi impedido e, em outras situações, encontrou muita dificuldade, talvez, por isso, enviou Timóteo e Silas para averiguarem a real situação da igreja em Tessalônica e notificarem Paulo. Quando isso aconteceu, estava em Corinto, portanto, o local da escrita, muito provavelmente, tenha sido esta cidade, durante sua estadia: *"E logo os irmãos enviaram de noite Paulo e Silas a Beréia; e eles, chegando lá, foram à sinagoga dos judeus" (At. 17.10).*

A data da escrita desta epístola é fixada em, aproximadamente, 53 d.C. A Cidade de Tessalônica, originalmente, chamava-se Terme, por estar cercada de várias fontes termais. Tornou-se a capital da província romana, em 168 a.C. Foi por volta de 315 a.C. que o seu nome foi alterado para Tessalônica, um tributo à meia irmã de Alexandre, o Grande.

Nos dias do apóstolo Paulo, era uma cidade populosa, com aproximadamente 200 mil habitantes, sendo, a maioria, de origem grega; habitava, também, essa região, alguns romanos e, uma minoria de judeus. Hoje, com aproximadamente 300 mil habitantes, é uma das raras cidades do período apostólico.

> A cidade de Tessalônica ainda existe... Cidade comercial e industrial da Grécia, sua população é a segunda maior do país depois de Atenas. Durante a Primeira Guerra Mundial foi uma importante base aliada. Na Segunda Guerra, foi dominada pelo exército alemão, e os cerca de 60 mil habitantes judeus foram deportados e exterminados (WIERSBE, 2006, p. 202).

Apesar do ministério de Paulo em Tessalônica não ter sido longo, deixou uma igreja viva e pulsante, em pleno crescimento. Ao estudarmos as duas cartas à igreja de Tessalônica, encontramos as principais doutrinas do Cristianismo. Quando Paulo partiu para Atenas, deixou Timóteo e Silas nessa nova igreja e pediu para que se encontrassem com ele depois. Quando se encontraram novamente, Paulo enviou Timóteo de volta a Tessalônica, para encorajar a fé e perseverança dos cristãos e enfatizar o grande amor que tinha por eles, como vimos acima. Paulo, algumas vezes, tentou retornar à cidade de Tessalônica e rever os irmãos em Cristo.

Essa igreja, fundada por Paulo em Tessalônica, nos mostra quão poderoso é o evangelho, pois, não precisou de muito tempo para formar uma igreja com pessoas sedentas e famintas pela Palavra de Deus. Na verdade, essa Igreja foi fundada em menos de um mês; isso nos mostra a eficácia da mensagem de salvação.

> A Primeira Epístola aos Tessalonicenses é a carta de um pai espiritual a seus filhos na fé. Paulo descreve a igreja como uma família (o termo "irmão[s]" é usado 18 vezes na primeira carta e 9 na segunda) e lembra os tessalonicenses do que Deus fez por eles por meio de seu ministério (WIERSBE, 2006, p.204).

Figura 10 - O arco triunfal de Galerius construído sobre a Via Egnácia em Tessalônica[11]

Podemos perceber, até o momento, que há uma relação íntima e direta entre I Tessalonicenses e o livro de Atos dos Apóstolos.

Vejamos a estrutura da carta I Tessalonicenses apresentado por Airhart: (2014, p. 358)

I. CORRESPONDENCIA PESSOAL, 1.1-3.13

A. Endereço e Saudação, 1.1
B. Ação de Graças pelas Vitórias do Evangelho, 1.2-10
1. Evidências dos Valores Cristãos, 1.2,3
2. Sinais de Conversão Genuína, 1.4-10

C. Lembrança que fortalece, 2.1-16
1. O Caráter do Ministério de Paulo, 2.1-12
2. A Defesa da Mensagem de Paulo, 2.13-16

D. Preocupação pela Firmeza, 2.17-3.13
1. A Preocupação Ocasiona a Missão de Timóteo,

11 Extraído de: https://www.itinari.com/pt/the-story-behind-thessaloniki-s-landmarks-the-arch-of-galerius-and-rotunda-daff. Acesso em: 25 ago. 2021.

2.17-3.8
2. Oração pelo Estabelecimento em Santidade, 3.9-13

II. ENSINOS ÉTICOS E DOUTRINÁRIOS, 4.1-5.28

A. Orientações sobre o Andar Cristão Diário, 4.1-12
1. Vida de Obediência e Pureza, 4.1-8
2. Amor Fraternal e Trabalho, 4.9-12

B. A Vinda do Senhor, 4.13-5.11

1. Os que Morreram em Cristo, 4.13-18
2. A Igreja Viva, 5.1-11

C. Exortações à Vida de Santidade, 5.12-24
1. Disciplina Congregacional, 5.12-15
2. Vitória Constante, 5.16-18
3. Discernimento Espiritual, 5.19-22
4. Graça Santificadora, 5.23,24

D. Conclusão e Bênção, 5.25-28

4.2 Elogios e Exortações

Paulo considerava os cristãos em Tessalônica dignos de elogios; ele classifica as virtudes dos crentes dessa cidade em duas categorias. A primeira categoria é o momento atual, ou seja, o tempo presente. E, a segunda, em relação ao passado. Em relação ao presente, ele elogia a fé, o amor que é acompanhado por ações, a firmeza e esperança que eles possuem. Sobre o passado, os elogia pela maneira como receberam a Palavra de Deus, a conduta de vida diante das tribulações, a maneira como eles pregavam as Escrituras Sagradas, o repúdio total à idolatria e, por fim, pelo sentimento ardente da expectativa do arrebatamento.

Ainda sob o prisma dos elogios, Paulo deixa claro que ele e seus companheiros de missão oravam pela igreja em Tessalônica; essa colocação é importantíssima, pois, fica evidente que tinha amor, acompanhado de profundo senso de responsabilidade e compromisso para com aquela igreja. Três dessas orações estão registradas na carta:

> Sempre damos graças a Deus por vós todos, fazendo menção de vós em nossas orações, Lembrando-nos sem cessar da obra da vossa fé, do trabalho do amor, e da paciência da esperança em nosso Senhor Jesus Cristo, diante de nosso Deus e Pai, (1 Ts. 1.2,3); Orando abundantemente dia e noite, para que possamos ver o vosso rosto, e supramos o que falta à vossa fé? Ora, o mesmo nosso Deus e Pai, e nosso Senhor Jesus Cristo, encaminhem a nossa viagem para vós. E o Senhor vos aumente, e faça crescer em amor uns para com os outros, e para com todos, como também o fazemos para convosco; Para confirmar os vossos corações, para que sejais irrepreensíveis em santidade diante de nosso Deus e Pai, na vinda de nosso Senhor Jesus Cristo com todos os seus santos. (1 Ts 3.10-13) E o mesmo Deus de paz vos santifique em tudo; e todo o vosso espírito, e alma, e corpo, sejam plenamente conservados irrepreensíveis para a vinda de nosso Senhor Jesus Cristo. Fiel é o que vos chama, o qual também o fará (1Ts 5.23,24).

Paulo chama os cristãos de Tessalônica de modelo: *"De sorte que vos tornastes modelo para todos os crentes na Macedônia e na Acaia" (1 Ts. 1.7).* A palavra "modelo" aqui usada por Paulo, refere-se a um selo marcado por cera ou um sinete que cunhava moedas. Ele está elogiando os crentes em Tessalônica por deixaram suas marcas nas vidas de outras pessoas, sendo, portanto, fiéis exemplares ou, em outras palavras, imitadores de Paulo: *"Sede meus imitadores, como também eu o sou de Cristo" (1 Co. 11.1).*

Sem dúvidas, esse povo estava extremamente entusiasmado. Paulo usa o verbo *"repercutir"*, ao elogiar a pregação dos Tessalonicenses: *"Porque de vós repercutiu a palavra do Senhor não só na Macedônia e Acaia, mas também por toda parte se divulgou a vossa fé para com Deus, a tal ponto de não termos necessidade de acrescentar coisa alguma" (1 Ts. 1.8).* Esse verbo significa "soar como trombeta"; ao contrário dos fariseus que tocavam trombetas para se vangloriarem, os Tessalonicenses estavam pregando as boas-novas da salvação; por onde Paulo ia, ouvia falar da fé dos crentes de Tessalônica. Como é maravilhoso chegar em algum lugar e ouvir testemunhos sobre a sua igreja. O bom testemunho é, sem dúvida, uma das ferramentas mais poderosas para atrair pessoas para Cristo.

4.3 Santificação Progressiva

Paulo orienta os crentes de Tessalônica a avançarem um pouco mais no caminho da santidade, e os ensina que a vontade de Deus é que eles possam ser progressivamente santificados, tendo uma inabalável esperança no futuro. Paulo os exorta, dizendo que deveriam se abster de toda sorte de imoralidade sexual e da luxúria.

> Pois esta é a vontade de Deus: a vossa santificação, que vos abstenhais da prostituição; que cada um de vós saiba possuir o próprio corpo em santificação e honra, não com o desejo de lascívia, como os gentios que não conhecem a Deus; e que, nesta matéria, ninguém ofenda nem defraude a seu irmão; porque o Senhor, contra todas estas coisas, como antes vos avisamos e testificamos claramente, é o vingador, porquanto Deus não nos chamou para a impureza, e sim para a santificação. portanto, quem rejeita estas coisas não rejeita o homem, e sim a Deus, que também vos dá o seu Espírito Santo (1 Ts 4.3-8).

Certamente, pelo fato dos cristãos em Tessalônica estarem vivendo em santidade e com vida espiritual pujante, poderiam achar que não precisavam avançar no sentido de agradar a Deus; é sempre um perigo o crente pensar que não precisa mais progredir na santificação; mesmo uma igreja tão abençoada, santificada e missionária como a de Tessalônica, poderia ter sido tentada a se acomodar. Não há dúvidas que Paulo tinha como objetivo levar essa igreja à excelência espiritual.

Não é tarefa nada fácil para um cristão, viver em meio a uma sociedade que, de maneira contínua, diminui os padrões morais. Que a voz do apóstolo Paulo, através desta carta, ecoe de maneira impetuosa em nossos corações, dizendo: não diminuam os seus padrões morais, antes, avancem no caminho da excelência espiritual, desfrutando de uma santificação contínua, progressiva e ascendente!

É trabalho do Espírito Santo a santificação progressiva, nos tornando imagem e semelhança de Cristo e, isso, naturalmente, não acontece por mágica, mas sim, pela obediência à Palavra de Deus; o crente que obedece e coloca em prática a Palavra de Deus é capaz de viver a santificação progressiva. O caminho da santidade nos tornará, cada vez mais, parecidos com o Senhor Jesus.

> Finalmente, irmãos, vos rogamos e exortamos no Senhor Jesus que, assim como recebestes de nós, de que maneira convém andar e agradar a Deus, assim andai, para que continueis a progredir cada vez mais; (1 Tess 4.1) porque também já assim o fazeis para com todos os irmãos que estão por toda a Macedônia. Exortamo-vos, porém, a que ainda nisto continueis a progredir cada vez mais (1 Ts 4.10).

4.4 A Volta De Cristo

Paulo traz um bálsamo para o coração dos crentes de Tessalônica, dizendo que eles deveriam se lembrar de que no arrebatamento, aqueles que morreram, seriam transformados; essa expressão "transformados", tem a ideia de "glorificados", para se encontrarem com Cristo e estarem com ele para sempre.

> Não quero, porém, irmãos, que sejais ignorantes acerca dos que já dormem, para que não vos entristeçais, como os demais, que não têm esperança. Porque, se cremos que Jesus morreu e ressuscitou, assim também aos que em Jesus dormem Deus os tornará a trazer com ele. Dizemos-vos, pois, isto pela palavra do Senhor: que nós, os que ficarmos vivos para a vinda do Senhor, não precederemos os que dormem.
>
> Porque o mesmo Senhor descerá do céu com alarido, e com voz de arcanjo, e com a trombeta de Deus; e os que morreram em Cristo ressuscitarão primeiro; depois, nós, os que ficarmos vivos, seremos arrebatados juntamente com eles nas nuvens, a encontrar o Senhor nos ares, e assim estaremos sempre com o Senhor. Portanto, consolai-vos uns aos outros com estas palavras (1 Ts. 4.13-18).

Paulo trabalha a ideia que o arrebatamento os livraria da ira futura ou do dia do Senhor, no entanto, deixa claro que essa promessa é apenas para os que creem (1Ts 5.1-11). Enquanto aguardam o advento do arrebatamento, deveriam vigiar, edificar uns aos outros, respeitar os anciãos e dar bom testemunho perante o mundo.

> Pelo que exortai-vos uns aos outros e edificai-vos uns aos outros, como também o fazeis. E rogamo-vos, irmãos, que reconheçais os que trabalham entre vós, e que presidem sobre vós no Senhor, e vos admoestam; e que os tenhais em grande estima e amor, por causa da sua obra. Tende paz entre vós. Rogamo-vos também, irmãos, que admoesteis os desordeiros, consoleis os de pouco ânimo, sustenteis os fracos e sejais pacientes para com todos. Vede que ninguém dê a outrem mal por mal, mas segui, sempre, o bem, tanto uns para com os outros como para com todos. Regozijai-vos sempre. Orai sem cessar. Em tudo dai graças, porque esta é a vontade de Deus em Cristo Jesus para convosco. Não extingais o Espírito. Não desprezeis as profecias. Examinai tudo. Retende o bem. Abstende-vos de toda aparência do mal. E o mesmo Deus de paz vos santifique em tudo; e todo o vosso espírito, e alma, e corpo sejam plenamente conservados irrepreensíveis para a vinda de nosso Senhor Jesus Cristo. Fiel é o que vos chama, o qual também o fará. Irmãos, orai por nós (1 Ts 5.11-25).

Vejamos o que nos informa Elmer Gutierres Towns (2014, p. 188) sobre o arrebatamento:

> Arrebatar (harpazo). Harpazo (arrebatar, raptar) está sempre conectado à ideia de força. Neste sentido harpazo se refere a uma retirada brusca (At 23.10) e à captura quase forçada de Jesus pela multidão (Jo 6.15). O termo não está limitado ao mundo físico. O maligno arrebata a mensagem do reino semeia dano no coração dos homens (Mt 13.19), Judas exorta os crentes a arrebatarem alguns do fogo (Jd 1.23), e ninguém pode forçosamente levar uma ovelha que pertence ao Bom Pastor (Jo 10.11,28,29). Em outro lugar, o termo é usado sobre um fenômeno natural e não carrega o conceito de força. Paulo recebeu uma gloriosa revelação após ser arrebatado ao paraíso (2 Co 12.2,4). O Espírito Santo arrebata Filipe e o transporta para Azoto (At 8.39). Os cristãos irão, um dia, ser arrebatados para se encontrarem com o Senhor em

> Sua volta (1 Ts 4.17). Paulo encoraja todos os cristãos de Tessalônica para se consolarem com esta realidade (1 Ts 4.18), sabendo que nenhuma força é capaz de impedir a Deus de reunir os Seus filhos - quando Ele vier ajuntar os Seus filhos e levar para casa (1 Ts 4.16).

Existem algumas perguntas comuns, como por exemplo, quando? E, como será o arrebatamento? Vale a pena serem abordadas aqui.

4.4.1 Quando será o arrebatamento?

A maneira mais apropriada para responder esse questionamento é com o texto bíblico de Marcos 13.31-33: *"Mas daquele dia ou daquela hora ninguém sabe, nem os anjos no céu, nem o Filho, senão só o Pai. Estai de sobreaviso, vigiai; porque não sabeis quando será o tempo".* Portanto, com base no texto acima, o arrebatamento não tem o seu dia ou hora revelados nas Escrituras, tornando-se um mistério para o ser humano.

4.4.2 Como Será o Arrebatamento da Igreja?

Sobre a dinâmica de como será o arrebatamento temos a revelação de três sinais no texto de 1 Tessalonicenses 4.16: *"Porque o mesmo Senhor descerá do céu com* ***alarido****, e com* ***voz de arcanjo****, e com a* ***trombeta de Deus****; e os que morreram em Cristo ressuscitarão primeiro"* (Grifo do autor).

É fato que Jesus veio a primeira vez em Belém, como o Messias, como Salvador do mundo. Na segunda vinda, virá nos ares, como noivo, para buscar a sua noiva, a Igreja.

Questão Para Reflexão:

Como base nos ensinos de Paulo para essa igreja vibrante, como e com quais recursos podemos buscar o progresso para a vida espiritual?

CAPÍTULO 5

II Tessalonicenses – Uma Carta Escatológica

Ao escrever II Tessalonicenses, o apóstolo Paulo enfatiza alguns temas, anteriormente, abordados na primeira carta escrita para essa igreja. O fato de o apóstolo reforçar o que outrora havia falado, indica que os problemas podem ter se agravado, porém, conforme veremos, existem outros assuntos distintos. Paulo trabalha, nessa carta, a segunda vinda de Cristo, fala, também, do iníquo e, uma vez mais, combate os falsos mestres. Temos por certo que tanto as repetições dos assuntos abordados anteriormente, como os novos, são para manter a chama da santidade acesa e fortalecer a fé dos Tessalonicenses. Neste capítulo abordaremos alguns temas, como o dia do Senhor e o anticristo.

5.1 – Autoria, Data, Destinatário, Igreja, Propósito da Carta e Sua Estrutura

Paulo escreve essa segunda carta para a igreja de Tessalônica, pouco tempo depois de ter enviado a primeira. Acredita-se que o envio dessa segunda carta tenha ocorrido cerca de um ano depois da primeira, portanto, a data aproximada é de 53-54 d.C.

Havia, claramente, uma grande preocupação por parte do apóstolo sobre os falsos mestres infiltrados na igreja. Muitos falsos mestres estavam enviando cartas para essa igreja, dizendo que o arrebatamento tinha acontecido e que os irmãos em Tessalônica o tinham perdido. O detalhe é que essas cartas foram endereçadas à igreja com o nome de Paulo, como se ele próprio tivesse escrito e enviado, ou seja, o que esses falsos mestres diziam era que os cristãos em Tessalônica perderam a chance de serem arrebatados.

Afirmavam que Jesus já havia vindo, com o objetivo de desacreditar a mensagem pregada anteriormente por Paulo e, com isso, promover o esfriamento da fé dos cristãos, deixando-os desesperados. A apóstolo combate os falsos mestres com veemência, como veremos neste capítulo.

Paulo, também, incentiva o empreendedorismo. Naquela época, existiam os patronos que contratavam pessoas, como se fosse uma espécie de *freelancer*. Na igreja em Tessalônica estavam acontecendo duas situações: a primeira, era dos irmãos que não queriam trabalhar pois, estavam, segundo eles, aguardando a vinda de Cristo. Essa postura, por certo, estava se tornando um peso à família que precisava sustentar e, também, para a igreja que, eventualmente, precisava socorrer essas pessoas. Por esse motivo, Paulo escreveu dizendo que, quem não trabalha, também não coma: *"Porque, quando ainda estávamos convosco, vos mandamos isto, que, se alguém não quiser trabalhar, não coma também" (II Ts 3.10).*

A segunda situação é a dos irmãos que eram contratados como diaristas e não tinham estabilidade, ou seja, não possuíam uma renda fixa por mês. Paulo, ao tomar ciência dessas duas situações incentiva o empreendedorismo para que esses dois grupos, não apenas trabalhassem, mas, pudessem ser os seus próprios patrões.

Sobre a autoria dessa carta, fica claro, desde o primeiro versículo do primeiro capitulo, que é de autoria de Paulo: *"Paulo, e Silvano, e Timóteo, à igreja dos tessalonicenses, em Deus nosso Pai, e no Senhor Jesus Cristo" (II Ts 1.1).* Não obstante, o fato de a carta iniciar com essa apresentação, temos outras evidências no decorrer dela. Paulo lembra de quando esteve pessoalmente com eles: *"Não vos lembrais de que estas coisas vos dizia quando ainda estava convosco?" (II Ts 2.5).*

No final da carta, quando o apóstolo está se despedindo, também temos a evidência da autoria paulina: *"Saudação da minha própria mão, de mim, Paulo, que é o sinal em todas as epístolas; assim escrevo" (II Ts 3.17).* Por fim, não menos importante o problema escatológico domina a epístola, tornando II Tessalonicenses, em uma das cartas paulinas com a mais clara declaração sobre escatologia.

Observemos a estrutura da carta de II Tessalonicenses apresentada por Airhart: (2014, p. 409)

I. ENCORAJAMENTO PARA OS PERSEGUIDOS, 1.1-12

A. Endereço e Saudação, 1.1,2

B. A Demonstração da Graça de Deus, 1.3,4

C. A Antecipação do Julgamento de Deus, 1.5-10

D. A Súplica pelo Poder e Graça de Deus, 1.11,12

II. INSTRUÇÕES PARA OS ATRIBULADOS, 2.1-17

A. A Ilegalidade e o Filho da Perdição, 2.1-12

1.

1. A Correção de um Erro, 2.1-3

2. A Descrição do Homem do Pecado, 2.4-10

3. As Consequências da Perversidade, 2.11,12

B. A Eleição da Graça e os Herdeiros da Esperança, 2.13-17

III. DISCIPLINA PARA OS DESORDEIROS, 3.1-18

A. Orações e Confiança Mutuamente Necessárias, 3.1-5

B. Trabalho e Quietude Comandados aos Preguiçosos, 3.6-12

C. A Exigência de Firmeza e Bondade, 3.13-15

D. Conclusão e Bênção, 3.16-18

5.2 - O Dia Do Senhor

Para entendermos o dia do Senhor, precisamos contextualizar com a primeira vinda, pois, assim, teremos a linha do tempo clareando nossa compreensão. A vinda de Jesus se dará em duas etapas. Em sua primeira vinda, virá nos ares, virá como Noivo para a sua Igreja. No dia do Senhor ou, na chamada segunda vinda, virá no monte das Oliveiras. Quando isso ocorrer, Jesus virá como Juiz e Rei para julgar as nações e estabelecer o seu Reino Milenar. Em sua primeira vinda, vem para a igreja, ao passo que, na segunda, vem com a igreja!

A segunda vinda de Jesus acontecerá, segundo defende a linha escatológica pré-tribulacionista, depois dos sete anos da grande tribulação, portanto, logo após, Cristo pisará no Monte das Oliveiras, dividindo-o em duas partes. Em seguida, a narrativa Bíblica diz que o

Senhor vencerá o iníquo com o sopro de sua boca: *"E então será revelado o iníquo, a quem o Senhor desfará pelo assopro da sua boca, e aniquilará pelo esplendor da sua vinda" (II Ts 2.8).* Sobre o iníquo, falaremos no próximo tópico.

Veja no quadro a seguir uma comparação entre a primeira e a segunda vinda de Cristo, a partir de I e II aos Tessalonicenses.

5.2.1 Contraste Entre A Primeira E Segunda Vinda

QUADRO 8 - PRIMEIRA VINDA X SEGUNDA VINDA

1 Tessalonicenses	2 Tessalonicenses
Ensina a iminente volta de Cristo.	Corrige a confusão sobre a volta de Cristo
Concentra-se na igreja.	Concentra-se em Satanás, no anticristo, e outros inimigos de Cristo.
Ensina a parousia (vinda, presença) de Cristo.	Ensina a revelação (o apocalipse) de Cristo.
Concentra-se no dia de Cristo.	Concentra-se no Dia do Senhor.
Enfatiza o consolo dos crentes	Enfatiza o julgamento dos que se opõem.
Agradece a Deus pela fé, o amor e a esperança deles.	Agradece a Deus pela fé e o amor deles.

Fonte: (TOWNS, 2014, p 191).

5.3 O Iníquo

A manifestação do iníquo ou, também, chamado de "homem do pecado", não se dará sem sinais que o antecedem. II Tessalonicenses nos apresenta três sinais: **1. *"apostasias":*** *"Ninguém de maneira alguma vos engane; porque não será assim sem que antes venha a apostasia, e se manifeste o homem do pecado, o filho da perdição" (II Ts 2.3).* **2. *"o mistério da injustiça"***, e, **3. *"um que o resiste"*** : *"Porque já o mistério da injustiça opera; somente há um que agora o retém até que do meio seja tirado" (II Ts 2.7)*

Sobre os três sinais que antecedem à manifestação do homem do pecado, sem dúvidas, o auge é a apostasia. Essa palavra é um termo técnico que, em grego clássico, significa; rebelião ou revolta; no sentido religioso, o termo é usado para classificar uma rebelião ou revolta contra Deus.

> Paulo explica os eventos que assinalarão o início do Dia do Senhor, e passa a considerar a destruição do

"homem do pecado" e dos ímpios no fim desta era. A sequência dos eventos será assim:
(1) No decurso de toda a época da igreja, um "mistério da injustiça" (v. 7) está em ação, o que nos faz lembrar que o fim está chegando; o mal se tornará cada vez mais desenfreado à medida que a história chega ao fim.
(2) À medida que o "mistério da injustiça" predomina, a apostasia na igreja atingirá proporções cada vez maiores (v. 3; cf. Mt 24.12; 2 Tm 4.3.4).
(3) O detentor, i.e., o que restringe o "mistério da injustiça", é então tirado do meio (vv. 6,7).
(4) Em seguida, manifesta-se "o homem do pecado" (vv. 3,4,7,9,10).
(5) A apostasia chega ao auge, na sua rebelião total contra Deus e sua Palavra; Deus envia uma influência enganadora sobre aqueles que não amam a verdade (vv. 9-11).
(6) Mais tarde, "o homem do pecado" é destruído com todos aqueles que tiveram prazer na iniquidade (v. 12). Isso ocorre à vinda de Cristo, depois da tribulação, i.e., no fim desta era (v. 8; Ap 19.20,21) (ALMEIDA, 1995, p. 1855).

5.4 Características do Anticristo

QUADRO 9 - QUEM SERÁ O ANTICRISTO?

Quem será esse homem?	Ele será o auxiliar de satanás. *(Ap 12)*
Esse homem será um militar?	*E olhei, e eis um cavalo branco; e o que estava assentado sobre ele tinha um arco; e foi-lhe dada uma coroa, e saiu vitorioso, e para vencer. (Ap 6.2)* Em Apocalipse 6.2 aparece um homem todo de branco em um cavalo branco, que alguns dizem ser o Cristo, mas não é, é o Anticristo, porque o Cristo mesmo, aparece no capítulo dezenove de Apocalipse, aqui no capítulo seis de Apocalipse é dado uma coroa a ele e, Jesus não é coroado por homem algum, Ele já vem com uma coroa de glória na sua cabeça, portanto o Cristo aparece no capítulo 19 de Apocalipse. *Vi o céu aberto e diante de mim um cavalo branco, cujo cavaleiro se chama Fiel e Verdadeiro. Ele julga e guerreia com justiça. Seus olhos são como chamas de fogo, e em sua cabeça há muitas coroas e um nome que só ele conhece, e ninguém mais. (Ap 19.11-12)*

Ele será religioso?	*E adoraram-na todos os que habitam sobre a terra, esses cujos nomes não estão escritos no livro da vida do Cordeiro que foi morto desde a fundação do mundo. (Ap 13.8)*
Terá facilidade para o comércio?	*E faz que a todos, pequenos e grandes, ricos e pobres e livres e servos, lhes seja posto um sinal na sua mão direita, ou nas suas testas, para que ninguém possa comprar ou vender, senão aquele que tiver o sinal, ou o nome da besta, ou o número do seu nome. (Ap 13.16-17)*
A sua oratória será fantástica!	*E este rei fará conforme a sua vontade, e levantar-se-á, e engrandecer-se-á sobre todo deus; e contra o Deus dos deuses falará coisas espantosas, e será próspero, até que a ira se complete; porque aquilo que está determinado será feito. (Dn 11.36)*
Seria ele, um homossexual ou adepto do mesmo?	*Não terá respeito aos deuses de seus pais, nem ao desejo de mulheres, nem fará caso de deus algum; pois sobre tudo se engrandecerá. (Dn 11.37)*

Fonte: PIRES, 2020.

5.5 Nomes Do Anticristo

QUADRO 10 - NOMES DO ANTICRISTO

O príncipe que há de vir	*Depois de sessenta e duas semanas será exterminado o ungido, e não terá nada; e o povo do príncipe que há de vir, destruirá a cidade e o santuário; ele acabará num dilúvio, e até o fim haverá guerra; desolações são determinadas (Dn 9.26).*
Angustiador	*Quem és tu que te esqueces de Jeová, teu Criador, o qual estendeu os céus e fundou a terra; e que o dia todo temes continuamente por causa do furor do opressor, quando se prepara para destruir? onde está o furor do opressor? (Is 51.13)*
O mentiroso	*Quem é o mentiroso, senão aquele que nega que Jesus é o Cristo? Este é o anticristo: aquele que nega o Pai e o Filho (1 Jo 2.22).*
O anticristo	*Filhinhos, esta é a última hora; e, assim como vocês ouviram que o anticristo está vindo, já agora muitos anticristos têm surgido. Por isso sabemos que esta é a última hora (1 Jo 2.18).*
A besta	*E vi subir do mar uma besta que tinha sete cabeças e dez chifres, e sobre os seus chifres dez diademas, e sobre as suas cabeças um nome de blasfêmia (Ap 13.1).*

Homem do pecado.	*Ninguém de maneira alguma vos engane; porque não será assim sem que antes venha a apostasia, e se manifeste o homem do pecado, o filho da perdição, (2 Tess 2.3).*
Filho da perdição	*Ninguém de maneira alguma vos engane; porque não será assim sem que antes venha a apostasia, e se manifeste o homem do pecado, o filho da perdição, (2 Tess 2.3).*
O Rei do norte	*E o rei do norte virá, e levantará baluartes, e tomará a cidade forte; e os braços do sul não poderão resistir, nem o seu povo escolhido, pois não haverá força para resistir (Dn 11.15).*
O opressor	*Então proferirás este provérbio contra o rei de babilônia, e dirás: Como já cessou o opressor, como já cessou a cidade dourada (Is 14.4).*
O Rei feroz de cara	*Nos últimos dias dos seus reinos, quando os transgressores tiverem chegado ao auge, levantar-se-á um rei, feroz de cara e entendedor de enigmas (Dn 8.23).*
O iníquo	*E então será revelado o iníquo, a quem o Senhor desfará pelo assopro da sua boca, e aniquilará pelo esplendor da sua vinda (2 Tess 2.8).*

Fonte: PIRES, 2020.

5.6 Marcas do Anticristo dentro do seu nome.

Vejamos uma lista com as marcas ou características do Anticristo dentro do seu nome.

QUADRO 11 - CARACTERÍSTICAS DO ANTICRISTO E SUAS MARCAS

DENTRO DO SEU NOME

1ª Egoísta	9ª Sem amor
2ª Avarento	10ª Profano
3ª Presunçoso	11ª Mundano
4ª Soberbo	12ª Hipócrita
5ª Desobediente ao Criador	13ª Orgulhoso

6ª Infiel	14ª Obstinado
7ª Ingrato	15ª Arrogante
8ª Traidor	16ª Mentiroso

Fonte: PIRES, 2020.

Questão Para Reflexão:

Verificamos que os ataques contra a igreja de Tessalônica tiveram como objetivo desanimar a fé dos cristãos; o conteúdo utilizado pelos falsos mestres foi de cunho escatológico, portanto, não restam dúvidas de que o entendimento da mensagem do profeta é fundamental para a igreja de Deus. Qual a importância do ensinamento da mensagem profética para a igreja atual?

UNIDADE IV

A VIDA DA IGREJA

Ser um pastor significa guiar o rebanho de Deus, assim como fornecer alimentos e proteção contra os perigos que, diga-se de passagem, são muitos, pois, existem os falsos profetas e os lobos disfarçados de ovelhas, além de um adversário que, por natureza maligna, investe, constantemente, contra a igreja para destruí-la. Precisamos, urgentemente, de um entendimento bíblico acerca do ministério pastoral e, é exatamente isso que Paulo nos fornece, nesse conjunto de três cartas conhecidas como cartas pastorais.

Na quarta unidade focaremos no tema a vida da igreja. Em I Timóteo, falaremos sobre a vida da igreja local, seguiremos falando sobre os conselhos do Apóstolo Paulo para Timóteo, abordaremos os princípios norteadores do culto, trabalharemos a importância da oração na vida do cristão e seguiremos falando sobre a conduta das mulheres no culto, por fim, concluiremos com as qualificações do pastor e do diácono.

Em II Timóteo, Paulo não está preocupado em instruir sobre a organização da igreja, mas em instruir com preciosos conselhos um jovem pastor e esses são os últimos conselhos do grande desbravador e plantador de igrejas. Veremos com clareza o cuidado e carinho que Paulo tem com Timóteo.

Em Tito, observaremos a sã doutrina como resposta para uma vida estruturada em Cristo, assim como as responsabilidades da liderança com a doutrina, a doutrina no seio familiar. No capítulo cinco, abordaremos a eclesiologia de Paulo e, por fim, uma palavra para a liderança atual.

I Timóteo – A Vida Da Igreja Local

Na primeira das cartas pastorais, o apóstolo encoraja o seu filho na fé Timóteo a enfrentar alguns temas extremamente necessários e relevantes para a saúde da igreja local e da liderança. Neste capítulo, abordaremos os princípios norteadores do culto, trabalharemos também a importância da oração na vida do cristão e seguiremos falando sobre a conduta das mulheres no culto e, concluiremos com as qualificações do pastor e do diácono.

1.1 Estrutura da Carta de I Timóteo.

Vejamos a estrutura da carta de I Timóteo apresentada por Gould (2014, p. 446):

I. SAUDAÇÃO, 1.1,2

A. A Autoridade do Apóstolo, 1.1
B.Deus,NossoSalvador,eCristo,NossaEsperança,1.1
C. A Timóteo, 1.2
D. Graça, Misericórdia e Paz, 1.2

II. PAULO E TIMÓTEO, 1.3-20

A. A Tarefa de Timóteo em Éfeso, 1.3-7
B. A Função da Lei na Vida Cristã, 1.8-11
C. A Misericórdia de Cristo na Vida do Apóstolo, 1.12-17
D. A Incumbência de Paulo a Timóteo, 1.18-20

III. PREOCUPAÇÕES PELA ORDEM NA IGREJA, 2.1-15

A. Ordem no Culto a Deus, 2.1-7
B. Reverência no Culto Público, 2.8-15

IV. QUALIFICAÇÕES DOS MINISTROS CRISTÃOS, 3.1-13

A. O Caráter dos Bispos, 3.1-7
B. O Caráter dos Diáconos, 3.8-13

V. PAULO DEFINE A IGREJA, 3.14-16

A. A Casa de Deus, 3.14,15
B. O Mistério da Piedade, 3.15,16

VI. AMEAÇAS À INTEGRIDADE DA IGREJA, 4.1-16

A. O Perigo do Asceticismo Descomedido, 4.1-5
B. A Estatura do Bom Ministro de Cristo, 4.6-10
C. O Ministro como Exemplo, 4.11-16

VII. A ADMINISTRAÇÃO DA IGREJA, 5.1-25

A. A Mocidade deve Respeitar a Velhice, 5.1,2
B. A Responsabilidade pelas Viúvas Dependentes, 5.3-16
C. A Honra Devida ao Pastor, 5.17-25

VIII. INSTRUÇÕES DIVERSAS, 6.1-19

A. Escravos Cristãos e Senhores Cristãos, 6.1,2
B. Consequências do Ensino Falho, 6.3-5
C. Os Perigos das Riquezas, 6.6-10
D. Metas e Recompensas da Vida Piedosa, 6.11-16
E. A Administração Adequada das Riquezas, 6.17-19

IX. APELO FINAL DE PAULO, 6.20,21

1.2 Autoria, Data, Local da Escrita e Destinatário

Quem se propuser a refutar a autoria paulina das duas cartas que o apóstolo escreveu para Timóteo estará compromissado com o fracasso, pois, são fartas as evidências internas e externas que demonstram ter sido Paulo o escritor. Ele escreve 1 Timóteo no intervalo entre a primeira e a segunda prisão, provavelmente, da Macedônia, em Filipos, por volta do ano 65 d.C.

O jovem obreiro Timóteo aprendeu sobre a fé aos pés de sua vó Lóide e de sua mãe Eunice. *"Trazendo à memória a fé não fingida que em ti há, a qual habitou primeiro em tua avó Lóide, e em tua mãe Eunice, e estou certo de que também habita em ti" (II Tm 1.5). "E que desde a tua meninice sabes as sagradas Escrituras, que podem fazer-te sábio para a salvação, pela fé que há em Cristo Jesus" (II Tm 3.15).*

Timóteo trabalhou, arduamente, com Paulo e Silas, para que o evangelho fosse pregado na Europa. É evidente a credibilidade que o apóstolo Paulo ofertava a Timóteo; por certo, Timóteo era um dos jovens que demonstrava um enorme potencial para ser líder na igreja em crescimento. O apóstolo não demonstrou apenas a confiança em Timóteo e na sua vocação, mas, fica claro o grande carinho e respeito que tinha por esse jovem líder, a ponto de considerá-lo como filho: *"Mas bem sabeis qual a sua experiência, e que serviu comigo no evangelho, como filho ao pai" (Fp. 2.22).*

Para que Timóteo fosse aceito como judeu e tivesse trânsito entre os judeus para evangelizá-los, Paulo resolveu submetê-lo à chamada circuncisão. Tudo indica que Paulo submeteu Timóteo a esse rito judaico porque todos sabiam que Timóteo era filho de pai grego: *"Paulo quis que este fosse com ele; e tomando-o, o circuncidou, por causa dos judeus que estavam naqueles lugares; porque todos sabiam que seu pai era grego" (At. 16.3).* Timóteo se converteu durante a primeira viagem missionária de Paulo e tornou-se um de seus colaboradores na sua segunda viagem missionária.

No entanto, quando se refere a Tito, também cooperador de Paulo, o apóstolo não permitiu que este se submetesse à circuncisão: *"Mas nem ainda Tito, que estava comigo, sendo grego, foi constrangido a circuncidar-se" (Gl 2.3).* Em princípio, parece uma incoerência, por isso, precisamos analisar o caso. Quando observamos a situação em que Tito estava envolvido, percebemos que era um caso intimidador dos judeus, ou seja, os judeus queriam impor a circuncisão para Tito, como prerrogativa de salvação. Em segundo lugar, Tito era inteiramente gentio, se Paulo permitisse, estaria indo totalmente contra a sua mensagem, ou seja, a mensagem da salvação pela graça.

Quando analisamos a situação de Timóteo, não houve nenhuma pressão em relação a esse particular, por isso, Paulo permitiu que seu cooperador e filho na fé, Timóteo, passasse pela circuncisão, haja vista que Timóteo pertencia a uma família mista, por ser filho de mãe judia crente e pai grego: *"E chegou a Derbe e Listra. E eis que estava ali um certo discípulo por nome Timóteo, filho de uma judia que era crente, mas de pai grego" (At 16.1).*

Isso não traria nenhum tipo de comprometimento, violações culturais ou dos princípios cristãos. Paulo sempre esteve disposto a fazer concessões para compartilhar o Evangelho; o seu objetivo sempre foi fazer com que o Evangelho chegasse ao maior número de pessoas, como ele próprio disse: *"fiz-me como judeu para os judeus, para ganhar os judeus" (1 Co. 9.20).*

1.3 O Culto e seus Princípios

Ao escrever as cartas pastorais, um dos principais objetivos do apóstolo Paulo foi fornecer conteúdo aos jovens líderes e pastores, a fim de procederem corretamente na casa de Deus e, isso, envolvia certamente o culto: *"Mas, se tardar, para que saibas como convém andar na casa de Deus, que é a igreja do Deus vivo, a coluna e firmeza da verdade" (1 Tm 3.15).*

Os princípios e ensinos expostos por Paulo são atemporais, ou seja, a igreja atual pode e, na verdade, deveria usá-los na estruturação do culto. Entendendo que Timóteo, além de pastor local, supervisionava algumas igrejas, o apóstolo tem em vista não apenas instruí-lo, mas, também, aos líderes locais. Precisamos entender que a prioridade desses princípios em relação ao culto era em grande parte ao culto público.

Em I Tm 1.3 está escrito: *"Como te roguei, quando parti para a macedônia, que ficasses em Éfeso, para advertires a alguns, que não ensinem outra doutrina".* A expressão "roguei", usada por Paulo, indica a importância de prioridades para o culto. Essa mesma expressão é usada por ele, em Rm 12.1: "*Rogo-vos, pois, irmãos, pela compaixão de Deus, que apresenteis os vossos corpos em sacrifício vivo, santo e agradável a Deus, que é o vosso culto racional.*" Segundo Champlin (2014, p. 981):

> O vocábulo aqui usado, "rogo", em sua forma verbal, significa "encorajar", "exortar", "pleitear insistentemente", o que tem o sentido de fazer um apelo sério e ardoroso. Em sua forma substantivada, é usado para indicar uma "exortação", um "encorajamento", um apelo, uma "solicitação", embora algumas vezes também signifique "consolo" ou "conforto". Neste texto, porém, o primeiro sentido é o que está em foco.

Portanto, ao usar o termo "rogo-vos", Paulo encoraja os cristãos e líderes da igreja.

1.4 Oração

Com base na ideia acima, entendemos que o objetivo de Paulo, ao falar sobre oração era estabelecê-la como um dos princípios fundamentais para o culto público. Ele foi encorajar Timóteo e os demais líderes, mas também, exortá-los. A palavra exortação aqui usada não tem o sentido de puxar a orelha ou de chamar atenção, pura e simplesmente; a intenção da proposta do apóstolo vai muito além; a imagem que temos de Paulo é de alguém colocando toda sua força, conhecimento e sabedoria para animar e encorajar Timóteo e os demais líderes a viverem uma vida de oração, estabelecendo-a como princípio fundamental para o culto.

Paulo deixar claro que, no culto público, não se faz acepção de pessoas. No quesito oração, Paulo orienta que se deve orar por todos os homens, lembro aqui que a palavra homem, não diz respeito ao gênero, mas ao ser humano de modo geral: *"Exorto, pois, antes de tudo que se façam súplicas, orações, intercessões, e ações de graças por todos os homens" (I Tm 2.1).* Destacaremos, do texto citado acima, duas expressões usadas por Paulo, concernentes a oração.

> Súplicas e intercessões: Paulo menciona dois tipos de oração. A palavra grega para "súplica" vem de uma raiz que significa "necessitar", "estar destituído" ou estar sem. Assim, esse tipo de oração ocorre por causa de uma necessidade. Os perdidos têm uma grande necessidade da salvação, e os cristãos devem pedir a Deus que atenda a essa necessidade. O termo "intercessão" vem de uma raiz que significa encontrar-se com alguém" ou "aproximar-se de modo a poder falar intimamente". O verbo do qual essa palavra

> deriva é usado para designar a intercessão de Cristo e do Espírito Santo pelos cristãos (Rm 8.26; Hb 7.25). Paulo quer que os cristãos de Éfeso tenham compaixão pelos perdidos, compreendam a profundidade da dor e do sofrimento deles, e voltem-se intimamente para Deus suplicando pela salvação deles (MACARTHUR, 2011, p. 22).

Oração é um diálogo e não um monólogo, ou seja, a pessoa fala e deixa Deus falar também. Glorificamos ao nosso Deus pois Ele é um Deus que escuta e atende as nossas petições. É importante compreender cinco verdades sobre a oração:

1 - Todos podemos Orar: "*Elias era homem sujeito às mesmas paixões que nós e, orando, pediu que não chovesse e, por três anos e seis meses, não choveu sobre a terra. E orou outra vez, e o céu deu chuva, e a terra produziu o seu fruto' (Tg 5.17,18).*

2 - Orar em Nome de Jesus: "*E tudo quanto pedirdes em meu nome eu o farei, para que o Pai seja glorificado no Filho. Se pedirdes alguma coisa em meu nome, eu o farei" (Jo 14.13,14).*

3 - A Oração traz Cura: "*E a oração da fé salvará o doente, e o Senhor o levantará; e, se houver cometido pecados, ser-lhe-ão perdoados. Confessai as vossas culpas uns aos outros, e orai uns pelos outros, para que sareis. A oração feita por um justo pode muito em seus efeitos" (Tg 5.15,16).*

4 - Quem Ora, vê Milagres: "*Jesus, porém, respondendo, disse-lhes: Em verdade vos digo que, se tiverdes fé e não duvidardes, não só fareis o que foi feito à figueira, mas até se a este monte disserdes: Ergue-te, e precipita-te no mar, assim será feito; E, tudo o que pedirdes em oração, crendo, o recebereis" (Mt. 21.21,22).*

5 – Pedir: "*Pedi, e dar-se-vos-á; buscai, e encontrareis; batei, e abrir-se-vos-á. Porque, aquele que pede, recebe; e, o que busca, encontra; e, ao que bate, abrir-se-lhe-á" (Mt. 7.7,8).*

Ore em nome de Jesus, pois a oração feita por um justo pode muito em seus efeitos (Tg 5,16).

1.5 A Conduta das Mulheres no Culto

O tema sobre o papel das mulheres no culto, amplamente debatido nas igrejas, lamentavelmente é o assunto ainda abordado de maneira extremamente tendenciosa, atribuindo ao apóstolo Paulo uma postura extremamente machista. No entanto, quando analisamos os escritos de Paulo e o contexto em que as determinações em relação à conduta das mulheres no culto foi escrita, percebemos que não há nele, postura machista.

Ao explicar a conduta das mulheres no culto público, fica evidente que Paulo acreditava que homens e mulheres são iguais diante de Deus: *"Não há judeu nem grego; não há escravo nem livre; não há homem nem mulher; porque todos vós sois um em Cristo Jesus" (Gl 3.28).* A intenção do apóstolo era levar às mulheres da igreja de Corinto a compreensão de que elas deveriam agradar a Deus, primeiramente em seu interior, para que, posteriormente, essa transformação refletisse em seu exterior.

Essa verdade fica clara em I Timóteo 2.9,10, quando o apóstolo fala sobre questões relacionadas às vestimentas, cabelos e ornamentos: *"Quero, do mesmo modo, que as mulheres se ataviem com traje decoroso, com modéstia e sobriedade, não com tranças, ou com ouro, ou pérolas, ou vestidos custosos, mas {como convém a mulheres que fazem profissão de servir a Deus} com boas obras"* Tudo nos leva a crer que essa orientação de Paulo diz respeito ao culto público.

> Guthrie entende que as palavras gregas traduzidas por "pudor e modéstia podem ser traduzidas por 'recato' e autocontrole, indicando dignidade e seriedade de propósito ao invés de leviandade e frivolidade" (outras opções tradutórias são: 'decência' e 'discrição', NVI; "modéstia e bom senso", RA). Mas seria erro restringir esta deliberação ao culto público. É indubitável que o apóstolo queria que este mesmo recato caracterizasse o vestuário e a conduta das mulheres cristãs em qualquer ambiente (GOULD, 2014, p. 465-466).

Ao que tudo indica, algumas das mulheres na igreja em Éfeso estavam tendo um comportamento inadequado, sendo que essa postura incorreta estava refletindo ou, sendo transferida para os cultos realizados na igreja. Por esse motivo, constatamos nos escritos paulinos a Timóteo, tamanha intensidade. Essa abordagem inicial do apóstolo pode estar relacionada com o fato de as mulheres não cristãs se comportarem e terem tais práticas descritas no (v.9). Entretanto, seria um equívoco reproduzir esta lista produzida por Paulo em outras épocas, em um mundo com uma configuração totalmente diferente.

Como poderemos verificar no versículo seguinte, a ênfase de Paulo não está inteiramente nas proibições, mas sim, em levar as mulheres cristãs ao entendimento de que convém agradar a Deus e servi-lo com boas obras. Portanto, o propósito de Paulo parece muito mais o de ensinar as mulheres que deveriam chamar atenção, não por roupas ou acessórios, mas sim, pelas qualidades interiorizadas e por serem cheias do Espírito Santo.

Sabe-se que o foco em questão é a conduta das mulheres no culto público, no entanto, esse princípio ora abordado serve tanto para mulheres como para homens. Vejamos o texto de 1 Pedro 3.3,4 que, não apenas traz luz ao ensinamento de Paulo, como também ajuda na ampliação desse entendimento: *"Que a beleza de vocês não seja exterior, como tranças nos cabelos, joias de ouro e vestidos finos, mas que ela esteja no seu interior, uma beleza permanente de um espírito manso e tranquilo, que é de grande valor diante de Deus".*

1.6 A Mulher Aprenda Em Silêncio

Essa forte abordagem do apóstolo Paulo, declarando que se as mulheres quisessem aprender, deveriam ficar em silêncio e perguntar aos seus maridos quando chegarem em casa, *"A mulher aprenda em silêncio, com toda a submissão" (I Tm. 2.11)* é equivalente àquela que ele fez em I Coríntios 14.34,35: *"[...] que as mulheres se conservem caladas nas igrejas, porque não lhes é permitido falar; mas estejam submissas, como também a lei o determina. Se, porém, querem aprender alguma coisa, perguntem em casa ao seu próprio marido; porque para a mulher é vergonhoso falar na igreja".*

Essas afirmações feitas pelo apóstolo, tanto a Timóteo quanto à igreja em Corinto não deve ser entendida de maneira pejorativa, pois, em outra passagem bíblica, ele comenta sobre as mulheres que profetizavam e que oravam: *"Toda mulher, porém, que ora ou profetiza com a cabeça descoberta desonra a sua própria cabeça, porque é como se a tivesse rapada" (1 Co. 11.5).* Fica evidente, portanto, o reconhecimento por parte do apóstolo Paulo para com as mulheres que oravam e profetizavam em público, sendo o seu objetivo ensinar ao jovem líder Timóteo, princípios relacionados sobre a conduta das mulheres nos cultos públicos. Portanto, não existiria coerência se a fala de Paulo sobre as mulheres nesse momento fosse pejorativa, logo, em momento algum, a ideia de Paulo é excluir as mulheres de alguma posição relacionada à liderança na igreja.

Vejamos o que diz sobre essa temática Gould (2014, p. 466, 467):

> Deve ser considerado como ordem imposta na igreja

efésia por razões que nos são desconhecidas. Nenhum ensino universal, que prenderia a igreja de todas as épocas, pode ser fundamentado corretamente neste texto. Razões que o apóstolo cita nos versículos 13 e 14 para estabelecer esta regra são insuficientes para validá-la como programa de ação para todas as gerações futuras de cristãos. O fato de Paulo reconhecer livremente sua dívida a um grupo considerável de mulheres que o ajudaram na obra da igreja de Cristo dá a entender que ele nem sempre estava preso a tais estipulações rígidas como as expressas a Timóteo.

Ao fornecer os princípios da oração e da conduta dos homens e mulheres no culto, a ideia principal de Paulo é ensinar sobre a reverência.

1.7 As Qualificações do Pastor

A palavra *"bispo"*, gr. *"episkopos"* designa alguém que tem sobre si a responsabilidade pastoral; aquele que tem a responsabilidade de liderar uma igreja. O Novo Testamento usa as palavras bispo, ancião, presbítero, supervisor e pastor, alternadamente, para descrever os mesmos homens, ou seja, a expressão *"bispo"*, aqui, é usada para se referir ao pastor.

Sabemos que o pastor é alguém chamado por Deus para andar na Palavra, no amor, na fé e na pureza: *"Ninguém o despreze por você ser jovem; pelo contrário, seja um exemplo para os fiéis, na palavra, na conduta, no amor, na fé, na pureza" (I Tm 4.12)*. As qualificações apresentadas no texto acima são apenas algumas das qualificações bíblicas designadas para os pastores. Vejamos o quadro com a lista completa com abordagem prática:

QUADRO 12 - QUALIFICAÇÕES DO PASTOR

Qualidade	Significado
Irrepreensível	Não pode ser censurado ou repreendido
Marido de uma mulher	Duas qualificações: casado, e com uma só mulher

Vigilante	Sóbrio, aquele que está alerta sobre os excessos, temperante
Sóbrio	Discreto, aquele que controla os seus impulsos, é sinônimo de vigilante
Modesto	Em ordem, aquele que tem bom comportamento, não só honestidade
Hospitaleiro	Dentro da casa do pastor ninguém se sente estrangeiro
Apto para ensinar	Simplesmente aquele que ensina. O pastor não pode fugir do ensino
Não dado ao vinho	Necessidade de cuidado e atenção nessa área. (Gn 9.21; Pv 20.1). Para a cultura brasileira o melhor é a abstinência total
Não espancador	Trata-se de quem se domina emocionalmente e não é pavio curto" (2 Tm 2.24).
Não cobiçoso	Que não ama o dinheiro, a Tradução Brasileira utiliza "não cobiçoso" e a NVI utiliza "não apegado ao dinheiro". Refere-se a contentamento (Fl 4.11; Hb 13.5) e ausência de ganância (1 Pe 5.2).
Moderado	Gentil, literalmente "de aparência", isto é, não se trata de visual, mas de boa atitude, educado
Não contencioso	Não ama a briga

Não avarento	Literalmente "não amigo da prata". Não é o mesmo que ter lucros desonestos
Que governe bem a própria casa	Estabelecer, governar. Os filhos devem se submeter com modéstia (semnotes, em honestidade, seriedade). Em Tito 1.6 diz que os filhos devem ser fiéis, não dissolutos, não insubordinados, sugerindo que não se trata apenas de meninice, mas de adultos, pois não existe criança dissoluta, embora haja criança insubordinada. Por isso, o lar é um laboratório para o pastor
Não neófito	Recém-plantado, não deve ser recém convertido. A prevenção é para que não fique orgulhoso (tiphoo, simplesmente fumaça). Alusão à fumaça que embaça a visão. Um recém convertido elevado à posição de pastor ficará como que cheio de fumaça em seus olhos e não enxergará o que estiver fazendo por causa do orgulho
Que tenha bom testemunho dos de fora	Εξωθεν, (lado de fora, indicando os que não são crentes). Os incrédulos podem desqualificar um pastor e, embora não sejam da igreja, o testemunho deles é aceito por Deus. Isto seria cair na armadilha de Satanás. O bom testemunho de um líder primeiro ganha o respeito dos que o conhecem no dia a dia, para depois, servir de referência à igreja
Não soberbo	Agradável a si mesmo. O arrogante só agrada a si mesmo. Um pastor não pode pensar somente em si, mas nas pessoas que ele vai supervisionar

Amigo do bem	Indica que é amigo dos homens bons e, consequentemente, é amigo do bem
Justo	Nos julgamentos do dia a dia é justo e a sua própria vida é justa
Santo	Qualidade daquele que anda com Deus

Fonte: Elaborado pelo Autor, 2022.

1.8 Qualificações do Diácono

"Diácono", essa palavra tem a ideia de servir. Originalmente, este termo estava ligado às tarefas de um serviçal ou mordomo, como servir às mesas. No entanto, com passar do tempo, o diácono passou a indicar serviços relacionados à igreja. Vejamos quais devem ser as suas qualidades.

> Naqueles dias, aumentando o número dos discípulos, houve murmuração dos helenistas contra os hebreus, porque as viúvas deles estavam sendo esquecidas na distribuição diária. Então os doze convocaram a comunidade dos discípulos e disseram: — Não é correto que nós abandonemos a palavra de Deus para servir às mesas. Por isso, irmãos, escolham entre vocês sete homens de boa reputação, cheios do Espírito e de sabedoria, para os encarregarmos desse serviço. Quanto a nós, nos consagraremos à oração e ao ministério da palavra (At 6.1-4).

Portanto, ficam claras, no texto bíblico, quais eram as qualificações do diácono. Sobre as suas responsabilidades, estavam a de servir a mesa e cuidar das viúvas gregas. Certamente, a função destes não se restringia às viúvas dos helenistas e, sim, à tarefa de garantir os recursos necessários para que as necessidades das pessoas pobres fossem supridas.

QUADRO 13 - QUALIFICAÇÕES PARA OS DIÁCONOS

Qualidade	Significado
Honestos	Característica do que é decente, do que tem pureza e é moralmente irrepreensível
Não de língua dobre	Falar mal do próximo, blasfemar, dizer coisas ruins
Não dados a muito vinho	Necessidade de cuidado e atenção nessa área. (Gn 9.21; Pv 20.1). Para a cultura brasileira o melhor é a abstinência total
Não cobiçosos	Que não ama o dinheiro, a Tradução Brasileira utiliza "não cobiçoso" e a NVI utiliza "não apegado ao dinheiro". Refere-se a contentamento (Fl 4.11; Hb 13.5) e ausência de ganância (1 Pe 5.2).
Guardadores do mistério da fé	O Evangelho em si é o mistério da fé. O diácono deve crer e defender a sua fé com boa consciência, ou seja, vida pura
Experimentados	Provado e aprovado. Não um teste formal, mas a sua conduta diária indicará se é irrepreensível para ser um auxiliar na igreja
Maridos de uma só mulher	Duas qualificações: casado e com uma só mulher
Que governem bem a seus filhos e casas	Assim como o presbítero, o diácono deve ter uma família estruturada

Fonte: Elaborado pelo Autor, 2022.

Questão Para Reflexão:

Como você argumentaria, diante de uma acusação negativa de que o cristianismo despreza as mulheres?

II Timóteo – As Últimas Palavras de um Apóstolo para um Jovem Pastor

Estamos diante das últimas palavras do apóstolo Paulo, escritas no interior de uma masmorra. Aqui, ele instrui o seu filho na fé, dizendo: *"[...] a Timóteo, meu verdadeiro filho na fé: graça, misericórdia e paz da parte de Deus Pai e de Cristo Jesus, nosso Senhor" (I Tm 1.2)* sobre como se manter firme na fé frente às adversidades ministeriais.

Nessa segunda carta, Paulo não está preocupado em instruir sobre a organização da igreja, mas sim, em dar conselhos para Timóteo e para os demais jovens líderes: *"Sabe, porém, isto, que nos últimos dias sobrevirão tempos penosos" (II Tm. 3.1).*

Poderíamos resumir os conselhos de Paulo nessa carta com o texto de II Timóteo 3.14,15: *"Tu, porém, permanece naquilo que aprendeste, e de que foste inteirado, sabendo de quem o tens aprendido, e que desde a infância sabes as sagradas letras, que podem fazer-te sábio para a salvação, pela que há em Cristo Jesus."* Neste capítulo, veremos os últimos conselhos do apóstolo para um jovem pastor.

Figura 11 - Prisão Mamertine em Roma[12]

2.1 Autoria, Data, Destinatário e Estrutura da Carta

As evidências de que o apóstolo Paulo é o autor desta carta são encontradas por toda ela. Na verdade, logo no primeiro versículo, do primeiro capítulo, vemos Paulo alegar ser o autor: *"Paulo, apóstolo de Jesus Cristo, pela vontade de Deus, segundo a promessa da vida que está em Cristo Jesus, a Timóteo, meu amado filho: graça, misericórdia e paz, da parte de Deus Pai, e da de Cristo Jesus, Senhor nosso" (II Tm 1.1,2).*

Não obstante, encontramos as digitais de Paulo por toda a epístola e o modo como o pensamento é desenvolvido nela é característico de Paulo; os vocábulos usados também refletem a marca paulina e, principalmente, a estrutura das sentenças é, sem dúvida, a de Paulo.

O primeiro versículo desta carta é muito revelador. Não apenas nos mostra a autoria paulina como, também, a esperança do apóstolo frente ao martírio. Na carta de II Timóteo estão as últimas palavras do abnegado servo de Cristo, que começa escrevendo ao jovem Pastor Timóteo, como também aos jovens líderes, revelando a sua maior esperança. Ele diz que é *"apóstolo de Jesus Cristo, pela vontade de Deus, segundo a promessa da vida que está em Cristo"*, ou seja, para ele, sua maior esperança era saber que todo seu trabalho não fora em vão, pois, o seu chamado deu-se pela *"vontade de Deus"*, e, mesmo sabendo que a sua morte estava próxima, trouxe a esperança viva, a grande promessa da *"vinda de Cristo"*.

Essa atitude de confiança de Paulo, mesmo frente ao seu martírio, permeia toda essa carta e reflete a atitude que todo líder deveria ter, ou

12 Fonte: Leon Mauldin, Acesso em: 13 de Ago. 2021.

seja, aqui, Paulo não está apenas ensinando teorias, mas, aquilo que estava vivendo em sua própria pele. Em suas próprias palavras, Paulo revela o sofrimento que estava passando *"pelo que sofro trabalhos e até prisões, como um malfeitor; mas a palavra de Deus não está presa" (II Tm. 2.9).*

A tradição sugere que Paulo morreu durante a grande perseguição protagonizada por Nero, logo após o incêndio de Roma (19 de julho de 64). Essa, que sem dúvida, foi uma das maiores perseguições contra judeus e cristãos, durou até a morte de Nero, em 68 d.C. Paulo morreu no ápice desta perseguição, por volta de 66 d.C., portanto, a data de escrita desta carta é bem próxima a de seu martírio, na cidade de Roma.

Enquanto Paulo estava enfrentando suas aflições e prisões, se lembra de seu fiel companheiro e filho na fé Timóteo, para quem destina essa carta. Vejamos, agora, a estrutura de II Timóteo, segundo Gould (2014, p 505):

A SEGUNDA EPÍSTOLA A TIMÓTEO

I. SAUDAÇÃO, 1.1,2
A. O Escritor, 1.1
B. O Destinatário, 1.2

II. TRIBUTO À ANTIGA FÉ DE TIMÓTEO, 1.3-5
A. A Preocupação pelo Bem-Estar
B. A Herança de Timóteo, 1.5

III. PAULO ANIMA TIMÓTEO, 1.6-14 de Timóteo, 1.3.4

A. Desperte o Dom de Deus que Existe em Você, 1.6,7
B. Seja Destemido em Seu Trabalho, 1.8-10
C. A Própria Designação de Paulo, 1.11.12
D. A Importância do Ensino Sadio, 1.13,14

IV. LEALDADE E INFIDELIDADE, 1.15-18

A. Falsos Amigos, 1.15
B. Um Verdadeiro Amigo, 1.16-18

V. PAULO ACONSELHA TIMÓTEO, 2.1-26

A. Seja Inflexível no Zelo pela Verdade, 2.1,2
B. Seja Bom Soldado de Jesus Cristo, 2.3,4
C. Recompensas Geradas pela Fidelidade, 2.5-7
D. Pela Morte para a Vida, 2.8-13
E. Como lidar com os Falsos Mestres, 2.14-19
F. Ensine a Verdade em Amor e Paciência, 2.20-26

VI. VIRÃO TEMPOS PERIGOSOS, 3.1-9

A. Marcas de Degradação Moral Iminente, 3.1-5
B. Até Hoje estas Condições se Mantêm, 3.6-9

VII. LEMBRE-SE DO MEU EXEMPLO, 3.10-15

A. Os Sofrimentos de Paulo pela Causa de Cristo, 3.10,11
B. A Firmeza é Essencial, 3.12-15

VIII. A INSPIRAÇÃO DA PALAVRA DE DEUS, 3.16,17

IX. AS DETERMINAÇÕES FINAIS DE PAULO, 4.1-18

A. Pregue a Palavra, 4.1-5
B. O Discurso de Despedida do Apóstolo, 4.6-8
C. Pedidos Pessoais, 4.9-13
D. Conselho Particular, 4.14,15
E. Paulo se Alegra com a Fidelidade de Deus, 4.16-18

X. SAUDAÇÕES FINAIS E BÊNÇÃO, 4.19-22

2.2 Não te Envergonhes

Paulo sabia que a sua partida estava próxima e também tinha ciência das perseguições do Império contra os cristãos, bem como das dificuldades que Timóteo enfrentava e enfrentaria, por ocasião das perseguições. Com essa ciência, escreveu ao jovem Pastor, na tentativa de motivá-lo a continuar perseverante na fé, desenvolvendo o seu ministério e, também, se desenvolvendo espiritualmente.

Fica evidente que todos esses conselhos de Paulo para Timóteo tinham como pano de fundo fornecer ao jovem pastor a estrutura necessária para que ele não se envergonhasse do Evangelho, nem do apóstolo, em sua prisão: *"Portanto, não se envergonhe do testemunho de nosso Senhor, nem do seu prisioneiro, que sou eu. Pelo contrário, participe comigo dos sofrimentos a favor do evangelho, segundo o poder de Deus" (II Tm 1.8).*

Esses conselhos de Paulo não caducaram com o tempo, nem tampouco são restritos a Timóteo. Tais conselhos são extremamente eficientes para a igreja atual; são princípios para todo cristão. Naturalmente, a abordagem primária diz respeito à liderança, no entanto, todo cristão deve colocar em prática tais princípios que os levará ao desejo de crescer na fé e ser usado por Deus para que faça a diferença na vida de outras pessoas.

Paulo está retratando como um líder ou, de maneira mais abrangente, todo cristão deve desenvolver o seu serviço para Deus com amor. Por certo, essas palavras impactaram a vida de Timóteo de maneira inimaginável, pois, quem está o aconselhando é alguém que estava vivendo em prisões, abandonado por todos, em seus últimos dias, como se verifica nas próprias palavras do apóstolo. Apenas Lucas, diz Paulo estava com ele: *"Somente Lucas está comigo. Encontre Marcos e traga-o junto com você, pois me é útil para o ministério" (II Tm 4.11).*

O grande mestre, discipulador, missionário, plantador de igrejas, aquele que ajudou centenas de dezenas de pessoas, não apenas lhes apresentando Cristo, mas, discipulando-as, estava sozinho em seus últimos dias. Não obstante, Paulo tinha plena consciência que o próprio Timóteo estava com medo de visitá-lo em sua prisão, receoso de uma retaliação por parte do Império.

Partindo de Paulo essas palavras, não podemos encará-las como um desabafo pura e simplesmente, mas sim, como orientações extremamente prática e reais, de alguém que sabia o que era padecer por amor a Cristo e, a despeito de todo sofrimento e perseguições, nunca se envergonhar do Evangelho. Ainda nessa narrativa, Paulo traz à memória de Timóteo suas origens, falando de sua mãe, de sua avó e da fé que transmitiram a ele: *"Lembro da sua fé sem fingimento, a mesma que, primeiramente, habitou em sua avó Lóide e em sua mãe Eunice, e estou certo de que habita também em você" (II Tm. 1.5).*

2.3 Desperte o Dom de Deus

A expressão *"por este motivo"*, usada pelo apóstolo Paulo, tem o objetivo de fazer uma conexão do assunto atual com o anterior, ou seja, está conectando a ideia atual com a que veio antes: *"Por esse motivo, uma vez mais quero encorajar-te que reavives o dom de Deus que habita em ti mediante a imposição das minhas mãos" (II Tm 1.6)*. Sem dúvidas, Paulo estava levando o jovem pastor Timóteo a um momento introspectivo e, em seguida, usa a expressão *"desperte o dom de Deus"*, ou *"reaviva o dom de Deus"*. A palavra *"dom"* é a palavra grega *"charisma"*. Esse dom que Paulo se refere, muito provavelmente, era o poder do Espírito Santo na vida de Timóteo, como o agente capacitador para que ele realizasse o seu ministério.

Segundo a Bíblia de Estudo Pentecostal (1995, p. 1877) a palavra "dom", usada por Paulo, tem a ideia de uma *"fogueira ou manter o fogo acesso"*. A palavra *"anazopureo"* denota a imagem de brasas vivas sem chamas, mas quando são despertadas, ou sopradas, incendeiam novamente suas chamas.

Conforme aprendemos na Unidade um deste livro, Paulo era um profundo conhecedor do Antigo Testamento e é de lá que traz essa expressão. O contexto dela está ligado ao altar do holocausto e aos levitas. Todos os dias, eram colocadas doze toras de lenha pelos sacerdotes levitas. Todos os dias, ao amanhecer, doze sacerdotes levitas se posicionavam para acender as brasas e não deixavam o fogo se apagar, antes, sopravam até as brasas incendiarem, portanto, a origem da ideia de Paulo é essa.

Infelizmente, hoje não temos muitas pessoas dispostas a trazer lenha e manter o fogo acesso! Interessante é que cada um tinha que levar a sua lenha. Trazendo isso para a realidade atual, se cada um levar a sua lenha e ir ao culto disposto a acender as brasas não existirá culto "ruim", até porque, somos nós que entregamos o culto, portanto, se o culto foi "ruim" a culpa é de quem? Estamos falando aqui, de autorresponsabilidade e consciência de entregar o nosso melhor no altar para Deus.

A palavra "espírito" usada no versículo seguinte é o sopro para reavivar o dom de Deus, ou seja, trazer lenha e soprar é a nossa parte e, a parte de Deus é enviar o Seu Espírito Santo, promovendo um reavivamento: *"Porque Deus não nos deu o espírito de temor, mas de fortaleza, e de amor, e de moderação" (II Tm 1.7)*.

> Disse mais o Senhor a Moisés: Dá ordem a Arão e a seus filhos, dizendo: Esta é a lei do holocausto: o

> holocausto ficará a noite toda, até pela manhã, sobre a lareira do altar, e nela se conservará aceso o fogo do altar. E o sacerdote vestirá a sua veste de linho, e vestirá as calças de linho sobre a sua carne; e levantará a cinza, quando o fogo houver consumido o holocausto sobre o altar, e a porá junto ao altar. Depois despirá as suas vestes, e vestirá outras vestes; e levará a cinza para fora do arraial a um lugar limpo. O fogo sobre o altar se conservará aceso; não se apagará. O sacerdote acenderá lenha nele todos os dias pela manhã, e sobre ele porá em ordem o holocausto, e queimará a gordura das ofertas pacíficas. O fogo se conservará continuamente aceso sobre o altar; não se apagará (Lv 6.8-13).

Por fim, Paulo revela a confiança que tinha em Timóteo e em seu ministério, ao dizer que o dom que foi dado a ele, foi concedido pela imposição das mãos do apóstolo: "*Não desprezes o dom que há em ti, o qual te foi dado por profecia, com a imposição das mãos do presbitério*" *(1 Tm 4,14)*.

2.4 Os Privilégios de um Apóstolo

O tom de voz do apóstolo Paulo em suas últimas palavras possui características marcantes e, uma delas, é a defesa de seu apostolado. Para ele, ser apóstolo, em primeiro lugar, era uma honra, pois, em primeira instância, trata-se de uma escolha divina, ou seja, o apóstolo é alguém escolhido pela vontade de Deus.

Em segundo lugar, é uma grande responsabilidade. Desde o início, ficou muito claro para Paulo qual era a sua missão e as responsabilidades que pesavam sobre os seus ombros; ele sabia que foi escolhido para ser um vaso de honra e pregar aos gentios a mensagem das boas novas de salvação.

O apóstolo Paulo está ensinando aos jovens pastores que nenhum cristão é escolhido para ser cristão para si mesmo; pois, o Evangelho não diz respeito unicamente a nós, mas sim, ao próximo, ou seja, somos escolhidos para fazer a diferença na vida do outro; essa responsabilidade se torna relativamente leve diante da grande alegria que o escolhido sente ao falar às pessoas, o que Deus fez em sua vida, e pode fazer na vida delas.

Em terceiro lugar, ser um apóstolo era um privilégio. Como vimos anteriormente, Paulo sabia, com uma clareza absurda, que deveria anunciar a mensagem de salvação através da graça de Deus. Isso pode parecer óbvio hoje, no entanto, no contexto em que Paulo estava inserido foi uma mensagem disruptiva, ou seja, a descontinuação de uma mensagem estabelecida. Ele deixa de lado aquela mensagem acompanhada de ameaças e, sem dúvidas, esse foi um dos grandes motivos das perseguições contra ele; para o apóstolo, o evangelho não era uma ameaça de condenação, mas sim, as boas novas de Deus.

Na verdade, se pararmos para analisar a abordagem de Paulo, veremos que ela está dentro da mensagem pregada por Jesus. Sabemos que Cristo cumpriu a sua missão de levar a mensagem de Deus aos homens, sempre tendo o amor como pilar fundamental. A dinâmica do evangelho de Paulo era o amor e não o medo.

Em quarto lugar, Paulo demonstra que ser um *"discipulador"* é um grande privilégio; ele se dirige a Timóteo com muito carinho, chamando-o de filho amado. Timóteo era filho na fé do apóstolo Paulo. Este, não tinha lhe dado sua vida física, mas, sem dúvidas, deu-lhe o mapa para a eternidade. Reconhecemos a importância da mãe e da avó de Timóteo em sua formação espiritual; não poderíamos fazer diferente pois, o próprio apóstolo Paulo, reconheceu a importância dessas duas figuras femininas na vida do jovem.

No entanto, o apóstolo entende e tem total consciência de que foi ele quem formou o discípulo Timóteo. É nítida a alegria que o apóstolo sentia em relação à sua liderança espiritual na vida do jovem líder Timóteo. Felizes são todos aqueles que têm o privilégio de ser pais na fé. Não há privilégio maior neste mundo que se iguale a alegria de levar uma alma a Cristo.

2.5 Exortação Sobre As Corrupções Dos Últimos Dias

Paulo chama os últimos dias de *"tempos trabalhosos"*. Essa expressão que o apóstolo usa tem a ideia de tempos árduos ou difíceis, ao passo que a expressão *"últimos dias"* é usada, muito provavelmente, pelo fato de a igreja primitiva viver na expectativa eminente da segunda vinda de Cristo.

No entanto, a segunda vinda seria precedida por tempos catastróficos em muitas áreas, principalmente, em questões éticas e morais. Paulo, sem dúvida, vislumbrou uma conjunção ameaçadora para a igreja de modo geral. A ideia de Paulo expressa que o mal se unirá para uma última investida, usando todo seu potencial maligno contra a excelência da igreja.

Paulo traz uma descrição, chamada por Barclay (2012, p 67) de *"qualidades da impiedade"*. Ao analisarmos essa descrição que, sem dúvidas, é uma das mais terríveis no Novo Testamento, a sensação que temos é que a humanidade colocou Deus de lado, em outras palavras, jogou Deus para escanteio; parece um mundo sem Deus. Vejamos essa lista no quadro a seguir:

QUADRO 14 - QUALIDADES DA IMPIEDADE

Homens amantes de si mesmos	Pessoas só se importam com o seu próprio bem-estar. Essas pessoas são conhecidas como narcisistas
Avarentos	Amantes do dinheiro, amor ao dinheiro é uma forma de avareza que se constitui em uma forma de idolatria. (Tm 6.10)
Presunçosos	"Era palavra usada para indicar a atitude mental enlouquecida ou distraída. Os "vagabundos" geralmente eram indivíduos de vil caráter, fingidos, impostores; e assim a forma verbal dessa palavra veio a indicar os "fingidos", os enganadores." (CHAMPLIN, 2014, p.502)
Soberbos	Altivo ou orgulhoso. É aquela pessoa que desconsidera os outros por considerá-las inferiores
Blasfemos	Degradação de objetos sagrados o termo também tem a ideia de profanação.
Desobedientes a pais e mães	Falta de amor aos pais, comportamento comum entre os pagãos.
Ingratos	Uma das principais características da apostasia
Profanos	Sem santidade, alguém que prática o mal com cunho religioso

Sem afeto natural	Expressão usada para descrever os pagãos apóstatas
Irreconciliáveis	Algo oferecido aos deuses, por ser uma expressão ligada aos sacríficos passou a ser ligado a reconciliação.
Caluniadores	Pessoas que querem prejudicar outras pessoas com palavras que distorcem a verdade dos fatos
Incontinentes	Pessoas que não tem autocontrole, ou seja, não tem controle sobre si próprio.
Cruéis	Alguém cruel, brutal ou selvagem
Sem amor para com os bons	Pessoas que não tem amor natural pelo que é bom
Traidores	Significa exatamente isso, traidor ou traiçoeiro
Obstinados	Significa atrevido, esse atrevimento pode ser em palavras ou ações. São pessoas que quando realizam coisas ruins as fazem com ousadia
Orgulhosos	Pessoas que tem o seu senso obscurecido por seu orgulho
Mais amigos dos deleites do que amigos de Deus	Pessoas que se deixaram levar pela filosofia hedonista. Para essas pessoas o prazer é o seu deus.
Tendo aparência de piedade, mas negando a eficácia dela	Com essa expressão Paulo quer dizer que toda a lista anterior diz respeito não apenas aos ímpios, mas também as pessoas religiosas

Destes afasta-te	A orientação de Paulo não é para que Timóteo se afasta de todos os pecadores, mas que ele não tivesse comunhão com aqueles que viviam de forma desordenada e hipócrita
Levam cativas mulheres néscias carregadas de pecados, levadas de várias concupiscências	O modus operandi destes homens era como de um ladrão pois eles não entravam pela porta da frente das casas, mas sim esperavam a hora em que os homens, ou seja, os maridos não estavam em casa para seduzir as mulheres com mensagens falsas
Resistem à verdade	Resistentes a verdade que há em Jesus
Homens corruptos de entendimento	Com a mentalidade corrompida ou de mentalidade depravada
Réprobos quanto à fé	Dissimulados em relação a fé

Fonte: Elaborado pelo Autor, 2022.

2.6 Pregue O Evangelho

Uma vez mais, Paulo aconselha Timóteo sobre algo que ele tinha conhecimento de causa. Com muita propriedade, instrui o jovem Timóteo a pregar o evangelho. Quem está dando esse conselho é alguém que, por 30 anos ininterruptos, trabalhou como apóstolo e evangelista itinerante, pregando o evangelho e que agora nas últimas semanas de vida ou nos últimos dias que antecedem o seu martírio, declara:

> Porque eu já estou sendo oferecido por aspersão de sacrifício, e o tempo da minha partida está próximo. Combati o bom combate, acabei a carreira, guardei a fé. Desde agora, a coroa da justiça me está guardada, a qual o Senhor, justo juiz, me dará naquele Dia; e não somente a mim, mas também a todos os que amarem a sua vinda
> (II Tm. 4.6-8).

É impossível não se emocionar com as últimas palavras do apóstolo Paulo. Existem particularidades nesse conselho paulino que valem a pena serem destacadas: 1º – Senso de urgência; 2º – Perseverança na proclamação do Evangelho e 3º – Uma ordenança imperativa. A ordenança de Paulo é "pregue a Palavra". Está deixando claro para Timóteo o que ele deveria pregar, ou seja, a Palavra de Cristo.

Perceba que Paulo não disse para Timóteo pregar sobre a Palavra e sim, pregar a Palavra. Timóteo é o instrumento para levar a Palavra, no entanto, essa Palavra não é dele, é de Deus. Timóteo não deveria pregar o que ele pensava ou achava, muito menos, ficar falando sobre coisas da sua vida. A ordem de Paulo é clara: pregue a Palavra! Segundo Stott (2001) nos versículos seguintes temos algumas pistas dos principais conteúdos que Timóteo deveria pregar para fortalecer a igreja de Deus em Éfeso: 1 – sã doutrina; 2 – a verdade e 3 – a fé.

> Porque virá tempo em que não sofrerão a sã doutrina; mas, tendo comichão nos ouvidos, amontoarão para si doutores conforme as suas próprias concupiscências; (II Tm 4.3) [...] e desviarão os ouvidos da verdade, voltando às fábulas (II Tm 4.4) [...] Combati o bom combate, acabei a carreira, guardei a fé (II Tm 4.7).

O conselho que o jovem pastor Timóteo recebeu continua sendo válido, portanto, a igreja da atualidade deve se apropriar dessa verdade, a de pregar a Palavra, pois, o compromisso de Deus é com a sua Palavra; Ele opera maravilhas no meio do seu povo, através da Palavra e, pela Palavra. É, através dela, que o avivamento acontece; todo avivamento que não está fundado na Palavra é qualquer coisa, menos avivamento. Portanto, preguemos a Palavra!

O senso de urgência está no apelo feito por Paulo para Timóteo: pregar "em tempo e fora de tempo". Isso, no entanto, não nos dá o direito de ser invasivos ou antiéticos, não respeitando o espaço e a privacidade das pessoas. Paulo declara que precisamos pregar a Palavra com fé, e que, na maioria das vezes, exigirá do ministro ou da líder paciência: *"Ora, é necessário que o servo do Senhor não viva a contender, e sim deve ser brando para com todos, apto para instruir, paciente, disciplinando com mansidão os que se opõem, na expectativa de que Deus lhes conceda não só o arrependimento para conhecerem plenamente a verdade" (II Tm 2.24,25).* Mesmo tendo a consciência de que a nossa missão é urgentíssima, não podemos ser grosseiros com as pessoas.

Questão Para Reflexão:

Como vimos, os conselhos de Paulo para Timóteo são atemporais. Como podemos aplicá-los para a realidade do mundo em que vivemos de pós-modernidade, ou seja, como usar os recursos disponíveis para anunciar o evangelho, sem perder os princípios estabelecidos por Paulo?

CAPÍTULO 3

A Eclesiologia De Paulo

Neste capítulo falaremos acerca da igreja. Iniciaremos com a abordagem etimológica e avançaremos falando sobre o início da igreja, e caminharemos falando sobre suas designações, suas dimensões e características, bem como da sua missão de proclamadora do Evangelho de Cristo na terra, como o próprio Jesus disse: *"Pois também eu te digo que tu és Pedro, e sobre esta pedra edificarei a minha igreja, e as portas do inferno não prevalecerão contra ela" (Mt 16.18).*

3.1 A Eclesiologia de Paulo: Um estudo sobre o surgimento da igreja.

A eclesiologia tem como objetivo responder questões sobre a igreja visível e organizada de cristãos professos, que vivendo livres de escândalos professam sua fé em Cristo, ou a igreja como corpo espiritual, composto de verdadeiros crentes, participantes da vocação celestial, eleitos segundo a presciência de Deus, o Pai, e que estando mortos em pecados foram vivificados por intermédio da morte de Jesus Cristo.

Segundo Champlin (2002, p. 260): "Esse termo surgiu no século XIX, e foi aplicado, em princípio, à ciência da arquitetura eclesiástica. Somente mais tarde passou a designar a doutrina da igreja, ou seja, a doutrina da igreja cristã". O professor e exegeta Hodge (2001, p. 24) em sua teologia sistemática, aborda o termo eclesiologia e diz: "É a ideia, ou natureza da igreja; seus atributos; suas prerrogativas; sua organização".

3.2 Terminologia

Vejamos a terminologia que define a ideia de igreja. Segundo Champlin (2002, p.212) O vocábulo grego ***ekklesia*** significa, basicamente: "os chamados para, dando a entender um grupo distinto selecionado e tirado para fora de algo". Jesus usa o termo igreja para referir-se a um grupo de pessoas que largaria o embaraço deste mundo a fim de segui-lo. *"E todo aquele que tiver deixado casas, ou irmãos, ou irmãs, ou pai, ou mãe, ou mulher, ou filhos, ou terras, por amor de meu nome, receberá cem vezes tanto, e herdará a vida eterna" (Mt 19,29).* O uso da palavra ***ekklesia*** no mundo grego está ligada à convocação dos cidadãos gregos a saírem de suas casas para comparecerem a uma assembleia pública na praça ou mercado (ágora). No Antigo testamento a palavra hebraica **"*qabal*"** foi usada para referir-se à congregação dos santos e, mais tarde, na versão Septuaginta (tradução do antigo testamento para o grego) foi traduzida por igreja. Foi assim que aqueles que responderam positivamente ao chamado de Jesus para influenciar o mundo como sal da terra e luz do mundo ficaram conhecidos.

3.3 O início da igreja

Glorioso dia. Aquele dia em que o Espírito Santo foi dado como Penhor da Igreja de Cristo, impulsionando-a sempre adiante, mais e mais.

> Cumprindo-se o dia de Pentecostes, estavam todos reunidos no mesmo lugar; e, de repente, veio do céu um som, como de um vento veemente e impetuoso, e encheu toda a casa em que estavam assentados. E foram vistas por eles línguas repartidas, como que de fogo, as quais pousaram sobre cada um deles. E todos foram cheios do Espírito Santo (At 2.1-3).

Vejamos o que diz Stott (2001, p.95):

> É incorreto chamar o dia de Pentecostes de "aniversário da igreja". A igreja, como povo de Deus, retrocede pelo menos 4 mil anos, até Abraão. O que aconteceu no Pentecoste foi que o remanescente do povo de

> Deus tornou-se o corpo de Cristo, cheio do Espírito (2001, p. 95).

O evento Pentecostes, sem dúvida alguma, marcou aquela geração de fiéis. Foi o dia escolhido por Deus, para que eles reunidos como igreja, recebessem o dom do Espírito, capacitando-os e encorajando-os a pregar o Evangelho de poder. Restaurando vidas para o Reino de Deus, para a santa igreja universal e invisível: o corpo de Cristo.

3.4 Designativos Bíblicos Da Igreja

Alguns designativos destacam a forma da igreja no Novo Testamento, e em cada nome vê-se o sentido real da igreja de Cristo na terra. Vejamos alguns exemplos citados por Berkhof (1990, p.556):

> a. O nome não é aplicado somente à igreja universal, como em Ef 1.23; Cl 1.18, mas também a uma congregação isolada, 1 Co. 12.27. Ele dá relevo à unidade da igreja, quer local quer universal, e particularmente ao fato de que esta unidade é orgânica e de que o organismo da igreja tem relação vital com Jesus Cristo visto como gloriosa cabeça.
> b. Templo do Espírito Santo ou de Deus. A igreja de Corinto é chamada “santuário de Deus”, no qual o Espírito Santo habita, 1 Co. 3.16. Em Ef. 2.21, 22 Paulo fala que os crentes crescem “para santuário dedicado ao Senhor” e que são edificados “para habitação de Deus no Espírito”. O nome é aplicado à igreja ideal do futuro, que é a igreja universal. E Pedro afirma que os crentes, como pedras vivas, são edificados “casa espiritual”, I Pe 2.5. O contexto mostra que ele está pensando num templo. Esta figura acentua o fato de que a igreja é santa e inviolável. A permanência do Espírito Santo nela dá-lhe um caráter exaltado.
> c. A Jerusalém de cima, ou nova Jerusalém, ou Jerusalém celestial. Todas estas três formas se acham na Bíblia, Gl 4.26; Hb 11.22; Ap 21.2; cf. os versículos 9 e 10. No Velho Testamento Jerusalém é descrita como o lugar onde Deus habitava entre querubins e onde, simbolicamente, Ele tinha contato com o Seu povo. O Novo Testamento, evidentemente, considera a igreja como reprodução exata da Jerusalém veterotestamentária e, daí, dá-lhe o mesmo nome.

> De acordo com esta descrição, a igreja é o lugar de habitação, embora ainda parcialmente na terra, pertence à esfera celestial.
> d. Coluna e baluarte da verdade. Há apenas um lugar em que o nome é aplicado à igreja, a saber, 1 Tm 3.15. Refere-se à igreja em geral, e, portanto, aplica-se a cada parte dela. A figura expressa o fato de que a igreja é guardiã da verdade, cidadela da verdade e defensora da verdade contra os inimigos do reino de Deus.

3.4 As dimensões da igreja

Para o apóstolo Paulo, a igreja é um organismo vivo que caminha por toda a extensão dessa terra, infiltrada nas mais diversas áreas de atuação da sociedade, buscando conhecer a vontade de Deus para ser parte de um projeto eterno, pelo qual Ele cumprirá o Seu propósito de redenção do homem, manifestando o Reino de Deus e restaurando todas as coisas. *"E sujeitou todas as coisas a seus pés, e sobre todas as coisas o constituiu como cabeça da igreja, Que é o seu corpo, a plenitude daquele que cumpre tudo em todos"* (Ef 1.22,23).

O conceito figurado da Igreja como Corpo Místico de Cristo encontra-se tão somente nas epístolas de Paulo. Na 1ª Epístola aos Coríntios e na Epístola aos Romanos, bem como nas Cartas aos Efésios e na Carta aos Colossenses. Nem no Antigo Testamento, nem no âmbito da tradição apostólica o apóstolo Paulo encontrou a imagem da Igreja como um organismo. É uma criação dele mesmo.

Talvez a imagem da vinha como o Povo de Israel pudesse sugerir uma ligação entre os membros do povo de Deus. (Rom 11,11 - 24). Mas foi o próprio Cristo que utilizou essa imagem bíblica da videira como um corpo orgânico, do qual nós somos os ramos, ele a videira; tal qual o corpo, onde somos os membros e ele a cabeça.

> Estai em mim, e eu em vós; como a vara de si mesma não pode dar fruto, se não estiver na videira, assim também vós, se não estiverdes em mim. Eu sou a videira, vós as varas; quem está em mim, e eu nele, esse dá muito fruto; porque sem mim nada podeis fazer. Se alguém não estiver em mim, será lançado fora, como a vara, e secará; e os colhem e lançam no fogo, e ardem. Se vós estiverdes em mim, e as

> minhas palavras estiverem em vós, pedireis tudo o que quiserdes, e vos será feito (*Jo 15.4-7*).

3.5 A Igreja como Corpo

A expressão "Corpo de Cristo" indica que a Igreja existe em Cristo e pertence a Ele. Isso significa que a Igreja está verdadeiramente unida com Cristo, de modo que o próprio Cristo é o Cabeça da Igreja. E essa união é transformadora, sem a qual a igreja ao menos subsiste, não conseguiria suportar ficar em pé. Vejamos o que diz Bergstén (2005, p. 215) sobre a igreja como corpo de Cristo.

> A igreja como corpo de Cristo (Efésios 5. 22 e 23) é um organismo vivo formado por aqueles que pela salvação receberam uma nova vida através de Jesus (Efésios 2.1-5), aquele que vive em nós (Gálatas 2.20). É um corpo cuja cabeça é o próprio Cristo (Efésios 1. 22-23), que é o Salvador desse mesmo corpo.

A expressão Corpo de Cristo usada muitas vezes na Bíblia pelo apóstolo Paulo, pode se referir tanto a uma comunidade local (a igreja em Corinto, por exemplo) quanto à Igreja total. Isso implica na ideia de que cada comunidade local não apenas é parte do Corpo de Cristo, mas é uma amostra representativa perfeita da Igreja inteira.

3.5.1 Cristo, a Cabeça do Corpo

A ideia de Paulo é que Cristo é o cabeça da igreja, igreja esta chamada por ele de corpo de Cristo. Observemos o que diz Spurgeon (2020, p.8), quando fala sobre a igreja como corpo de Cristo.

> O título de Cabeça da Igreja é para ser considerado na mais alta estima, ele é apresentado aqui vinculado às mais elevadas honras do nosso Senhor Jesus. Simultaneamente, o Filho de Deus é designado, a imagem do Deus invisível, o primogênito de toda criatura, o Criador de toda a existência, e então, a Cabeça do corpo, da igreja. Não ousemos, portanto, menosprezar este título, nem hesitemos em afirmar que qualquer atitude leviana em relação a ele seria tão

> vergonhosa quanto o uso profano de qualquer outro nome do nosso Divino Senhor. Pois se qualquer mortal pressupuser para si esta designação, conceberíamos ser a mesma blasfêmia que aceitar arbitrariamente o ofício mediador – e não deveríamos ficar mais perplexos ao ouvir um homem afirmar ser o Criador de todas as coisas, do que estamos agora quando um mortal é nomeado Cabeça da Igreja.

Cristo será sempre o único capaz de reger o Corpo, a sua igreja. Sua vontade sempre permanecerá, pois, somente fundamentados nela e por ela guiados, alcançaremos a glória eterna. Segundo Champlin: (2005, p. 215) "A cabeça é o centro vital orgânico de tudo, em que cada coisa é considerada como relativa ao domínio e à glória da mesma. Efésios 1:22"

A igreja nasce da vontade de Deus, de ter para si um povo separado, estando no mundo, porém, livres do pecado, seguindo sempre no caminho da santidade que o Filho unigênito de Deus ensinou. Em sua obra teologia sistemática, Bergstén (2005, p.215) aborda o tema da seguinte maneira:

> Uma outra coisa importantíssima relacionada a estrutura da igreja é que Jesus deve ser o centro absoluto. Essa realidade temos expressada em João 1.3, onde está escrito "Sem Ele nada do que foi feito se fez". Foi Jesus quem comprou a igreja com seu sangue (Atos 20.28) e morreu para ser o seu Senhor (Romanos 14.9) Deus determinou: "Ele é a cabeça do corpo da igreja; é o princípio e o primogênito dentre os mortos para que em tudo tenha a preeminência" (Cl 1.18).

A Igreja de Cristo triunfará sobre a terra (Romanos 8, 18), queira ou não os inimigos da cruz. O Espírito Santo é quem tem sustentado em pé essa grande obra. Nela não há ingerência humana, há sim, a promessa de um noivo que guardará a sua noiva com zelo até a redenção, e a conduzirá imaculada às bodas do cordeiro.

3.6 A igreja una

O apóstolo Paulo escreve que a igreja é um único corpo, o qual é formado por vários e diferentes membros. Sim, somos vários e diferentes, mas temos algo em comum: funcionamos todos no mesmo corpo de Cristo, sob a direção do Espírito Santo de Deus!

A igreja é a expressão máxima do zelo de Deus para com aqueles que abdicaram dos prazeres carnais e caminham na luz da justiça de Deus.

Ela provê ao crente o alimento espiritual de crescimento sadio, a Palavra inspirada de Deus, ocultada aos sábios e revelada aos pequeninos, inspirada pelo Espírito Santo e soprada a homens separados, como vasos de barro, mas carregados de um tesouro incomensurável: a Palavra de Vida Eterna. *"assim nós, embora muitos, somos um só corpo em Cristo, e individualmente membros uns dos outros" (Rm 12.5).* Vejamos o que diz Champlin (2002, p. 929) sobre a igreja como corpo de Cristo.

> Existem muitos membros, o que importa em multiplicidade. Cada um deles exerce a sua respectiva função; e cada uma dessas funções é importante para a vida coletiva da igreja. Considerados juntamente, todos os membros de uma igreja constituem uma unidade, unidade essa em torno da pessoa de Cristo. Cada membro precisa de todos os outros membros. Cada qual é indispensável para os demais.

A membresia de uma igreja local não pode se perder em atos de vaidade, em função dos diversos cargos, dons e ministérios que adornam a liturgia de uma reunião cultual. É a manifestação plural do Espírito Santo no seio da congregação que habilita a igreja a ser um refúgio para fracos, oprimidos, doentes.

3.7 Diversidade de Dons

A igreja de Cristo possui um tesouro nesta terra, a presença do Espírito Santo. Ele quem opera a unidade do corpo e a diversidade de dons espirituais que são confiados por Deus aos homens, para edificação do Corpo. Segundo Bergstén (2005, p. 224): "Os dons espirituais expressam tanto a sabedoria como o poder de Deus que, de uma maneira plena, operavam na vida e no ministério de Jesus quando Ele andava neste mundo".

O apóstolo Paulo exorta a igreja de Corinto a buscar todos os dons espirituais, pois todos, de igual modo, têm o seu valor e é dádiva do próprio Deus. *"Portanto, procurai com zelo os melhores dons"* (*1 Co. 12.31*). Vejamos alguns dons mencionados pelo apóstolo Paulo em suas epístolas. Consideremos o que Champlin (2002, p. 217) diz:

> Operação de Milagres
> Dom de Cura
> Dons de Ajuda
> Dons de Governos
> Dons de Fé
> Apóstolos
> Profetas
> Dom da Profecia
> Dom do Discernimento de Espíritos
> Dom do Ensino
> Dom da Exortação
> Dom da Palavra de Sabedoria
> Dom da Palavra do Conhecimento
> Dom de Línguas
> Dom de Interpretação de Línguas

Os vários dons existentes no corpo de Cristo comprovam o caráter santo desta grande assembleia de santos. Deus revela a sua face Santa e multiforme nos diferentes dons do Seu Santo Espírito. A santidade da igreja é capaz não só de atrair para ela os miseráveis pecadores sem Cristo, mas como também exercer autoridade sobre a vida dos crentes, instando-os a viver sempre em conformidade com a doutrina dos apóstolos, sem desviar-se, buscando sempre uma posição altaneira nos princípios éticos e morais da vida cristã.

3.8 A Igreja Funcional

A Igreja de Cristo é instada em todo momento a cumprir sua missão. É por intermédio dos Santos que Deus manifesta o Seu governo, que edifica o corpo e traz crescimento espiritual para a congregação. O apóstolo Paulo descreve em suas epístolas algumas funções importantes que a igreja deve buscar desenvolver, mesmo já tendo falado sobre os cinco ministérios cabe aqui dentro da ideia da igreja funcional mais uma abordagem sobre o tema; Vejamos o quadro a seguir:

QUADRO 15 - FUNÇÕES MINISTERIAIS

Apóstolos	Estritamente falando, este nome só é aplicável aos doze escolhidos por Jesus e a Paulo; mas também se aplica a certos homens apostólicos que assessoram a Paulo em seu trabalho e que foram dotados de dons e graças apostólicas, 1 Co 9.5, 6; 2 Co 8.23; Gl 1.19 . Os apóstolos tinham a incumbência especial de lançar os alicerces da igreja de todos os séculos. Somente através da sua palavra é que os crentes de todas as eras subsequentes têm comunhão com Jesus Cristo.
Profetas	Paulo fala, também, de profetas, 1 Co 12.10; 13.2; 14.3; Ef 2.20; 3.5; 4.11; 1 Tm 1.18; 4.14. Evidentemente o dom de falar para a edificação da igreja era altamente desenvolvido nestes profetas, e ocasionalmente eles serviam de instrumentos para a revelação de mistérios.
Evangelistas	Em acréscimo a apóstolos e profetas, são mencionados evangelistas, Ef 4.11; 2 Tm 4.5. Filipe, Marcos, Timóteo e Tito pertenciam a esta classe. Pouco se sabe destes evangelistas. Eles acompanhavam e assistiam os apóstolos, e às vezes eram enviados por estes em missões especiais.
Presbíteros	Dentre os oficiais comuns da igreja, os presbyteroi (presbíteros) ou episkopoi (bispos) são os primeiros, na ordem de importância. O primeiro nome significa simplesmente "anciãos", ou "mais velhos", e o último, "supervisores" ou "superintendentes". O termo presbyteroi é empregado para denotar homens idosos, e para designar uma classe de oficiais um tanto parecida com a que exercia certas funções na sinagoga. Tm 3.1; 4.14; 5.17, 19; Tt 1.5, 7.

Mestres	É evidente que, originalmente, os presbíteros não eram mestres. A princípio, na havia necessidade de mestres, separadamente, uma vez que havia apóstolos, profetas e evangelistas. Gradativamente, porém, a didaskalia (o ensino, a docência) ligou-se mais e mais estreitamente ao ofício episcopal; mas, mesmo então, os mestres não constituíram uma classe separada de oficiais. A declaração de Paulo em Ef 4.11, de que o Cristo assunto também dera à igreja "pastores e mestres", mencionados como uma única classe, mostra claramente que estes dois não constituem duas diferentes classes oficiais, mas uma só classe com duas funções inter-relacionadas.

Fonte: Adaptado de Berkhof (1990, p. 541, 542).

O chamamento de Deus se dá por sua livre escolha, sua soberania. Nada possuímos, tudo é Dele, para Ele e por meio Dele. Somos apenas instrumento guiados pelo Espírito Santo. Assim, entendendo o limite da nossa atuação como membros desse glorioso e eterno corpo, serviremos ao criador na função que ele determinar. Se é pastor, pastoreie para Ele, não para si. Se cantor, cante louvores de exaltação ao nome Dele. Peça e o Senhor te mostrará como ser vaso útil, de honra, na sua casa.

Questão para Reflexão:

No capítulo sobre eclesiologia abordamos sobre as dimensões da igreja e suas características. Cite alguns exemplos.

CAPÍTULO 4

Tito e a Sã Doutrina

Neste capítulo, analisaremos a carta que Paulo escreveu endereçada a Tito. Embora essa carta contenha apenas 46 versículos, trata de diversos assuntos e é um dos livros mais importantes do Novo Testamento, quando o assunto é organização de igrejas, com suas orientações para os líderes e afirmações sobre a graça de Deus.

A epístola trata, também, sobre a vinda de Cristo; no entanto, sua maior relevância, reside nas instruções para homens, mulheres e servos, e o combate aos falsos mestres. Todas essas orientações estão subordinadas à sã doutrina. Veremos neste capítulo que, para uma igreja ser, de fato, organizada e próspera, precisa ter a sã doutrina e bom ensino. Nessa proposta, caminharemos pela carta a Tito, falando da sã doutrina na vida da liderança e no núcleo familiar, agindo como agente de transformação.

4.1 Autoria, Local da Escrita, Data e Propósito

Acerca da autoria da carta, com base em vivências internas, defende-se a autoria paulina: *"Paulo, servo de Deus e apóstolo de Jesus Cristo, para promover a fé que é dos eleitos de Deus e o pleno conhecimento da verdade segundo a piedade" (Tt 1.1).* Temos, também, dados históricos por toda a epístola que corroboram com a autoria do apóstolo.

Paulo escreveu Tito durante suas prisões, na cidade de Roma, por volta dos anos 62 d.C. a 65 d.C. O destinatário é Tito e, o propósito da epístola é fornecer instruções para estruturar a igreja que estava em Creta. Paulo confia a Tito a missão de socorrer os cristãos daquela ilha. Muito provavelmente, o apóstolo iniciou uma igreja naquele lugar durante sua viagem missionária, logo após seu primeiro encarceramento em Roma.

Quando saiu de Creta, deixou Tito em seu lugar, para que desse continuidade ao processo de estruturação daquela igreja: *"Por esta causa, te deixei em Creta, para que pusesses em ordem as coisas restantes, bem como, em cada cidade, constituísses presbíteros, conforme te prescrevi" (Tt 1.5).* Vejamos o que Radmacher (2010, p.620) diz sobre os cretenses:

> Creta é uma grande ilha no mar Mediterrâneo, localizada a 160km a sudeste da Grécia e que possui cerca de 260km de comprimento por 55km de largura. Os cretenses desenvolveram uma economia agrocomercial relativamente próspera, gerando um dos centros de negócios mais conhecidos da antiguidade. Tal prosperidade acabou dando azo a grandes excessos. Em 1.12, Paulo cita o poeta grego Epimênides, que escreveu: "Os cretenses são sempre mentirosos, bestas ruins, ventres preguiçosos".

Vale a pena ressaltar que Paulo deixou uma pessoa de sua extrema confiança para cuidar dessa jovem igreja. Tito é citado em várias passagens do Novo Testamento como auxiliar do apóstolo Paulo. Sua origem era grega e, muito provavelmente, se converteu em uma das ministrações de Paulo: *"Catorze anos depois, subi outra vez a Jerusalém com Barnabé, levando também a Tito. Subi em obediência a uma revelação; e lhes expus o evangelho que prego entre os gentios, mas em particular aos que pareciam de maior influência, para, de algum modo, não correr ou ter corrido em vão. Contudo, nem mesmo Tito, que estava comigo, sendo grego, foi constrangido a circuncidar-se" (Gl. 2.1-3).*

Tito foi o responsável por levar a carta que Paulo escreveu à igreja de Corinto, como também por recolher a oferta nessa igreja. Após sua ida a Corinto, foi para Dalmácia, a pedido do próprio apóstolo Paulo. Acredita-se que, logo em seguida, tenha ido para Creta, onde passou o resto vida.

Os cristãos da ilha de Creta precisavam de um líder, pois os falsos mestres estavam aproveitando a ausência da sã doutrina para destruir a igreja. Tito não foi enviado apenas para pregar sã doutrina ou estruturar a igreja, antes, foi enviado, sobretudo, para estabelecer novos líderes.

4.2 - Estrutura Da Carta

Vejamos a estrutura da carta apresentada por Gould (2014, p. 541):

I. SAUDAÇÃO, 1.1-4

II. QUALIFICAÇÕES DE PRESBÍTEROS E BISPOS, 1.5-9

III. OS FALSOS MESTRES DEVEM SER REFUTADOS, 1.10-16

IV. PADRÕES DE CONDUTA CRISTÃ, 2.1-10

A. Padrões para os Idosos, 2.1-3
B. Padrões para os Jovens, 2.4-8
C. Padrões para os Escravos, 2.9,10

V. PRONTIDÃO PARA A VINDA DE CRISTO, 2.11-15

VI. CRISTÃOS EM UM MUNDO PAGÃO, 3.1-7

A. Ser Bons Cidadãos, 3.1,2
B. Os Cristãos são transformados pela Graça, 3.3-7

VII. EXORTAÇÕES FINAIS, 3.8-11

A. Mantenha-se Ocupado por Cristo, 3.8
B. Evite Controvérsias Fúteis, 3.9-11

VIII. CONCLUSÃO, 3.12-15

4.3 A Doutrina E A Responsabilidade Da Liderança

O tema principal do apóstolo Paulo nesta carta enviada a Tito, transita em torno da liderança na igreja. O apóstolo o instruiu a escolher homens com caráter ilibado e deixou bem claro que, apenas os tais, poderiam ingressar e permanecer no ministério. Os desafios e oposições enfrentados por Tito eram enormes; ele enfrentava oposições contínuas de pessoas ímpias, dentro da igreja em Creta. Ao mesmo tempo que tinha o desafio de discipular pessoas para que se tornassem novos líderes e mantivessem a saúde espiritual da igreja em Creta, precisava combater as heresias e enfrentar os falsos mestres. Não por um acaso, os temas doutrinários desta epístola são:

A escolha soberana de Cristo. *"Paulo, servo de Deus e apóstolo de Jesus Cristo, para promover a fé que é dos eleitos de Deus e o pleno conhecimento da verdade segundo a piedade, na esperança da vida eterna que o Deus que não pode mentir prometeu antes dos tempos eternos" (Tt 1.1,2).*

Graça. *"Porquanto a graça de Deus se manifestou salvadora a todos os homens, (Tt. 2.11) não por obras de justiça praticadas por nós, mas segundo sua misericórdia, ele nos salvou mediante o lavar regenerador e renovador do Espírito Santo" (Tt 3.5).*

Divindade De Cristo e a Segunda Vinda. *"aguardando a bendita esperança e a manifestação da glória do nosso grande Deus e Salvador Cristo Jesus" (Tt 2.13).*

Expiação. *"o qual a si mesmo se deu por nós, a fim de remir-nos de toda iniquidade e purificar, para si mesmo, um povo exclusivamente seu, zeloso de boas obras" (Tt 2.14).*

Regeneração. *"não por obras de justiça praticadas por nós, mas segundo sua misericórdia, ele nos salvou mediante o lavar regenerador e renovador do Espírito Santo" (Tt 3.5).*

O bom testemunho da liderança seria fundamental para que o evangelho chegasse, com eficácia, na vida das pessoas; por certo o padrão de um viver santo dos cristãos e de toda liderança contrastaria com os padrões imorais e libertinos dos Cretenses (Tt 2.4-14).

4.4 A Doutrina e os Presbíteros

Quando Paulo, uma vez mais, trabalha as qualificações dos presbíteros, nada fala sobre dons ou sobre o chamado, no entanto, trabalha essas duas particularidades em outras partes do Novo Testamento. É de suma importância que o líder tenha um chamado genuíno e busque os dons espirituais com zelo.

Outro ponto importante que precisamos ressaltar novamente, assim como fizemos em 1 Timóteo, é que a palavra "presbítero" ou "bispo" empregada no texto é a mesma palavra para "pastor". A intenção deste tópico, não é listar, de maneira exaustiva, as qualificações do presbítero pois isso fora feito em 1 Timóteo; a intenção mostrar o âmago da abordagem paulina sobre o assunto.

Percebe-se, ao se deparar com a expressão *"despenseiros de Deus"*, que os líderes da igreja tinham como função cuidar do povo de Deus, ensinando o verdadeiro evangelho, portanto, uma das principais atividades dos presbíteros era a de fornecer alimento de qualidade para a igreja e, naturalmente, para que isso acontecesse, precisariam ser pessoas qualificadas, biblicamente falando, que soubessem manejar bem a palavra da verdade. Esta era a prerrogativa primária para um líder: *"Porque é indispensável que o bispo seja irrepreensível como despenseiro de Deus, não arrogante, não irascível, não dado ao vinho, nem violento, nem cobiçoso de torpe ganância" (Tt 1.7)*.

Uma das principais maneiras da igreja de Cristo fazer a diferença neste mundo é suprindo a deficiência na área da liderança. Uma liderança forte tem como característica principal, ser apegada à Palavra da Verdade, pois, assim, terá autoridade para pregar o que precisa e será respeitada quando falar. Importante reiterar, sobretudo, que não se trata apenas de uma boa retórica, mas sim, de viver aquilo que é pregado: *"Retendo firme a fiel palavra, que é conforme a doutrina, para que seja poderoso, tanto para admoestar com a sã doutrina, como para convencer os contradizentes" (Tt 1.9)*.

Na vida do líder não existe diferença entre sua prática de fé e a sua profissão; é impossível separar aquilo que cremos e pregamos dos nossos atos, atitudes e testemunho. A maior de todas as mentiras que existe relacionada à liderança reside na possibilidade de separar aquilo que creio, daquilo que faço. A fé é determinada por aquilo que entendo ou creio sobre Deus e isso deve moldar as nossas atitudes. A liderança cristã deve estar preparada, portanto, para ensinar, instruir, encorajar e ser bom exemplo no ensino e na educação. Perceba que não basta saber ensinar, tem que ser bom exemplo no ensino, não basta saber educar, tem que ser bom exemplo na educação.

4.5 A Doutrina na Família

A doutrina da família está inteiramente ligada à composição de uma sociedade, pois, toda sociedade é formada por famílias, portanto, entrar no núcleo familiar é trabalhar a importância da doutrina na vida dos membros que a compõem. Por certo, a proposta de Paulo era que Tito instruísse a igreja na ilha de Creta de tal modo que ela influenciasse todas as esferas da sociedade, fazendo a diferença em cada uma delas.

Haja vista que a estrutura familiar na ilha de Creta estava totalmente deturpada, e para Paulo era a única maneira de restaurar o núcleo familiar, isto se daria através da pregação do evangelho, realizada, naturalmente, pelas famílias cristãs. O apóstolo deixa instruções claras, com um elevado padrão moral, ético e espiritual para os homens idosos, mulheres, jovens e servos. Vejamos quais foram as diretrizes para cada um desses grupos.

4.5.1 Homens Idosos.

A primeira exigência para os homens idosos é que tenham autocontrole. A palavra que, literalmente, descreve esse autocontrole é "sobriedade". A segunda palavra direcionada aos homens idosos é que deveriam ter uma reputação aprovada, ou seja, deveriam ser pessoas de caráter ilibado, que não podiam ser denunciados por escândalo. A terceira palavra é que deveriam ser sensatos; sensatez é a capacidade de moderar as palavras, atitudes e reações. Por fim, em quarto lugar, eles deveriam ser sãos na fé. Isso fala de maturidade espiritual, andando sempre em fé, amor e esperança. Stott (2004, p. 192) resume as qualificações dos homens idosos com duas palavras: "dignidade e maturidade."

4.5.2 Mulheres Idosas.

As mulheres idosas deveriam seguir todas as orientações deixadas aos homens idosos e, também, deveriam evitar o pecado da maledicência, que muito se assemelha à fofoca e o pecado da embriaguez. Os habitantes da ilha de Creta eram pessoas dadas ao vinho, ou seja, pessoas que se embriagavam. Paulo orienta as mulheres cristãs, afim de que fizessem a diferença para que, por meio do seu bom testemunho, levassem a mensagem do evangelho com eficácia na sociedade cretense. Paulo conclui, dizendo às mulheres idosas que fossem mestres do bem, instruindo as jovens recém-casadas. A expressão "mestra do bem", literalmente, significa "professora de coisas boas", portanto, as mulheres idosas não deveriam apenas praticar coisas boas, mas, ensiná-las, sendo que, dentre os ensinamentos, deveriam destacar o amor que deveriam ter para com seus maridos.

4.5.3 Mulheres Jovens.

As mulheres jovens deveriam ser discipuladas pelas mulheres mais velhas, sendo instruídas a amar seus marido e filhos: *"Para que ensinem as mulheres novas a serem prudentes, a amarem seus maridos, a amarem seus filhos" (Tt 2.4).* Não é por acaso que a primeira instrução que as mulheres jovens deveriam receber estava relacionada ao amor, pois, sabemos que o amor é a base mais importante de um casamento, assim como é de suma importância dentro da estrutura familiar.

O amor aqui descrito por Paulo é o amor sacrificial; a clara orientação para as mulheres jovens era que não negligenciassem o marido e os filhos. Deveriam ser sensatas e ter domínio próprio, ou seja, autocontrole. As qualificações para as mulheres jovens continuam: deveriam ser honestas; a ideia sobre honestidade neste texto, não tramita apenas no âmbito moral, mas também, no matrimônio.

Elas deveriam ser boas donas de casa. A ideia que Paulo está combatendo é um estilo de vida marcado pela ociosidade, um estilo de vida fútil, não restringindo a atuação da mulher no trabalho doméstico. Por fim, as mulheres jovens deveriam ser bondosas e sujeitas ao marido. Não podemos distorcer esse ensinamento paulino, confundindo o sujeitar-se com subserviência. O marido não pode se valer dessa expressão para humilhar e oprimir em a esposa.

4.5.4 Homens Jovens.

A exortação para os jovens rapazes foi para que fossem moderados em tudo. O maior exemplo que poderiam ter era o do Pastor Tito. Paulo, em momento algum, abaixou o padrão de moralidade ou espiritualidade para os jovens, portanto, a régua de medir continua a mesma. Aos jovens, a prerrogativa maior se deu em relação a autodisciplina. O apóstolo, certamente, tinha em mente o autocontrole e as pessoas carnais.

Questão Para Reflexão:

Qual é a importância da sã doutrina para a igreja atual?

CAPÍTULO 5

Uma Palavra para a Igreja Atual

Os conselhos do apóstolo Paulo ao jovem pastor Timóteo são atemporais e extremamente eficazes para o desenvolvimento de uma liderança forte. Tendo isso em mente, usaremos as últimas palavras do apóstolo para delinear o último capítulo desse livro. Usando uma abordagem mais direta, trabalhando a intencionalidade e voluntariedade do líder, seguiremos falando sobre a importância deste líder se apresentar a Deus e, não aos homens apenas. Finalizaremos, tratando sobre o fator motivacional do líder.

5.1 Procura Apresentar-se

Procurar se apresentar a Deus aprovado fala de uma atitude intencional. Essa intencionalidade faz toda a diferença no serviço cristão. De que adianta ter uma igreja cheia de pessoas super talentosas, que nunca estão disponíveis ou não querem fazer a obra de Deus intencionalmente.

Tão importante como o talento ou o dom de alguém é a sua disponibilidade para Deus e sua intencionalidade para fazer a Sua obra. De que adianta ter mestres que não ensinam, profetas que não profetizam, intercessores que não oram, pastores que não pastoreiam ou líderes que não lideram? Isaías foi um grande profeta e desenvolveu um ministério abençoado; o seu ministério foi tão abençoado que ele ficou conhecido como o profeta messiânico, por ter sido, dentre os profetas, aquele que mais profetizou sobre a vida, ministério e morte do Messias.

No entanto, existe uma particularidade que distingue Isaías dos demais profetas: o fato dele não ter sido chamado diretamente por Deus. Isso mesmo, Isaías não foi chamado, antes, se voluntariou para o ofício, em outras palavras, ele aproveitou a oportunidade. Para ilustrar melhor, afim de que entendamos o valor das oportunidades, leia a história abaixo:

O fogo, água e a oportunidade se encontraram:

— O fogo perguntou para a água onde poderia encontrá-la?

— A água, respondendo, disse: basta cavar um buraco e me encontrará nos lençóis freáticos. — Em seguida, a água perguntou para o fogo: e você, fogo, onde te encontro?

— O fogo disse: friccione uma pedra na outra e me encontrará nas fagulhas.

— A água e o fogo olharam para a oportunidade quieta no canto dela e perguntaram: e você, oportunidade, onde te encontramos?

— A oportunidade sem hesitar disse: eu, a oportunidade?

— Estou passando!

O profeta Isaías é aquele tipo de pessoa que aproveita as oportunidades. Ele não fica esperando o pastor implorar para que faça alguma coisa, ele se prontifica! Quando recebe uma oportunidade ele não fica se sentindo como um estepe, mas, entende que sua vida e ministério são úteis para o Reino de Deus.

Isaías é aquele tipo de pessoa que quando é surpreendido por uma oportunidade, aquelas oportunidades que você não espera, ele pode até ser pego de surpresa, mas, despreparado nunca. Vamos para o texto de Isaías 6.8 para que entendamos melhor a importância de ser um cristão intencional e disponível: *"Depois disto ouvi a voz do Senhor, que dizia: A quem enviarei, e quem há de ir por nós? Então disse eu: Eis-me aqui, envia-me a mim".* Perceba que o texto é claro: Deus não chamou, diretamente, Isaías, antes, Ele apenas insinuou: *"A quem enviarei, e quem há de ir por nós?"* O profeta aproveitou a oportunidade e se voluntariou para o serviço: *"Então, disse eu: Eis-me aqui, envia-me a mim."* Que o Senhor Deus nos ajude a unir os nossos dons e talentos, com um coração voluntário e intencional.

5.2 O Líder no Centro da Vontade de Deus

A falta de trabalhadores sentencia ao fracasso a colheita vaticinada por Jesus. Quando a igreja deixa de fazer a sua parte, deixando de colher, Satanás o faz, enchendo cada vez mais o inferno e destruindo a sociedade: *"Então, disse aos seus discípulos: A seara é realmente grande, mas poucos os ceifeiros. Rogai, pois, ao Senhor da seara, que mande ceifeiros para a sua seara" (Mt. 9.37,38).*

O texto acima revela-nos o clamor mais profundo do nosso Mestre. No mundo em que vivemos, com uma pluralidade jamais vista, nunca se teve uma demanda tão grande em se obter uma resposta de Deus. As pessoas andam, verdadeiramente, desesperadas, em busca de um norte para suas vidas e, sabemos que Deus é Poderoso para suprir essa necessidade humana, porém, em primeira instância, Ele o faz usando os seus servos como instrumentos. São essas pessoas que foram verdadeiramente chamadas por Deus e que vivem no centro da sua vontade, desempenhando o mais nobre serviço que o ser humano pode realizar.

Quando falamos de pessoas chamadas por Deus, precisamos entender que são pessoas que irão lidar com o destino eterno de inúmeras outras pessoas; ao mesmo tempo que é um privilégio incrível é, também, uma tremenda responsabilidade, pois estamos lidando com assuntos eternos.

Um dos pontos principais, quando se fala do obreiro é a competência, ou, as qualificações que se dão no âmbito do preparo, preparo este que poucos decidem se submeter. Jesus conclui essa ideia de contingente para a seara dizendo: *"Muitos são os chamados, mas poucos os escolhidos" (Mt 22.14).* Há uma diferença acentuada entre ser chamado e ser escolhido, e é durante esse percurso que a maioria desiste.

> Esta afirmativa de Jesus revela um efeito funil. De muitos sobram poucos. Isto mostra como o mundo espiritual impõe um processo de seleção. Ou seja, muitos são chamados, todos são provados, porém, poucos são os aprovados. Não é de qualquer jeito, ou do nosso jeito que vamos caminhar no chamado de Deus. É importante entender, que apesar de nós sermos os chamados, o chamado é de Deus e não nosso (COTY, 2014, p. 5).

A despeito de tamanha responsabilidade, exercer um ministério é a maneira mais sublime e significativa de viver a vida. Viver o chamado de Deus é confiar inteiramente nEle, crendo sempre que Ele tem o melhor para a nossa vida. Para cumprir o chamado, os escolhidos precisam alinhar os seus objetivos e propósitos, de tal modo que todos os seus planos se encontram com os planos de Deus, ou seja, a procura de Deus deve se encontrar com a nossa procura e, a nossa procura, deve se encontrar com a procura de Deus.

Vejamos o texto de Romanos 8.28, para que entendamos esse alinhamento de propósitos: *"E sabemos que todas as coisas contribuem juntamente para o bem daqueles que amam a Deus, daqueles que são chamados segundo o seu propósito."* Reconhece-se que o texto tem uma riqueza profunda, como a problemática do mal na vida do justo, por exemplo, mas deter-se-á a atenção na expressão *"contribuem juntamente"*.

Claramente, existe aqui uma cooperação; evidentemente, Deus é soberano e tem todo o poder, no entanto, no texto em apreço, o apóstolo traz à tona a ideia de contribuição ou cooperação, ou seja, quando os meus propósitos se encontram com os planos de Deus, acontece esse alinhamento. Paulo explicita que, quando os nossos planos culminam com o propósito de Deus para as nossas vidas, todas as coisas *"contribuem para o nosso bem"*.

Daqui em diante, Paulo vai afunilando o texto, dizendo que tudo irá contribuir para o bem daqueles *"que amam a Deus, daqueles que são chamados segundo o seu propósito"*. Amor e propósito, os dois pilares que sustentam a liderança. Paulo entendia a importância de um obreiro viver o seu chamado com dignidade, com as qualificações necessárias.

5.3 Procura Apresentar-Se a Deus

Para quem estamos fazendo, é tão importante quanto e o que estamos fazendo. Não adianta fazer o que é certo, do jeito errado. Quando se trata das coisas de Deus, a motivação com a qual fazemos é o fator de fundamental importância na busca por uma liderança de excelência.

A receita de Paulo para Timóteo é: faça para agradar a Deus, antes mesmo de querer agradar aos homens. Esse princípio de fazer com a motivação correta é, sem dúvidas, um alicerce para uma liderança forte. É bem verdade que o alicerce não é visto, no entanto, é ele quem sustenta o edifício.

O líder precisa se permitir ser moldado por Deus. Não seja o líder que as pessoas esperam, seja o líder que Deus te chamou para ser. Deus não erra, até mesmo os profetas mais experientes erram, mas Deus não, Ele nunca é levado pelas aparências, pois sonda o coração: *"Deus não vê como o homem vê, pois o homem vê o que está diante dos olhos, porém o Senhor olha para o coração" (I Sm. 16.7)*. Esse, certamente, poderia ser o versículo de cabeceira de todo líder!

Toda motivação adulterada condena a obra, antes dela ser iniciada.

É como um edifício sem alicerces. Qualquer líder que é motivado por motivações sombrias e egoístas está fadado ao fracasso. Portanto, a nossa motivação é fundamental para que sejamos aprovados como obreiros. Uma das perguntas decorrentes em sala de aula é:

— Professor Thiago, como sei que Deus está se agradando do que eu estou fazendo?

— Eu digo que a primeira coisa que podemos fazer é analisar o que nos motiva, o que nos inspira. Claro que isso não resolve todo o problema, pois, como disse acima, precisamos fazer o que é certo e do jeito certo, mas, sem dúvidas, é um excelente ponto de partida.

Sempre que posso, levo os alunos a pensarem, e, faço isso apresentando possibilidades; o que estou fazendo aqui, agora, é exatamente isso, oferecendo uma possibilidade para o prezado aluno e leitor dessa obra pensar: *"Porém, respondendo Pedro e os apóstolos, disseram: Mais importa obedecer a Deus do que aos homens" (At. 5.29).*

Em momento algum, podemos usar o pensamento aqui abordado como argumento para comportamentos de rebeldia ou insubmissão, muito pelo contrário, acredito que, quem vive com o objetivo de agradar a Deus, naturalmente, será uma pessoa responsável e obediente. Eu disse, obediente e temente a Deus, não subserviente.

Nosso protagonista viveu assim, e, por assim viver, sofreu perseguições, naufrágios, açoites, padeceu necessidades e foi abandonado em uma masmorra em seus últimos dias, mas pôde dizer: *"Posso todas as coisas em Cristo que me fortalece" (Fl. 4.13). "Combati o bom combate, acabei a carreira, guardei a fé. Desde agora, a coroa da justiça me está guardada, a qual o Senhor, justo juiz, me dará naquele dia; e não somente a mim, mas também a todos os que amarem a sua vinda" (II Tm 4.7-8).*

Questão Para Reflexão

Sabemos quão desafiador é viver no centro da vontade de Deus! Liste e comente três desafios na vida do líder, para que possa viver na vontade de Deus.

CONCLUSÃO

Neste livro, examinamos as cartas do Apóstolo Paulo, conhecidas como epístolas paulinas. Vimos as principais características das treze cartas; estudamos, também, a sua vida, as viagens missionárias e o seu estilo literário. O leitor teve a oportunidade de ver a coragem deste gigante da fé que, em momento algum, poupou esforços para anunciar e sistematizar o Evangelho, com princípios teológicos sólidos.

Espero que seja compreensível para o estudante que as epístolas de Paulo são insubstituíveis e que os seus ensinos fundamentam a fé cristã, apontando sempre para o autor e consumador da nossa fé, com a mensagem inconfundível da graça de Deus.

Temos nessa obra uma aproximação da praticidade com a qual Paulo instrui as igrejas, líderes e cristãos, gentios e judeus assim como as estratégias, ações e desempenho na formação e estruturação de novas frentes missionarias e a implantação de novas igrejas, tudo isso pautado no poder, na ação e direcionamento do Espírito Santo de Deus.

Oro a Deus, para que o conteúdo estudado o auxilie na busca da excelência do conhecimento da Palavra de Deus, como também forjando líderes que não se envergonham, mas que manejem bem a palavra da verdade.

Que as últimas palavras do apóstolo Paulo ecoem no final dessa obra:

> Mas tu, sê sóbrio em tudo, sofre as aflições, faze a obra de um evangelista, cumpre o teu ministério. Porque eu já estou sendo oferecido por aspersão de sacrifício, e o tempo da minha partida está próximo. Combati o bom combate, acabei a carreira, guardei a fé. Desde agora, a coroa da justiça me está guardada, a qual o Senhor, justo juiz, me dará naquele dia; e não somente a mim, mas também a todos os que amarem a sua vinda (2 Tm 4,5-8).

EXERCÍCIO

UNIDADE I

A VIDA DE PAULO E AS BASES DA IGREJA

1 - O termo, Senhor que Saulo usa é *"Kyrios"*, essa palavra para os gregos, referia-se a um homem. Assinale a alternativa correta:

1. ( ) Influencia na sociedade de sua época

2. ( ) Tirano e carrasco

3. ( ) De alta posição e poder, ou a um ser sobrenatural ou seja, um deus.

2 - Paulo, antes de ter um encontro com Jesus se chamava Saulo. Saulo é um nome de origem hebraica que significa? Assinale a alternativa correta:

1. ( ) Grande

2. ( ) Pequeno

3. ( ) Exaltado

3 - Qual a origem do nome Saulo. Responda assinalando a alternativa correta:

1. ( ) Greco-Romano

2. ( ) Hebraico

3. ( ) Aramaico

4 - Qual a origem do nome Paulo. Responda assinalando a alternativa correta:

1. ( ) Greco-Romano

2. ( ) Hebraico

3. ( ) Aramaico

5 - O Apóstolo Paulo foi autor de quantos livros do Novo Testamento?

Responda assinalando a alternativa correta:

1. ( ) 11

2. ( ) 12

3. ( ) 13

4. ( ) 14

6 - Saulo teve uma educação privilegiada, ele estudou com uns dos professores e Rabinos mais famosos dos Judeus. Responda assinalando a alternativa correta:

1. ( ) Rabino Hilel

2. ( ) Rabino Shlono Amar

3. ( ) Rabino Gamaliel

4. ( ) Rabino Maimônides

7 - Paulo estava à caminho de que cidade quando recebeu uma visão de Jesus? Assinale a alternativa correta:

1. ( ) Jerusalém

2. ( ) Jerico

3. ( ) Damasco

4. ( ) Cafarnaum

8 - A passagem Bíblica relata que em seu processo de conversão Saulo passou três dias sem ver. Quem orou para Saulo ser curado da cegueira? Responda assinalando a alternativa correta:

1. ( ) Silas

2. ( ) Barnabé

3. ( ) Ananias

4. ( ) Gamaliel

9 - Segundo Atos 9.26-31 quando Paulo saiu de Damasco e foi para Jerusalém, quem o apresentou aos apóstolos? Assinale a alternativa correta:

1. ( ) Timóteo

2. ( ) Ananias

3. ( ) Barnabé

4. ( ) Áquila

10 - Quem abandonou Paulo e Barnabé em sua primeira viagem missionária? Responda assinalando a alternativa correta:

1. ( ) Pedro

2. ( ) Apolo

3. ( ) Lucas

4. ( ) João Marcos

11 - Em sua primeira viagem missionária, havendo atravessado toda a ilha até Pafos, Paulo encontrou um certo homem, governador da província, o qual terminou por converter-se apesar da oposição do falso profeta e mágico Elimas. Qual era o nome deste homem?

Assinale a alternativa correta:

1. ( ) Sérgio Paulo

2 . ( ) João Marcos

3. ( ) Paulo Sérgio

4. ( ) João Gabriel

12 - Qual carta de Paulo ocupa de modo natural a primeira posição? Assinale a alternativa correta:

1. ( ) Gálatas

2. ( ) Romanos

3. ( ) I Tessalonicenses

4. ( ) I Coríntios

CAPÍTULO 2
Cristologia Paulina

13 – Quais as 3 perspectivas fundamentais para a compreensão da Cristologia Paulina? Assinale a alternativa correta:

1. ( ) – Judaismo, Cristianismo e Islamismo

2. ( ) – Cristianismo, Helenismo e Judaismo

3. ( ) – Judaismo, Helenismo e Sua Conversão

14 – Jesus nasceu na descendência de: Assinale a alternativa correta:

1. ( ) Abraão

2. ( ) Boaz

3. ( ) Davi

CAPÍTULO 3
Paula e a Ética

15 - O Apóstolo Paulo usa a ética em seus ensinamentos bíblicos para o nosso desenvolvimento. Assinale a alternativa correta:

1. ( ) Social, religioso e intelectual

2. ( )Espiritual, moral e social

3. ( ) Moral, espiritual e intelectual

16 - 2 – Assinale a alternativa correta: Objetivo da Ética Paulina:

1. ( ) O homem justificado e regenerado é aquele que porá em prática a conduta ideal, em um grau que agrade a Deus. O Homem que está "em Cristo" tem a lei de Cristo em seu coração (I Cor 9:21; Gál 6:2). E também é possuidor da mente de Cristo (ICor 2:16).

2. ( ) A lei é adequada tanto para a justificação quanto para a santificação.

3. ( ) Apenas a opção I está correta.

CAPÍTULO 4
ROMANOS – A BASE DA JUSTIFICAÇÃO PELA FÉ

17 – O apóstolo Paulo trabalha na carta aos Romanos a justificação pela; Responda a alternativa correta:

1. ( ) Oração
2. ( ) Palavra
3. ( ) Fé
4. ( ) Graça

CAPÍTULO 5
GÁLATAS – GRAÇA X LEI

18 - Segundo o que John Stott diz: As obras da carne descritas por Paulo (Gl 5.19-21) abrange pelo menos quatro áreas. Responda quais são as quatro áreas assinalando a alternativa correta:

1. ( ) Sexo, Religião, Sociedade e Alimentação

2. ( ) Mídia, Artes, Governo E Economia

19 - Quando foi escrito a Epístola aos Gálatas?

1 . ( ) Acerca do ano 49 d. C.

2. ( ) Acerca do ano 59 d.C.

3. ( ) Acerca do ano 49 a.C.

4. ( ) Acerca do ano 69 d.C.

UNIDADE II
CARTAS DA PRISÃO

CAPÍTULO 1

FILIPENSES – A ALEGRIA DA EXPERIENCIA CRISTÃ.

20 – Quais as razões apresentadas por Paulo para uma perfeita confiança a respeito de nosso destino eterno, essas razões são direcionadas para aqueles que se converteram e conheceram Jesus Cristo. Assinale a alternativa correta:

1. ( ) Graça, amor fraternal, cooperação e a obra de Deus

2. ( ) A obra de Deus, amor ao próximo, espiritualidade e graça.

3. ( ) Pertencer a uma igreja, praticar boas obras e crer em Jesus.

21 - Os dois servos de Cristo, que escreveram a carta aos Filipenses foram: Responda a alternativa correta:

1. ( ) Paulo e Saulo

2. ( ) Paulo e Silas

3. ( ) Paulo e Barnabé

4. ( ) Paulo e Timóteo

CAPÍTULO 2

EFÉSIOS – A ESPIRITUALIDADE DO CRISTÃO

22 - A igreja em Éfeso estava sofrendo ataques de influências de: Assinale a alternativa correta:

1. ( ) Fariseus
2. ( ) Gnosticismo
3. ( ) Filosofias religiosas

23 - Paulo defende a ideia que essa submissão é justa, porque o Senhor a determinou. Paulo também trabalha o resultado dessa obediência dizendo que *"para que te vá bem"*. Qual o primeiro mandamento com promessa de longevidade de vida?

1. ( ) Amar a Deus
2. ( ) Honrar os superiores
3. ( ) Amar ao próximo
4. ( ) Honrar pai e mãe

CAPÍTULO 3
BATALHA ESPIRITUAL

24 - Na armadura do cristão, qual é a espada do Espírito? Assinale a alternativa correta:

1. ( ) A Palavra de Deus
2 . ( ) A Oração
3. ( ) A coragem de Deus
4. ( ) A fé

CAPÍTULO 4
COLOSSENSES – O CRISTO EXALTADO

25 - Paulo entende que para a união do homem e Deus acontecer o homem precisa morrer para tudo que é contra Cristo *(Cl 3:9)* ou seja, só existe um caminho, o da santificação. Paulo faz uma lista que abrange os versículos 5, 8 e 9 do capitulo 3 chamada de lista de vícios, quais são eles. Assinale a alternativa correta:
1. ( ) Prostituição, avareza e ira
2. ( ) Glutonaria, inveja e prostituição
3. ( ) Avareza, ganancia e ira

26 – Quando Paulo era um prisioneiro em Roma, veio a encontrar com um colossense fundador e dirigente da igreja, que contou sobre um estranho ensinamento que ameaçava a segurança espiritual da igreja de Colossos. Assinale a alternativa correta citando qual era o nome desse dirigente:
1. ( ) Enain
2. ( ) Epafras
3. ( ) Filemom
4. ( ) Tito

27 - No primeiro capítulo de Colossenses o apóstolo Paulo apresenta os títulos, designações e qualidades de Cristo. Assinale a alternativa

correta:

1. ( ) Imagem de Deus e todas a coisas criadas por Ele
2. ( ) Nele reside toda a plenitude e Cristo em vós é a esperança da glória.
3. ( ) Todas as opções estão corretas

Capítulo 5
Filemom - A carta da reconciliação

28 - Paulo envia Tíquico para acompanhar Onésimo e também para entregar uma carta a Filemom. Que pedido Paulo faz a Filemom com respeito de aceitar Onésimo? Responda a alternativa correta:

1- ( ) Receber Onésimo como escravo novamente.

2- ( ) Receber Onésimo e matar, cumprindo a lei Romana.

3 – ( ) Receber Onésimo como um irmão em Cristo.

29 – Para qual cidade Onésimo foge? Responda a alternativa correta:

1 – ( ) Egito

2 – ( ) Grécia

3 – ( ) Jerusalém

4 – ( ) Roma

30 – Em relação a data de composição que a carta a Filemom foi escrita, podemos dizer que: Assinale a alternativa correta:

1. ( ) Entre 45-49 d.C

2. ( ) Entre 49-51 d.C

3. ( ) Entre 60-62 d.C.

UNIDADE 3 - As bases da igreja

I CORÍNTIOS

31 – Paulo trabalha a questão do matrimonio em respostas as demandas enviadas a ele pelos cristãos de Corinto. Deus criou apenas duas instituições. Quais são essas duas instituições?

1 – ( ) Família / Igreja

2 – ( ) Família / Religião

3 – ( ) Tabernáculo / Templo

32 – Quais são os dons chamados de essenciais? Assinale a alternativa correta:

1. ( ) Fé, esperança e amor.

2. ( ) Profecia, palavra de sabedoria e amor

3. ( ) Cura, falar em línguas e fé

33 – Quais são os dons chamados de Dinamicos? Assinale a alternativa correta:

1. ( ) Evangelismo, operação de maravilhas e profecia

2. ( ) Cura, operação de maravilhas, discernimentos de espíritos, falar em línguas

3. ( ) Cura, fé e evangelismo

II CORÍNTIOS

34 – A Igreja de Deus precisava de ajustes e o apóstolo Paulo, precisava agir rapidamente, ele estrutura esses ajustes com o que chamado de tripé, ou seja, três ensinamentos do apóstolo para a igreja de corinto. Quais são eles? Assinale a alternativa correta:

1. ( ) Seu apostolado, conclusão da oferta prometida, combate as heresias e os falsos mestres

2. ( ) Sua capacidade intelectual, capacidade de levantar recursos financeiros e a consagração de novos líderes.

3. ( ) Seu apostolado, suas pregações e combate aos falsos mestres

35 – Sobre a autoria da carta de II Coríntios, quem foi o autor? Responda a alternativa correta:

1 – ( ) Tito

2 – ( ) Paulo

3 – ( ) Timóteo

36 – A respeito de oferta, o apóstolo Paulo nos orienta no texto de (2 Co 8.12, 9.2, 9.7) acerca da nossa motivação ao contribuir. Assinale a alternativa correta:

1. ( ) A oferta é um ato de obediência

2. ( ) A oferta é um ritual religioso da lei

3. ( ) A oferta é um ato voluntário

37 – De que igreja o apóstolo Paulo afirma que mesmo 'no meio de muita prova de tribulação, e grande pobreza superabundou em grande riqueza de generosidade'? Responda a alternativa correta:

1. ( ) Filadélfia

2. ( ) Éfeso

3.( ) Macedônia

4. ( ) Pérgamo

I TESSALONICENSES

38 - Paulo considerava os cristãos em Tessalônica dignos de elogios, ele classifica as virtudes dos crentes em Tessalônica em duas categorias. De acordo com a classificação assinale a alternativa correta:

1. ( ) Momento atual, ou seja, o tempo presente e relação ao passado.

2. ( ) Pregavam a palavra e repudiavam a idolatria

3. ( ) Conduta de vida diante das tribulações e expectativas do arrebatamento.

39 - O Apóstolo Paulo trabalha a ideia que o arrebatamento, os livraria da ira futura ou o dia do Senhor, no entanto Paulo deixa claro que essa promessa é apenas para os que creem (Tess 5.1-11). Quais as recomendações do Apóstolo Paulo para advento do arrebatamento? Assinale a alternativa correta:

1. ( ) Vigiar, orar e dar bom testemunho para o mundo
2. ( ) Orar sem cessar, amar o próximo e fazer discípulos
3. ( ) Vigiar, edificarem uns aos outros, respeitar os anciões e dar bom testemunho perante o mundo.

40 - Sobre a dinâmica de como será o arrebatamento temos a revelação de três sinais (Tessalonicenses 4.16). Assinale a alternativa correta:

1. ( ) Alarido, voz de arcanjo, trombeta de Deus.

2. ( ) Um grande avivamento, sinais nos céus e pessoas desaparecendo.

3. ( ) Conversão em massa, o aparecimento do anticristo e do falso profeta.

II TESSALONICENSES

41 - Na igreja em Tessalônica estava acontecendo de os irmãos não querer trabalhar, pois estavam segundo eles, aguardando a vinda de Cristo. Diante disso o que o apóstolo Paulo recomendou que fizesse a pessoa que não quisesse trabalhar? Assinale a alternativa correta:

1. ( ) Não coma

2. ( ) Alimentasse

3. ( ) Expulsasse

42 - Para entendermos o dia do Senhor precisamos contextualizar com a primeira vinda, pois assim teremos a linha do tempo clareando a nossa compreensão. A vinda de Jesus se dará em duas etapas: Em sua primeira vinda Ele vem para a igreja, na segunda vinda Ele vem com a igreja. Assinale a alternativa correta:

1. ( ) Nos ares e na metade do período de sete anos da grande tribulação

2. ( ) Nos ares e no reino milenar

3. ( ) Nos ares, vira como Noivo para a sua Igreja, e Ele virá no monte das Oliveiras, Ele virá como Juiz e Rei Em sua primeira vinda Ele vem para a igreja, na segunda vinda Ele vem com a igreja.

43 - A manifestação do iníquo ou também chamado de homem do pecado, não se dará sem sinais que o antecedem, 2 Tessalonicense nos apresenta três sinais. Responda a alternativa correta:

1. ( ) Um Governo Mundial, uma moeda única, guerra e rumores de guerra.

2. ( ) Apostasias, o mistério da injustiça, um que o resiste.

3. ( ) Fome, pestes, filho contra pais, pais contra filhos.

44 - Sobre os três sinais que antecedem a manifestação do homem do pecado sem dúvidas o auge é a apostasia, qual o significado da palavra apostasia, assinale a alternativa correta:

1. ( ) Rebelião ou revolta, uma rebelião ou revolta contra Deus.

2. ( ) Não acreditar nos dons espirituais

3. ( ) Rebelião com os líderes da igreja.

UNIDADE IV

I Timóteo

45 - O apóstolo Paulo não demonstrou apenas a confiança em Timóteo e na sua vocação, mas fica claro o grande carinho e respeito que o apóstolo tinha por esse jovem líder. Como o apóstolo Paulo via Timóteo afetivamente? Responda a alternativa correta:

1. ( ) Como seu verdadeiro irmão na fé

2. ( ) Como seu verdadeiro Pai na fé

3. ( ) Como seu verdadeiro filho na fé

4. ( ) Como seu verdadeiro primo na fé

46 - Sabemos que o pastor é alguém chamado por Deus para andar na palavra, no amor, na fé e na pureza. De acordo com as qualificações do pastor, assinale a alternativa correta:

1. ( ) Apto para ensinar e não cobiçoso

2. ( ) Moderado que tenha bom testemunho dos de fora e Santo

3. ( ) Todas as opções estão corretas

II Timóteo

47 - Em sua segunda carta ao jovem pastor Timóteo, Paulo próximo de seu martírio ele revela as suas maiores esperanças. Assinale a alternativa correta:

1. ( ) Vinda de Cristo

2. ( ) Fim do sofrimento terreno e ser livre da prisão e voltar a fazer viagens missionárias

3. ( ) Saber que todo o seu trabalho não foi em vão, pois o seu chamado foi pela vontade de Deus.

4. ( ) As alternativas I e III estão corretas

48 - Com o seu martírio se aproximando e encarcerado em uma prisão romana, Paulo é abandonado por todos, com exceção de um. Qual foi o único que estava com Paulo em seus últimos dias. Assinale a alternativa correta.

1. ( ) Timóteo

2. ( ) Tiago

3. ( ) Silas

4. ( ) Lucas

Tito

49 - Qual a característica primária de uma liderança forte apresentada em Tito. Assinale a alternativa correta:

1. ( ) Saber mandar

2. ( ) Não se deixar levar pelas emoções

3. ( ) Ter uma boa oratória

4. ( ) Ser apegado a palavra da verdade

50 - O que significa eclesiologia, assinale a alternativa correta.

1. ( ) Doutrina do pecado

2. ( ) Doutrina da Salvação

3. ( ) Doutrina de Cristo

4. ( ) Doutrina da Igreja

BIBLIOGRAFIA

AIRHART, Arnold E. *Primeira e Segunda Epístolas aos Tessalonicenses.* in Comentário Bíblico Beacon. Vol. 9. Rio de Janeiro: CPAD, 2014.

ALMEIDA, João Ferreira de. *Bíblia de Estudo Pentecostal.* Casa Publicadora das Assembléias de Deus, 1995.

AZEVEDO, Israel Belo de. *Pastoreados por Paulo:* As mensagens de Filipenses a Filemom comentadas tema por tema. São Paulo/SP: Hagnos, 2014.

AZEVEDO, Israel Belo de. *Pastoreados por Paulo:* As mensagens de Romanos a Efésios comentadas tema por tema. Vol. 1. São Paulo/SP: Hagnos, 2012.

BARCLAY, William. *2 Timóteo.* Vida Publishers, 2012.

BERGSTÉN, Eurico. *Teologia Sistemática.* Rio de Janeiro: CPAD, 2005.

BERKHOF, Louis. *Teologia Sistemática.* Campinas: Cultura Cristã, 1990.

BERKOUWER, G C. *Faith and Justification.* William B. Eerdmans Publishing Company, 1954.

BÍBLIA ONLINE. s.d. https://www.bibliaonline.com.br/ (acesso em Janeiro a Março de 2021).

BRUCE, F. F. *Paulo: O Apóstolo da graça.* sua vida, cartas e teologia. Tradução: Hans Udo Fuchs. São Paulo/SP: Shedd Publicações, 2003.

BRUNELLI, Walter. *Teologia para Pentecostais* - Uma Teologia Sistemática Expandida. Vol. 2. Rio de Janeiro: Central Gospel, 2016.

BUTTRICK, George Arthur, et al. *The Interpreter's Bible.* Vol. 10. New York: Abingdon Press, 1951.

CABRAL, Elienai. *Comentário Bíblico - Efésios.* 3ª Edição. Rio de Janeiro/ RJ: CPAD, 1999.

CALVINO, João. *1 Coríntios* . São Bernardo do Campo/SP: Edições Parakletos, 2003.

CALVINO, *João. Gálatas-Efésios-Filipenses-Colossenses:* Série Comentários Bíblicos. São José dos Campos: Editora Fiel, 2010.

CARVER, Frank G. *A Segunda Epístola de Paulo aos Coríntios.* in Comentário Bíblico Beacon. Vol. 8. Rio de Janeiro: CPAD, 2014.

CORTELLA, Mario Sergio. *Qual é a tua obra?* Petrópolis/RJ: Vozes, 2011. COTY, Marcos de Souza Borges. *O Obreiro Aprovado.* Almirante Tamandaré - PR: Jocum, 2014.

DAKE, Finis Jennings. *Bíblia de Estudo Dake.* Atos, 2013.

DOUGLAS, J.D. *O Novo Dicionário da Bíblia* . São Paulo: Vida Nova, 2006.

GOULD, J. Glenn. *A 1º e 2º Epístolas a Timóteo e A Epístola a Tito.* in Comentário Biblico Beacon. Vol. 9. Rio de Janeiro: CPAD, 2014.

GREATHOUSE, William M. *Epístola ao Romanos.* in Comentário Biblíco Beacon. Rio de Janeiro: CPAD, 2014.

GUTIERREZ, Elmer Towns e Ben. *A Essência do Novo Testamento.* Rio de Janeiro/RJ: Central Gospel, 2014.

HALLEY, Henry H. *Manual Bíblico - Um Comentário Abreviado da Bíblia.* São Paulo: Sociedade Religiosa Edições Vida Nova, 1970.

HENRY George Liddell, col. *A Greek-English Lexicon.* 1996. HODGE, Charles. *Teologia Sistemática.* São Paulo: Hagnos, 2001.

HOWARD, R. E. *Epístola aos Gálatas.* in Comentário Biblíco Beacon. Vol. 9. Rio de Janeiro: CPAD, 2014.

KNIGHT, John A. *Epístola aos Filipenses.* in Comentário Bíblico Beacon. Vol. 9. Rio de Janeiro: CPAD, 2014.

LIMA,Quemuel. *Epístolas Paulinas* - Fundamentos da I g r e j a Cristã. Pindamonhangaba: IBAD, 2007.

LLOYD-JONES, D.Martyn. *Romanos, Exposição sobre Capítulo 1* - O Evangelho de Deus. São Paulo: Publicações Evangélicas Selecionadas, 1998.

LOCKMANN, Paulo. *Efésios.* Vol. 2. São Paulo: Exodus Editora, 1996.

LOPES, Hernandes Dias. *1 Coríntios* - Como resolver conflitos na igreja. São

Paulo/SP: Editora Hagnos Ltda, 2008.

LOPES, Hernandes Dias. *Efésios.* a noiva gloriosa de Cristo. São Paulo/ SP: Hagnos, Ltda, 2009.

LOPES, Hernandes Dias. *Gálatas:* A carta da liberdade Cristã. São Paulo/SP: Editora Hagnos Ltda, 2011.

LOPES, Hernandes Dias. *Tito e Filemom.* Doutrina e vida, um binômio inseparável. São Paulo: Hagnos, 2009.

LUTERO, Bíblia Sagrada com Reflexões de. *Bíblia Sagrada com Reflexões de Lutero.*

Sociedade Bíblica do Brasil, 2012.

MACARTHUR, John. *1 e 2Timóteo.* Estímulo para os Líderes da Igreja. Cultura Cristã, 2011.

MACARTHUR, *John. Gálatas.* A maravilhosa graça de Deus. Cambuci/ SP: Cultura Cristã, 2011.

MCDOWELL, Josh. *Mais que um carpinteiro.* Venda Nova/MG: Betânia S/C, 2008.

METZ, Donald S. *A Primeira Epístola de Paulo aos Coríntios.* in Comentário Bíblico Beacon. Vol. 8. Rio de Janeiro: CPAD, 2014.

MOODY, Comentário Bíblico. *Romanos à Apocalipse*. Vol. 5. São Paulo: Batista Regular, 2001.

NICODEMUS, Augustus. *A Supremacia e a Suficiência de Cristo*. 1ª. São Paulo/SP: Vida Nova, 2013.

NIELSON, John B. *Epístola a Filemom*. in Comentário Bíblico Beacon. Vol. 9. Rio de Janeiro: CPAD, 2014.

NIELSON, John B. *Epístolas aos Colossenses*. in Comentário Bíblico Beacon. Rio de Janeiro: CPAD, 2014.

P, RUSSEL SHEDD, e F. Davidson, . *O Novo Cometário da Bíblia*. São Paulo/SP: Sociedade Religiosa Edições Vida Nova, 1953.

PEARLMAN, Myer. *Conhecendo as Doutrinas da Bíblia*. São Paulo: Editora Vida, 2005.

PIRES, Thiago Marcil. *Escatologia - Revelações e Juízos para o fim dos Tempos*. Taubaté: Potencialize Academy, 2020.

PLUMMER, Robert L., e John Mark Terry, . *Nos passos do Apóstolo Paulo*. Seus Métodos e Pregação no dias Atuais. Rio de Janeiro/RJ: Central Gospel, 2016.

R. N. CHAMPLIN, Ph.D. *O Novo Testamento Interpretado: Versículo por Versículo*.
Vol. 5. São Paulo: Hagnos, 2014.

R. N. CHAMPLIN, Ph.D *O Novo Testamento Interpretado: Versículo por Versículo*.
Vol. 4. São Paulo: Hagnos, 2014.

R.N CHAMPLIN, Ph.D. *O Novo Testamento Interpretado: Versículo por Versículo*.
Vol. 3. São Paulo/SP: Hagnos, 2014.

R.N. CHAMPLIN, Ph. D. *O Antigo Testamento Interpretado: Versículo por Versículo* - Dicionário M-Z. Vol. 7. São Paulo: Hagnos, 2001.

R.N. CHAMPLIN, Ph.D. *Enciclopédia de Bíblia - Teologia e Filosofia.* Vols. 2 D-G. São Paulo: Hagnos, 2002.

RADMACHER, Earl D., Ronald B. Allen, e H. Wayne House. *O Novo Comentário Bíblico Antigo Testamento.* Com Recursos Adicionais. Rio de Janeiro, RJ: Central Gospel, 2010.

RENOVATO, Elinaldo. *Lições Bíblicas.* Dons Espirituais e Ministeriais. Rio de

Janeiro: CPAD, 2014.

RICHARDS, Lawrence O. *Guia do Leitor da Bíblia* - Uma análise de Gênesis a Apocalipse capítulo por capítulo. Rio de Janeiro: CPAD, 2005.

S.DOCKERY, David, ed. *Manual Bíblico.* Tradução: Lucy Yamakami / Hans Udo Fuchs. São Paulo: Edições Vida Nova, 2001.

SAMANES, Cassiano Floristan. *Dicionário de Conceitos Fundamentais do Cristianismo.*
Paulus, 1999.

SCHWEITZER, Albert. *O Miticismo de Paulo, o Apóstolo.* São Paulo/SP: Fonte Editorial, 2006.

SCOFIELD, Cyrus Ingerson. *Bíblia de Estudo Scofield.* São Paulo: Bom Pastor, 2009.

SHEDD, Russell P. *"Alegrai-vos no Senhor."* - Uma Exposição de Filipenses. São Paulo/SP: Sociedade Religiosa Edições Vida Nova, 1993.

SMITH, Malcolm. *Esgotamento Espiritual - Quando Fazer Todo o Possível não É o Suficiente.* Vida, 2005.

SPURGEON, Charles Haddon. *O cabeça da Igreja.* Projeto Castelo Forte, 2020. STOTT, John. *A Mensagem de 2 Timóteo* - Tu, Porém. São Paulo: ABU, 2001.
STOTT, John. *A Mensagem de Efésios A Nova Sociedade de Deus.* 2ª Edição. São Paulo/SP: ABU Editora S/C, 2007.

STOTT, *John. A Mensagem de I Timóteo e Tito.* São Paulo: ABU, 2004.

STOTT, John R. W. *A Mensagem de Gálatas.* Somente um Caminho. São Paulo:

ABU, 2007.

TAYLOR, Willard H. *Epístola ao Efésios.* in Comentário Bíblico Beacon. Vol. 8. Rio de Janeiro: CPAD, 2014.

TOGNINI, Enéas, e João M. Bentes. *Janelas para o Novo Testamento* . São Paulo: Hagnos, 2009.

WASHER, Paul David. *O Único Deus Verdadeiro.* -: Granted Ministries Press, 2009. WIERSBE, Warren W. *Comentário Bíblico Expositivo.* Novo Testamento I. Tradução:

Susana E. Klassen. Santo André/SP: Geográfica e Editora Ltda, 2006.

WRIGHT, N. T. *Cartas da Prisão* - Paulo para todos. Rio de Janeiro:

Thomas Nelson Brasil, 2020.

www.ingramcontent.com/pod-product-compliance
Lightning Source LLC
LaVergne TN
LVHW010054170826
845678LV00012B/2133

* 9 7 8 6 5 8 9 8 5 9 0 7 9 *